万佛祥集　众神回归
敦煌　有一千张面孔　也有一千个背影

在敦煌　是一个平面的时态　平行的一条线
再敦煌　是一个纵向的时空　横向的一条轴
在精神的洞窟　梳理精神
在三危的高点　整理道德
敦煌载道　道载敦煌

打理敦煌
她是一粒沙　也是一座城池
她是一个瞬间　也是一部史记
她是一条彩带　也是一顶皇冠
它是地球中纬度的高光点　和人类文明的精神粮仓
敦煌　在丝绸上与人类照见

在敦煌
从任何一张面孔进入　你会看见历史的样貌
从任何一个背影走出　你会看见自己的面相
这不是最后的抒情　这是千年敦煌的隐喻和神示
众神回归　万佛祥集
——再敦煌

雨
敦煌

非我 著

雨敦煌

青海人民出版社

图书在版编目（CIP）数据

再敦煌 / 非我著. -- 西宁：青海人民出版社，2019.12
ISBN 978-7-225-05881-8

Ⅰ.①再… Ⅱ.①非… Ⅲ.①散文集—中国—当代 Ⅳ.①I267

中国版本图书馆CIP数据核字（2019）第246145号

责任编辑　梁建强　王　伟
插　　图　高　山
书籍设计　杨敬华

再敦煌

非我　著

出 版 人	樊原成
出版发行	青海人民出版社有限责任公司
	西宁市五四西路71号　邮政编码：810023　电话：（0971）6143426（总编室）
发行热线	（0971）6143516 / 6137730
网　　址	http://www.qhrmcbs.com
印　　刷	陕西龙山海天艺术印务有限公司
经　　销	新华书店
开　　本	720 mm × 1010 mm 1/16
印　　张	16.5
字　　数	250千
版　　次	2020年1月第1版　2020年1月第1次印刷
书　　号	ISBN 978-7-225-05881-8
定　　价	78.00元

版权所有　侵权必究

2018年度中国作协定点深入生活项目

李庆霞 摄

非我：原名曹建川，中国作协会员，鲁22高研班学员，浙江文学院签约作家，现居甘肃敦煌，供职于青海油田；现任青海油田作协主席。出版有长篇小说《魅惑敦煌》《我以为莲》，长篇散文《在敦煌》，小说集《云朵之上是青藏》散文集《穿越青海长云》。创作有40集长篇电视连续剧《父亲的高原》。作品在全国30多家文学刊物发表，小说多次入选《小说选刊》《小说精选》和全国年度小说选等，曾获第三届第四届中华铁人文学奖、青海省青年文学奖等十多次省部级文学奖。

别离：敦煌在右　　　　　　　　　　　　　1

壹　敦煌之丝路：青海唐蕃道

1　从敦煌出发：出发是抵达的彼岸　　　　13
2　岁月之岸：一座叫阳关，一座叫玉门　　　21
3　当金山：祁连在左，阿尔金在右　　　　　26
4　花海子客栈：当旷野走过人类自己　　　　32
5　德令哈：轨道深入荒原深处　　　　　　　46
6　唐蕃古道：一个民族的背影和面部表情　　52
7　群科：黄河岸边听涛处　　　　　　　　　59
8　湟水河谷：丝绸路之青海大道　　　　　　67

贰　敦煌之丝路：甘肃河西道

9　兰州：或左或右都是正道　　　　　　　　77
10　武威：被失重的丝路重镇　　　　　　　　88
11　永昌：开轩的精神指向　　　　　　　　　99
12　山丹：马蹄深陷的历史回廊　　　　　　　109
13　甘州、肃州：汉武大帝伸开的臂膀　　　　120

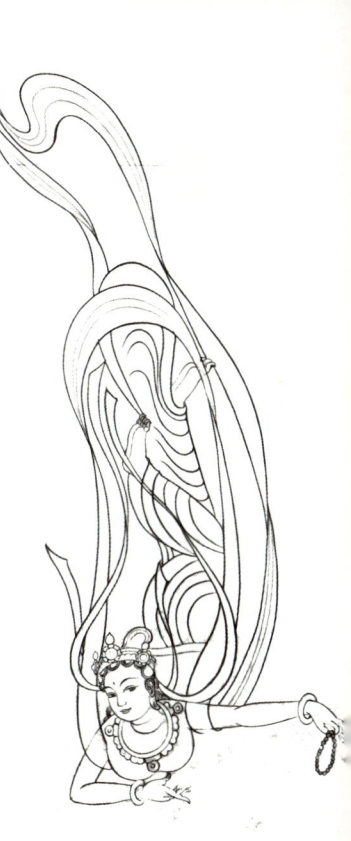

叁 敦煌之山路：道貌也岸然

14 三危问道：关于一座山的根魂追溯　　133
15 老君堂：老子的两千年道场　　140
16 坐而论道：我们的彼此看见　　156
17 三危之上：道的精神隐喻　　168

肆 敦煌之水路：回头即是岸

18 逆流而上：问水祁连　　177
19 悬泉置：一杯水的驿站　　182
20 安西：古河床里掩藏的水道　　190
21 榆林窟：疏勒水域的精神粮仓　　201
22 石包城：祁连水岸的军事坐标　　211
23 夜走南山：党河水的梦幻穿越　　224
24 西湖：敦煌水岸最后的护卫者　　232

回归：敦煌在上　　241

辞敦煌书（后记）　　255

别离：敦煌在右

高高在上的金色敦煌

是穿梭在苍茫之中的一条光柱长廊

在这条长廊里，过去、现在与未来一直在循环往复

有人在长廊里相遇了自己的过去，有人在未来的时间里撞见了现在

所谓的消失都不曾消失，所有的远走都还会回来

注定是一个偶然，也是一个必然

在历史的长河里我们彼此被撞见

于是，她在敦煌的长廊里

去意徜徉

《再敦煌》并不是《在敦煌》的重复和翻版。

实话说，别指望我对敦煌进行雷同叙述，那一定不是我的做派。

我的做派就是打一枪，就换一个地方，或者换一个地方再打一枪。

也许，枪会走火，或目标丢失，不过还请多担待。

因为多种原因，也为了恰切的世俗关联，《再敦煌》将以一个故事开篇，也将以这个故事来结束。这个故事多少有一点神秘。想想，神性的敦煌是匹配神秘的。

下边，我开讲了——

绿皮火车在铁轨上飞驰。

火车右侧的戈壁里，一辆红色的Jeep牧马人追逐而驰。

火车加速，牧马人也加速。

远远看去，好像火车拽着牧马人在跑，也好像牧马人咬着火车在追。

其实，这两种猜测都不错，都对。

它们相伴而行。火车在铁轨上咬出火星，牧马人四轮在戈壁里腾起沙尘。有时候像在比赛，你追我赶；有时候像在赌气，谁都不服输。就这样较着劲，一列绿皮火车和一辆红色牧马人，在敦煌的戈壁大漠里，彼此拖拽，逶迤驰骋。

从飞天宾馆出来，小女孩拖着笨重的大皮箱。那个皮箱就是她的家，去日本、去澳洲、去美国，抑或在中国大地，她都把自己的家装进一个皮箱。

他将牧马人停在飞天宾馆的门口。这地方不宜久停，交警要开罚单的。但他不在乎。她从宾馆的旋转门里走出来，一诧。他伸手去接那只皮箱。

皮箱很固执地闪开了。

皮箱被等在一旁的出租车司机拎起，放进后备厢。

他的手僵了一下，收回去，打开牧马人的副驾驶车门。

她"嗖"地上了出租车。

出租车在敦煌拥挤的大街上游蛇而行。

红色牧马人硕大的车身显得笨拙，气喘吁吁。他冷冷的目光死死咬住那辆出租。一个染着红头发的年轻人从车前斑马线上穿过，慢慢悠悠地吐着烟圈，还斜眼瞟了一眼牧马人。他将巴掌重重地拍在方向盘上，眼睁睁看着出租车从眼皮底下溜走了。

她从出租车的后视镜里看到这一切，鼻翼处滑落出一抹坏坏的笑。

昨天夜里，在沙洲市场步行街的左岸咖啡屋，她就跟他说好了，不要再送别。

她说：受不了。

他固执地说：不送，我也受不了。

因此，就在离开的前一天，她执意地搬离"风非沙"去了飞天宾馆。

就在搬离"风非沙"的前一天，他们夙夜在鸣沙山之巅。那时候夜幕已经降临，深幽的天空里满天星星在闪烁。她觉得该做些什么，脱了裙，将自己埋在还余有温热的流沙里。突然，她感觉像回到了母亲的怀抱，紧实而温暖；星星，就垂在额头之上，硕大而明亮，像极了父亲的眼睛，坚定而亲切。她轻轻地闭上眼睛，长长的睫毛覆盖住那藏满故事的双眼。

他猛然看见她的眼窝里，蓄满两滴眼泪。那眼泪，晶莹地映衬着沙漠夜空里透彻的月光，像两颗蓝色的宝石。他一个激灵，身体抖动了一下。

他想用舌头，回收她眼窝里那两汪宝石。

她有些不愿意，身体没有拒绝，但内心里是抗拒的。

她睁开眼睛，看见他的脸。她撇开，想看着夜空，看着那满天的星，看着那父亲的眼；但他的脸堵住她的视线。她撇开。他却将自己也赤裸地埋进沙窝里，双臂将她圈进去。像极了沙漠里的两条蝮蛇，彼此有毒。

她还是努力地撇开他的脸，看着夜空。

末了，他说：你有毒。

她想回答什么，却没有说出来，只是凄迷地看着夜空里的星星。

眼窝里，又蓄满晶亮的泪水……

她记得三年前，初次来敦煌。那是一个冬天。

是为一个梦而来的。虽然人们来敦煌都有各自的理由，但她确信就为一个梦。

在梦里，她的额头和脸都被红色的丝绸绑住，只露出眼睛。西北风凛冽。风进了眼，双眼泪流。擦干泪水，转瞬间又被刀子一般的冷风擦出眼泪。真想看清楚沙漠里的景象啊，但不能。只感觉心脏紧蹙，像被一双手紧紧拽着，提了起来。那种难以描述的疼，在敦煌的沙漠里北风一般弥漫开来……

做这个梦的时候，她遇见了他。

他走出了莫高窟，在澳洲开着一间画廊。她所有的关于敦煌的前世和今生，都是他在口述。在那间画廊里，他给她讲述敦煌，三天三夜，除了水，他们只分食了一只青苹果。

之后，她做梦了，梦见敦煌。

她梦见敦煌的时候，他也梦见了敦煌。

他说：在梦里，我看见你死在了莫高窟的断崖之下。

她说：我也梦见了自己，死在了敦煌。

他说：我看见你的眼窝里，装着两颗绿宝石。

她说：那是我的眼泪。

于是，在那年的冬天，他们一起来到了敦煌。敦煌用那年第一场雪，铭刻了他们在莫高窟外的沙滩里，彼此用脚奔跑着书写着对方的名字。

然后，他们紧紧拥抱在一起。

他说：我爱你。

她缓缓地抬起头，说：我不知道我是否爱你。

他迟疑了一下，点点头，吻着她冻红的鼻尖说：我会让你爱上我的。

那一次，她把今生许给了敦煌。

离开时，绿皮火车在铁轨上奔驰；他的红色牧马人在路基下的戈壁滩里飞驰。那一次，牧马人相伴绿皮火车，跑了三十公里。

绿皮火车上的警察故意掏出佩枪，咔嚓一声拉开枪栓，对脸贴在玻璃上已经严重变形并泪水汪洋的她说：姑娘，需要我一枪干掉他吗？

她一把抹去泪水道：不，不要！

警察又故意道：是你欠他什么东西了？

她又抹去再次涌出来的泪水，说：是，不，不欠！

警察将枪收回枪套，转身，嘿嘿道：问天下情为何物……

她苦苦一笑，又将脸贴在玻璃上，自问道：对不起，我真不知道，我是否爱你……

隔一年，再来。

那是敦煌的春天。北方的春天跟冬天没什么两样，四野苍黄，满目萧条。春天，还蜷缩在铁钩一样的白杨树和红柳的枝丫里。小草，还在大地深处等待春天的召唤。

她再次来到敦煌。

她似乎对敦煌已经产生了一种互应关系,彼此打量、猜测、审视,并小心翼翼地靠近、接触,互知气息和体温,搀扶和行走。这一次,来得深刻而猛烈。

她一身黑色的长袍,乱发随风。背一张古琴,琴袋上绣着"无稽山"。腰上别着一支尺八,尺八的布袋上绣着"缥缈峰"。在这个姗姗迟来的春天,她破风而行,在古阳关的大道上……

她双腿盘坐在阳关对面那座赭红色的山头上。

大漠的风,针尖一样锐利。

她深吸一口气,舒张双臂,一凝神,幽怨、苍寥而又孤独的古琴声韵,奔泻而出。古阳关,这座总被离别的深愁怨绪困扰了两千多年的关隘,再次被这个春天渲染。

这是千年的长河河岸,心在呼唤归宿,爱在表述哀婉。

他没有离开,一直在敦煌等候。等候她的到来。

循着古琴的声音,牧马人飞驰着,来到阳关的古道上。

她的手指猛然一抖,指尖划过琴弦,像一把利刃切断了声韵。

"哗"的一下,双泪长流。

"嘣"的一声,琴弦离断。

在这个春天,他们深入地走进了敦煌。很多个白天和夜晚,他们踟蹰在宕泉河岸,流连在莫高流沙之上,进出在百年千年的洞窟之中。他甚至还将鸣沙山下一处废弃的小学校园买下,改建成自己的工作室。将其中一座最高的三层小楼专门为她做成琴室。

他给这个院子命名为"风非沙"。

他在"风非沙"的四角,高高地挑起大红灯笼。

他在院子里辟了水塘,种了菖蒲;辟了花圃,植了玫瑰;辟了果园,种植了葡萄。

他一直在这个院子里等待她的归来。

他们在宕泉河岸,看过自祁连山奔袭而来的洪水,大河汤汤。

他们在莫高窟里，随着那些经变的精美壁画，走进百年千年前的历史深处。

他们在玉门关外疏勒河的古河床里，享受北方的寒风和暴晒的阳光。

但是，她依然要离开敦煌。

她坐在绿皮火车上，脸贴着玻璃窗。窗外，红色的牧马人在飞驰。火车慢，它慢；火车快，它快。这次，那个佩枪的警察不见了，她猛然回头，看见整节火车的走廊上，旅客们都将脸贴在车窗，看着外边的红色牧马人。有的，已经泪眼婆娑。有的，陷入了自己爱的回忆。还有一对年轻人，紧紧地拥抱在一起……

第二次别离，牧马人跟随绿皮火车跑了五十公里。

她依然轻声地问着自己：对不起，我不知道是否真的爱你……

这是第三次离开敦煌。她给自己预计，这是最终的别离。不是不爱，而是因为太爱。

她不想让他送别。前两次，她每一次都心碎，每一次都生大病一般，很久很久都缓不过情绪来。第一次之后，为了缓解心疼，她去了甘南草原的拉卜楞寺，住了一个月才舒缓过来。其间，她跟一位活佛学习藏医、制药，治好了自己的心痛。第二次之后，她又去了寺里，跟随活佛进了一个相传有千年历史的修炼的山洞，辟谷了28天才将整个身心清洗过来。这是第三次，她不想重蹈覆辙。她害怕自己再也经受不起那种撕裂的破碎的心疼。

而本来，她决意跟他告别。

她觉得爱跟自己无缘。她也不知道自己还有没有爱的能力。这也是她每次都无法回答他穷逐的原因。她所需要的爱，是一种魂灵之间神性的不谋而合。

面对神性的敦煌，她的每一次离开都将是深度的回归。

绿皮火车，似乎突然加速了敲击铁轨的节奏。

红色的牧马人，依然固执地在车窗外的戈壁里飞驰。

这次，她没有流泪。在沙洲步行街左岸咖啡屋里，她将一只古西域样式的琉璃瓶给了他。这只瓶子是她在罗布泊大海道的废墟里找到的。样式很特别、古典。一个考古学家给她破解了这只瓶子的前世。

琉璃瓶里有半瓶液体，还有几瓣她新装进去的产自河西走廊的苦水玫瑰。

玫瑰在液体里已经从干枯的状态舒张开来，鲜艳起来。那些液体，也变成了玫瑰的色彩。他来回晃着那只琉璃瓶，百思不解。

她说：你猜猜，那是什么？

他摇摇头，问道：是什么？

她说：我给你讲个故事吧。

她复述了考古学家讲述的那个古西域的故事——

男人要上战场了，披挂好盔甲，跃上战马。离别时，女孩会将储存有眼泪的琉璃瓶赠送他们，激励他们奋勇杀敌，期盼他们凯旋。男人们揣着装有情人泪水的琉璃瓶，奋勇杀敌，只求不让自己的女人再流泪。自此，这个装有眼泪的琉璃瓶在西域就成了一种爱的信物。

其实，这个琉璃瓶还言说了爱情的生离和死别。

她将那只装有眼泪和玫瑰的琉璃瓶，送给了他。

这是第三次，她没有流泪。昨晚他还答应不再这样送别。他还是没有管控好自己的情绪，虽然，那瓶眼泪此时正装在他的怀里，或许已经被体温灼烫。这一次，红色牧马人一直伴随火车跑到了一百二十五公里外的瓜州。在古疏勒河的河床里，牧马人车屁股后腾起一股冲天的烟尘，像拖拽着的一条龙卷风。

她对自己说，只要他追到瓜州车站，她就下车。

当火车绿色的身影进入瓜州车站，她蓦然发现——

在疏勒河的古河床里，牧马人已经歇息在那条龙卷风的烟尘里……

壹　敦煌之丝路：青海唐蕃道

河西走廊因为张骞的"凿空"之旅而金碧辉煌

而祁连山另一侧的丝绸之路却总是被历史选择性忘却

那条道，也翻飞过马蹄，飞扬过丝绸，嘹亮过牧歌，生长过爱情

也曾河谷里长满庄稼。也曾弯刀收割过头颅

大地无言，她安静地擦抹掉鲜血和眼泪

收藏好仇恨，掩埋好白骨；重新种植青稞、大豆和高粱，并开放出花朵

从敦煌，出发

路过阳关和玉门关，擦肩而过哈萨克族人的营帐，爬上当金山

这个高度就是平视青藏高原的高度

就看见了唐蕃大道上高原民族如太阳般的炽烈，听到了那牧鞭上挽出的响结

走在人类千年的大道上，仰望着千年之前的背影

也眷顾着千年之后的容颜

1
从敦煌出发：出发是抵达的彼岸

因为对一条丝绸的诗情画意，并对她行走的路线图附带情感地解析，所以，只能从丝绸之路的高光点敦煌出发，围绕祁连山作周而复始的山河寻访。每一次出发都是抵达。

二十几年来，我一直就在这条通天的大道上告别、出发。

曾以恣意的状态穿越青海长云，穿越千里河西大走廊。那时候还年轻，没有把这世界当回事，随性随意是青春期的最佳注释。现在虽然还不能说老，但中年的山峰正在向我靠近。中年是生命的顶点，风景可谓独好，但好风景总是转瞬即逝。这就是生命的悲凉。

年龄并不要命。有些路，需要思想去行走。

> 灵魂有了天堂，就不怕脚下的地狱。

可以肯定，中年阶段的每次出发都不再是简单的对地理线路的复制。我已经告别简单的形而下的行走。比如这次，我就在探源以敦煌为核心、以祁连山为界碑的丝绸之路的多种路径、多张面孔。面对敦煌，做这样的担承，我应该并恰合时宜。

蒲勇驾车。这小子身体特棒，十几年前曾在可可西里无人区的楚玛尔河畔一口气来了七个高空翻，当时惊诧得我紫皮茄子的脸和同样紫色的目光都无法表情。这次他驾车。两个月前他刚做了胆结石手术，我相信小小的胆结石无碍于他。他还想写小说。同行的还有侠女，一个摄影师，散文写得也不错。还有一个号称舞神的人。四人行进的目的地，是从敦煌出发，翻当金山，进入柴达木盆地。在德令哈与海子约面，然后再去西宁，去兰州，从河西走廊回归。线路图刚好是两条弧线，弧线中间就是历史上匈奴人的天山——祁连。

两条弧线圈并了祁连。

两条弧线就是古丝绸之路的两条贯通西天的大道。

而敦煌，是起点也是终点。

我突然想起西部诗人高凯的一首诗《苍茫》：

　　一只苍鹰，把天空撑起 / 一匹白马，把大地展开 / 一条阳关大道，
　　在一个苦行僧远去的背影里消失 / 一粒金沙在天地尽头，高出戈壁 /
　　凝神眺望，不是月亮就是敦煌

每当直面敦煌的沙漠和行走在戈壁旷野，无限的苍茫便滚滚而来。

从千年前的阳关、玉门关的烽燧和城垛而来，从干涸的疏勒河古河床而来，从晾干水分的唐诗宋词而来，来到我的脚下，将我用轻烟般的浮尘紧紧裹住。我在苍茫里变得苍茫。在敦煌，你无法不变得苍茫，假若你的思绪和情感与历史产生了对接，与天地和汇聚于莫高的诸神产生了联系，那么你就会在时光的大隧道里穿梭驰骋，与天地万物建立关联，与前生后世建立对接。这一点不用怀疑。

一千年来、两千年来，或者更久远的时间和空间里，一个民族倚敦煌西望。

依然是一千年、两千年，或者更广阔的西域大地，驼铃和马帮，还有那些赤足踏行流沙瀚海的行者或受国家于使命的使臣们，他们都从敦煌出发，将目光投向更加西去的远方，将胸怀敞向更加辽阔的西天，帕米尔高原，葱岭，塔什库尔干，撒马尔罕，耶路撒冷，君士坦丁堡……这是一条诞生于中世纪前，却繁盛于人类中世纪的文明大道、经济大道和文化大道。一个东方民族以最柔软的丝绸的形态凿开了地球东西方之间的万里疆域。

德国地理学家李希霍芬最早在 19 世纪 70 年代将之命名：丝绸之路。

敦煌，作为大道的终点，也作为大道的起点。

敦煌，是缠绕着人类命运的一个死结。

此时，两千年之后的 2018 年的春天，我的 SUV 在七里镇的出口处加满油。

向西的大道上，车流冷清，估计是出行太早的原因。当然，毋庸置疑，西部任何一条路都比内地要清静，即便是"十一"黄金周，路上的车轮也要逊色于内地的滔滔车流，是经济发展的滞后问题，也是人口稀少的原因。总之，在这一条路上，很明确的信息回馈就是：西部。

其实清静没有什么不好。清静不仅仅是指一种形态，还是一种哲学。

在西部，你会油然而生老子的哲学大观，清静且无为。

我对蒲勇说：好好开，我要睡觉了。

上车就睡觉，这是很多年来的习惯，只要不是自己驾车，这习惯雷打不动。也不一定真要睡觉，只是想闭上眼睛，当然酣睡过去最好，即便睡不过去假寐也行。这样的话，自己在自己的思想里驰骋，想想主义也行，想想邪恶也行。只是车载音响里的碟片实在太老，老歌老嗓迭出。我说，你这歌真够老。他嘴唇一嘟，你不是睡觉了吗。我哑然。

这条路我走得太多，以至于记忆重叠，甚至凌乱不堪。

最有记忆的是一个暑假跟叶子去老茫崖。

叶子的父母是运输处的石油职工，在老茫崖那鬼都不愿意去招惹的地方开着一家食宿店,恍若新龙门客栈,连吃带住或者还可以干点别的勾当。一套院子,里边尘灰老高,大坑小洼。过往的多是大卡车司机,还有油罐车。很少有旅游的,要有那就是我。我就在那里待了一个月。白天在戈壁滩上乱转,晚上喝酒吃肉,看看书,做做梦。没有电视,没有朋友,我都不知道是怎么坚持下来的,就差点跟店里的服务员搞对象了。

但就在那里,我启蒙了自己对瀚海戈壁的文学密码,写了一篇散文叫《老茫崖散记》。

我也由此知道,客栈门前那条尘土飞扬的破路,居然是一条历史大道。它从柳园过来,经敦煌,翻当金山,过冷湖,到老茫崖;再往前走就是花土沟、石棉矿;翻过阿尔金山就是新疆的若羌、米兰,再往前走就是库尔勒、塔克拉玛干沙漠;之后就是古西域的于阗、龟兹、葱岭、帕米尔高原。那是一条通向西天的大道,是一条被张骞凿空西域的大道。虽然眼前是无尽的荒凉和冰寒,但曾经,她车轮滚滚,她骡马嘶鸣,她丝绸飞扬。

这条东西方文明的大动脉,就兀地横亘在我的眼前,衰老在我的脚下。

有一日,我和叶子从他老爸卧室的床板下,翻出一箱大脖子的老式五粮液,一人往怀里塞一瓶。在食堂搜罗了两个罐头,几根起皱的黄瓜,几个发蔫的西红柿。我和他醉倒在戈壁深处,至今想起那简陋的下酒菜怎能匹配珍藏版的五粮液啊。只记得醉了眼睛的我直愣愣盯着远方,信誓旦旦,假以时日,我将驾长车直捣西域。

那是我三十年前对西域的誓言,这个誓言将终生有效。

还是在这条路上,已经是20世纪90年代中期,我已经长大成人。

一个冰冻六尺的寒冬,我和一个石油工人的女儿裹着里三层外三层的大棉袄,搭乘一辆四壁漏风的黄海班车,去冷湖领取结婚证,结婚证领得有些仓促。那时候主要是赶趟最后一波公家分房。没有结婚证,当然不分房,就为了一套房子。那套房子掏了九千多块,现在想来是毛毛钱,可当时是巨款。东拉西凑勉强付账。住了二十三年后,换房,抵押现金九万多。看着这十倍的赔率,心里一阵怪怪的滋味。那个冬天的寒冷一生难以忘怀，特别在翻越当金山的时候，山路弯弯，路边是白皑皑的冰川。我想，那冻结的坚冰是当金山的眼泪吗。

　　还记得刚参加工作的第二年，石油作家肖复华邀请我创作一本怀念逝去的老石油人的纪念文集，名字叫《人们不会忘记》。夜以继日完工后，赶在清明节，捧着书从敦煌赶到冷湖公墓去告慰先烈。祭奠完毕，张保险开着他的越野三菱，一脚油门飞到当金山脚下的长草沟，也就是阿克塞老县城旁边的一个荒凉小站。我们在那里吃了红焖羊肉，喝了皇台。醉了，我们跪在大道上，点了一排排香烟，敬献给在这条路上牺牲的先人们。听说，在这条路上牺牲的石油人少说也有好几百。赶在冷湖石油支援东部会战，一辆大客车就咕噜噜滚下当金山，一次就好几十条人命，这是一条用生命浇筑的西部大道。

　　这条路是柴达木石油人进出甘青两省最重要的交通要道。这条路劈开了祁连山和阿尔金山两山相依的一个垭口，身后是甘肃大地，前边就是青藏高原。20世纪50年代末60年代初，冷湖油田的石油就是从这里一车车翻山越岭倒运出来，运到四百多公里之外的柳园火车站，再用油罐车倒运到兰州冶炼。从一些老照片上得知，当金山满是珠子一般串联的油罐，一个车头拽着七八节油罐，美其名曰叫汽车列车化。真是车轮滚滚，浩浩荡荡。汽车毕竟是汽车，当不了列车，所以很多人的青春、生命，都奉献给了那一车车石油，深埋在了当金山的万丈深渊。他们的人生和命运都是石油状态的，黏稠又滚烫。

　　而我，就要从这条大道西去，翻过当金山，去天际线之上。

　　敦煌的春天很恼火，十有八九是在风沙弥漫中度过的。

　　偶尔能下一场雨那就是神灵的恩赐，雨后万物复苏。但那一场雨很难到来，所以万物复苏总是纠结。直到四月，内地早已花开果熟，而敦煌的天空才刚刚从睡梦中醒来一样。那些杨树、柳树、槐树，遮遮掩掩地泛着绿，嫩嫩的，浅浅的，跟刚孵出的小鸭子的绒毛一样。地上的草，也跟做贼似的，小心谨慎地从树池子里探出锐利的小脑袋。倒是去年或者前年就已经干枯的骆驼刺们气势雄壮，它们在戈壁滩上挟裹成一团一团的，随风翻滚，像古战场上翻滚而来的冷兵器。这样的天，只适合假寐。

车载的歌曲实在太难听，好几次我都想伸手把它关掉。

我喜欢音乐，但不喜欢歌唱。我不能吭声，只有眯着眼睛，看着眼前熟悉的事物纷纷在车窗外倒退而去。先是那个拍摄过井上靖老先生《敦煌》的敦煌古城，如今做了电影基地，很多西部电影都在这里取过景，比如《英雄》《新龙门客栈》《见龙卸甲》等。我没有进去过，一次也没有。我不知道那是不是井上靖老先生所描述的古敦煌。古敦煌谁也没有见过，我不能指鹿为马。对于历史的呈现，我向来固执己见。因为现在的敦煌确实不像敦煌，现在居住在敦煌的人，也不是敦煌人，他们不是敦煌人，他们只是居住在敦煌的人。

现在的敦煌不值得给予仰视。

一片海浪般的坟头滚滚而来。那是敦煌最大的安放灵魂的基地。

里边有很多我都认识，也有很多我亲自为之送行。它们就在我的眼线里，我不想看他们，但他们就在那里。清明节，我提前几天去公墓管理处对接，想给肖复华老师的墓碑刷刷新漆。问管理着这两三万坟头的年轻人，怕吗，晚上听见鬼叫吗。小伙子哈哈大笑。他的笑，理直气壮且带有蔑视感。他说，就跟屠夫杀猪一样，屠夫和一堆猪肉，有谁怕猪肉的吗。他的比喻疙里疙瘩，也很不舒服，但又似乎在理。这是从敦煌向西必须经过的路标：死亡。

一只沙鸡在沙地里乱窜，接着又有一只，两只，一群。

它们长相蠢笨，但逃起命来似乎又异常灵敏。很多年前，夏天的夜晚，有人开着皮卡车，拿着强光手电筒，在戈壁滩里抓沙鸡。沙鸡追着灯光跑，再用强光手电一晃，它们基本上就找不到北，只需用棍子横七竖八地一通乱扫。一晚上就搜罗一麻袋。它们的羽毛不华丽，死得也很难看，肉也不好吃，似干柴，寡味。可能现在人们胃口刁钻了或者是环保理念强了，再没有人去关注沙鸡。失去人的关注，它们会活得更健康。

沙鸡们从我眼前滴溜溜地飞蹿而过，很多记忆也一闪而过。

逶迤着庞大身躯的是那座沙山。

不知道它叫什么名字，因为它是鸣沙山的余脉，也就一直就叫它鸣沙山。它在东段涵养了月牙泉，护卫了莫高窟，与三危山在宕泉河两岸遥望。也有人说鸣沙山和三危山是敦煌的两条龙，一条黑龙，指的三危山，一条黄龙，就是鸣沙山。沙山一直延续到几十公里外的阿克塞。这座沙山是敦煌的屏障，它阻挡了祁连南山的湿润气流，又阻隔了北塞山的霜寒，西接着浩瀚的库姆塔格沙漠。它对敦煌的地理气候举足轻重。

俯视它，它确实宛如一条龙的模样。龙，是中华民族高高在上的图腾。

沙山到了头的时候是一座水库。那座水库叫党河水库。它也不例外，是全中国大兴水利的年代人工筑就的。水库截断了党河的水。水来自祁连山、当金山。地球在没有变暖的年代，祁连山的山顶还戴着一顶白帽子。那些白帽子很白，白皑白皑，或者很蓝，瓦蓝瓦蓝。那是水的固体形态。在夏季的时候，固态变成液态，冰雪融水在戈壁地下的暗河里潜流，直到一口气憋完了，从某个地方探出头来，集流成河、成渊、成海。这些水亿万年来滋生了敦煌这片绿洲，也涵养了这个伟大而传奇的敦煌。可以说，党河是敦煌的生命脐带。

在这干燥得沙子都会跳舞的沙漠里，突然冒出碧蓝的一汪水，就好像突然见到了上帝。鸣沙山怀抱里的月牙泉就是这样的神奇，你使用一切华美的词去歌颂它都不为过。但现在月牙泉生病了、消瘦了、枯竭了，她依然能以水盈月牙的状态存在，完全来自人为。人们再造了暗河给她补给，就像在给病人输液。而她的枯竭本身也是人为，党河水库扎坝，混凝土钢筋扎断了地下暗河，结扎了输往月牙泉的大动脉，这个亿万年都存在的沙漠奇观惨死在我们的手下。怪罪是多余的。该交的学费还得交，因为人类进化的路上一直都在摸着石头过河，谁也说不定哪块石头会砸着谁的脚。

上帝的罚款有时候是残忍的，只是我们没有过多去在意。

或者人类习惯忘却，习惯故意忘却。

天地有灵，天地不忘。为了涵养党河水库，大地横生一座佛。

一座大山成了一尊仰面端庄的佛，这本身就是传奇。佛化的物理现象很多，在这个七八成人心暗向佛的国度，先不管他们信教的动机如何，他们的心里出现了集体暗示，地理山川的外貌就很容易跟心中伟大的佛挂上钩。佛是一座山，山是一座佛。这是暗喻，是象征，是向往，是情感的激情澎湃，也是精神指向的至高无上。但确实，那佛很具象，安详的涅槃状仰面西域的苍穹，挺胸、收腹、束腿。即便躺着，也威严和神圣。

有时候不得不为大自然的暗示而折服。

当然，这只能远视。远到恰切的距离，那座山就成了睡佛。要是靠近了，或者足够的近，山就从佛还原成一座山。山上是巉岩的焦黑的石头，坚硬的铸铁模样，没有一棵草，也不构成生命的迹象。曾爬上去过，和一帮大自然的神秘主义者，他们欢呼雀跃。我沉默了。我总是在别人集体狂欢的时候孤独地还原出自己的本来面目，沉默如山上那坚硬如铁的石头。那些石头黑黢黢的模样，经历了亿万年太阳的烧烤。我也跟那些石头一个样、一个色、一个本质。石头也不说话。

这个时代里说话的人很多，这是人的天性，长了舌头不仅仅拿来搅拌食物和接吻调情，它最大的功能就是说话，但人舌不一定都说人话。听着人类太多的杂音，我最高的姿态就是保持沉默。这不是我的高贵和高傲，这是给自己设置的本色。我看见一只鹰，黑色的鹰，巨大的翅影覆盖了天空的一角。它在北方的天空垂视着西域大道，突然，它箭镞一般滑翔向西部。

按照鹰的指示，西边，是阳关和玉门关。

那里，曾经是汉文明的边际，是一个民族的别岸。

那里，是终点也是起点，是无数次出发的告别，也是无数次回归的抵达。

阳关，至今都是一个人间情意绵绵的图腾。

2
岁月之岸：一座叫阳关，一座叫玉门

这是西汉皇权的边界，也是一个民族目光西顾的边岸。

离开敦煌向西三十多公里的地方，有个砖头砌垒的门楼，上面写着：阳关胜景。

过了门楼，再西去二十多公里，在一片赭红色高隆的焦土之上，有一个烽燧残垛。那垛就是阳关。以它为关，始于汉武帝元鼎年间，张骞凿通西域后，千里河西大走廊成了东西方贯通的经济通道、文化通道、宗教通道，也就是后来所谓的一个富丽堂皇的名字：丝绸之路。从这里，大汉的丝绸以温柔的姿态收割了西域和更广阔的西部世界的友好和银两，这比铁蹄和大刀文明的多。为了保护这种小资而又高傲的交易，朝廷设置了门户。

这就是后来的：列四郡、据两关。

四郡就是河西走廊的武威、张掖、酒泉、敦煌。

两关就是阳关、玉门关。

与阳关对望的是六十公里外的玉门关。

玉门关没有在今天的玉门市，它们地理相距三百多公里，很多人混淆了这一地理概念。玉门关是阳关的姊妹关，是通往西域的两个口岸。玉门关，顾名思义是为玉开设的口岸。以玉为尊的中国皇帝们将西域也就是今天新疆境内的玉石作为至高无上的象征,那些晶莹剔透的石头们不会说话,但他们代表着皇权、高贵、等级和神性。西域的专事长途运输的粟特人,驾长车或木船辗转而来时,红尘滚滚,白帆点点,车船靠岸,开箱验货,一手钱一手玉,或者一手玉一手丝绸、瓷器和茶叶。物物交换,不用黄金等比,也不用美元换算。那是民族之间自己衡量、自己掌管自己财富和命运的时代。

今天,这巨大的关,坍塌了。坍塌在滚滚的历史长河里。

是有一条河的,那就是河西走廊上最著名的疏勒河。

它是河西走廊上一条著名的大河,古名为"端水"。她发源于祁连山脉西段托来南山与疏勒南山之间的疏勒脑,西北流经肃北县的高山草地,穿大雪山——托来南山间峡谷,过昌马盆地;经昌马、玉门镇、饮马场后,折向西流,接踏实河、党河后,入敦煌西北的哈拉湖。尾闾为间歇性河道,最终消没于广大的盐沼之中。据考,疏勒河那时候还是河的样子,河里有水,水能载舟,舟能载物。那些扼守边关将士的粮草,西去东来的丝绸和玉石等,多是船运靠岸玉门,那是正宗的水码头。今天,西部的水早已成为一个梦幻,一个传说。

从阳关过去不远处,就是著名的罗布泊。那时候的罗布泊还是一个水城,"泊"是水的形态的最好注解。生于水也死于水,这是罗布泊的命运。那么阳关呢,玉门关呢,作为边陲的军事价值和商贸价值早已不存。她被浩浩荡荡的岁月长风剥蚀得面相斑驳,像一个掏空了记忆的老妪。当然,还是历朝历代的保护、加固、粉刷,它们才有现在的模样,虽然不是那么入眼。有时候想,这正是它们正确的面相。一百年、一千年、两千年,没有什么东西能抗争过岁月的磨砺。

这片土地,人是有很多感想的。假若只是为了以她们作为照相的背景,那么我会痛惜你们千里而来的目的。不是说她们不可以拿来做背景后幕,做道具,而是当一个人,一个无论多么伟大的人,以它们作背景的时候都只能是尘埃,是渺小。所以,不要在这两个古迹下找存在感,谁找就是谁不自在,谁找就是谁不懂历史、谁的思想苍白、谁的目光局促。那么在这里可以干些什么呢?可以"念天地之悠悠",可以"独怆然而涕下",也可以"欲与天公试比高"的空乏而虚无。在这里,最好的神态是静悄悄地沉默，是一声声喟叹或者一声声的哀怨。

当然还可以仰望星空，野营帐篷，架起篝火来一个血液燃烧的诗歌朗诵。

这两座关，千百年来文人骚客比试着对它进行浓妆艳抹。朗朗上口的，耳熟能详的，闪烁着金子一般华美光泽的，就是这样的句子。

给阳关的：

劝君更尽一杯酒，西出阳关无故人。——《送元二使安西》（唐·王维）
唱尽阳关无限叠，半杯松叶冻颇黎。——《饮席戏赠同舍》（唐·李商隐）
更无别计相宽慰，故遣阳关劝一杯。——《答苏六》（唐·白居易）
阳关积雾万里昏，剑阁连山千种色。——《畴昔篇》（唐·骆宾王）
使君莫忘雪溪女，还作阳关肠断声。——《阳关曲》（宋·苏轼）

给玉门关的：

青海长云暗雪山，孤城遥望玉门关。——《从军行》（唐·王昌龄）
愿得此身长报国，何须生入玉门关。——《塞上曲》（唐·戴叔伦）
长风几万里，吹度玉门关。——《关山月》（唐·李白）
玉门关城迥且孤，黄沙万里白草枯。——《玉门关盖将军歌》（唐·岑参）

两座关隘就在这些伟大的诗句里活灵活现，颐养天年。

要是没有诗歌的滋养，要是没有古文人的多愁善感，估计这两座土墩也就是土墩，更不会被今天的敦煌学学者纪永元先生用一圈栅栏圈闭住。纪先生还用一个博物馆的形式尽可能地还原了千年阳关的体态。体态是雍容的、尊严的、体面的。想想，由文人来打理的江山可能不会固若金汤，但一定是华美的。由此我想起不爱江山爱写诗的南唐后主李煜。他投错了胎，但他的诗词总是摄人心魄。

春花秋月何时了，往事知多少。

小楼昨夜又东风，故国不堪回首月明中。

雕栏玉砌应犹在，只是朱颜改。

问君能有几多愁，恰似一江春水向东流。

再看看阳关、玉门关，再看看疏勒河，再看看远去的罗布泊，再看看楼兰和古西域三十六国，地理之河已经干枯，还原成戈壁和沙漠，但岁月之河还在流淌，从西汉流淌过来，从大唐流淌过来，从南宋流淌过来，再流过我的头顶，我的大头皮鞋，还有我的眼眸。它们的去向我看不见，但我送它们以祝福。

我站在岁月的岸边，也看见自己的背影。

那是一个夏天。十多个男男女女，应我之约来到毗邻阳关十多公里的地方。那个地方如今是一个废弃的国营农场，开辟农场的主人们早已撒手而去。土地继续在被耕种，在那些沙渍的土壤里长满葡萄、辣椒、萝卜、韭菜、菠菜、茄子、黄瓜及西红柿。别指望那是有机的，那些耕种的人来自四川、浙江还有青海，他们对使用膨大素和农药早已顺脚顺手。我在一排色泽斑驳的红砖四合院里，熬夜写过东西。那一夜，篝火与歌唱，还有酒与肉，让人极度狂欢。

狂欢之后，一个江南的小女子说，她夜里看见这个地方很热闹。她说的热闹不是指我们的放浪形骸，而是另有所指。追问之下，她说她看见了些什么，她细小的胳膊环绕一圈，指向那一整片房子，说，都有狂欢的。我的后背瞬间发凉。但越是到这样的关口越是想问个究竟。她说，她看见了整个农场的天空里，都有闪烁的能量光柱，那些能量光柱像是在庆贺，也似乎在欢歌。我沉默了。大家都沉默了。

这座农场傍水而居，枕山而眠，地理位置相当优渥。

从史书得知，这里就是古时候扼守阳关的龙勒古城。所在的小院刚好在龙口之处。这样的地势，要么能镇住，要么被镇住。我承认我有自己安静的能量。

回想起之前夜夜连轴书写的疯狂日子里,我倒是真切听到过一些异响。每至深更半夜,屋顶上便有千军万马的声音铺排而过,或者就是群欢的脚步声,咚咚咚。还有投掷石子的声音,扬撒沙子的声音,喘息的声音。有时候都感觉某只脚踩漏了屋顶。出去一看,什么都没有。似乎还有沙子扑簌簌撒进屋子里来,撒到头发上、后脖上了,一摸,还是没有。当时并没有联想,要是展开联想,估计早魂不守舍,逃之夭夭。

想来这片土地,历经两千多年,朝朝代代多少人在上面耕种,炊烟袅袅,欢歌笑语。假若累计,估计死去的白骨可以码垒起一座高山,一座堪比阿尔金的高山。假若再把那些亡灵收集起来,便可以看见两千年的历史浓缩于眼前,他们在时间的河流里只生长过自己的那一段,前面的和后边的,他们都是空白。现在汇聚在一起,他们会惊愕地打量人类的前世和后生。特别是那经历过六道轮回的亡灵们,他们会很惊诧一百年前自己的模样和两百年后自己的模样在同一时空出现。这真是不敢细想的一件事,细想会产生恐惧。

同行的有一高人,名叫寂寞。这名字本身就很传奇。我惊诧于她富饶的学识。也终于知道为师者并非年龄。她有很多奇异之处,她的奇异继承了她的母亲。她的母亲我没有照面过,但听说是神奇了得。她能看见人的前世和未来,且八九不离十。仅凭一张照片就断定我是一只天鹅,穿梭于南天门和凡尘之间的那只天鹅,也就是信使。而且言之凿凿,白的,不是黑色的。我不信,但很多人信了。

也就是说,我们的世界并非只以时间为序,平面的,它还是多维度交织的立体,只是上帝给人建立认知程序的时候故意删减了很多东西,毕竟看见的多也并非好事。简单一点,直线一点,平面一点,对人是有益的。传说中猫和狗就能看见比人类要多的维度,所以看见的越多,它们就只能来看家护院,而不能说话。当达到四维,这个世界就是弯曲的、重叠的。那么我们就极容易跟前世握手,看见自己前世的面相。

回过头来想,阳关这片土地,铁马冰河入梦来,古来征战几人回。有影像和声音的重叠也并不是怪事,相反,我们只看见自己那倒是苍白和无趣的。寂寞先生说，阳关是一块能量极高的地方。夕阳西下，她将一张古琴置放在阳关对岸的山坡上，便听到古琴迎风而鸣。

那是《阳关三叠》的和声：

渭城朝雨浥轻尘，客舍青青柳色新。
劝君更尽一杯酒，西出阳关无故人。

王维的诗歌，是男人之间的断肠曲、散魂丹。

当寂寞先生当着阳关弹奏三叠韵时，眼泪情不自禁为一个有情有义的朝代滚落出来。

我要是元二，就值了。不，我要是生活在那个朝代也就值了。

再退后一千年想，能听见寂寞先生的弹唱，也是值的。

3
当金山：祁连在左，阿尔金在右

从河西走廊的末端到青海柴达木，当金山是一道门槛。

很难搞清楚当金山的身段，只知道她深陷在祁连山和阿尔金山之间。所以说，当金山只是一个隔断，像卧室跟客厅之间那堵墙。她的左边是祁连，右边是阿尔金；或者你从柴达木过来，左边就是阿尔金，右边是祁连。这两座山，都是雄性十足的山。这两座北方高原里的大山在北纬 38.46 度的地方首尾相连。

首尾相连处有一个垭口，垭口处人们习惯性叫当金山。

或者，当金山就只剩下一个垭口。

很多年前，站在这个垭口仰望蓝天，心潮澎湃。因为看见了高空中的飞鹰，它们器宇轩昂，神情淡定地垂视着它们翅下的土地，宏阔而宁静。那时候就在想，我什么时候能锤炼成如此神态，那肯定就得道了。那是鹰临天下的神态。当然，因为工作关系，今生不下百次穿过这个垭口，实话说并不能记住每一次，也并不是每一次都有新鲜的感觉。好比很多东西，第一次是记得的不可能忘记的，其余都是无用功，是毫无意义的叠加和重复。好在日常生活，并不是都要追寻意义。

现在看起来，当金山这座山很有意思。

它从东边而来，从黄河岸边而来，从乌鞘岭奔腾而来，穿越千里河西大走廊，气势苍茫，一路雪峰皑皑，一路山花烂漫，也一路危岩耸峙，一路黄沙浩荡。一直到阿克塞的地界，大山气势未消，岭未断，脉未绝，就被一个海拔高达三千四百多米的垭口一分为二，再西去就是青海，就是新疆，它的名字也改名换姓叫阿尔金。它们是连体的兄弟。这兄弟俩无论在甘肃还是在青海、新疆，都是体格庞大，名号惊天。

祁连山是匈奴语"天"的意思，也可以汉译为"天山"。曾经的匈奴民族对祁连山是血泪当歌，他们逐水草而居，以祁连为天然屏障，在水草丰美的洼地和草原，纵马驰骋，生儿育女。但马背上的民族并没有安生的意念，他们是狼族，狼喜欢羊。游牧文明和农耕文明在乌鞘岭之南对撞，两种文明的对撞没有发生化学反应，没有诞生第三种文明。

直到霍去病出现。

霍去病是匈奴的克星。

眼见着农耕文明的温柔将被狼族消解殆尽，上帝派出了使者。

对，人类在大地上恶斗，上帝在天上一直是观众，他不会厚此也不会薄彼，总在最关键的时刻，他会给失衡的天平施加砝码，直到平衡。这时，霍去病就出现了。按照现在的理解，这个由小吏与公主私通而名不正言不顺的私生子，总会背上终生骂名。但他舅舅是大将军卫青。卫青善待了这个不太招人待见的"恶果"，总算沾边"帝王将相家"，师出而有名。

战神就是战神。还在17岁的时候，霍去病就被汉武帝任命为骠姚校尉，随舅舅卫青征战匈奴。17岁，在今天还是在校中学生，还在留恋巧克力蛋糕，可那时战神已经驰骋沙场秋点兵了。首战得利。他率领百八十年轻勇士直捣虎穴，斩杀敌人两千。一战成名，勇冠全军。

从此，走廊姓汉。

因此，匈奴悲歌：

失我祁连山，使我六畜不蕃息；失我焉支山，使我嫁妇无颜色。

祁连山和焉支山交割出河西走廊。

至于霍去病这个年轻的战神，完成任务后立即被上帝收编。

他就是一个神话，天之骄子。十七岁，两出定襄，功冠全军；十九岁，三征河西，开疆拓土；二十一岁，统帅三军，纵横漠北。别人需要一辈子才能完成的任务，他三五年就完成了。任务完成了，再待在人间就无益，说不定还会交割出很多爱恨情仇或者宫廷政变，二十三岁的时候，就死了。至今死因都不明不白，有的说死于疾病，也有的说被害于宫廷权力之争。司马迁的《史记》也语焉不详。

霍去病的死不是我所追问的问题。

我只想说，一个人只能活在他正确的时代！

倒是汉武帝对霍去病的死非常悲伤。不但让其陪葬茂陵，还谥封"景桓侯"，取意"并武与广地"，彰显其克敌服远、英勇作战、扩充疆土之意。他调来铁甲军，列阵沿长安一直排到茂陵东的霍去病墓。他还下令将霍去病的坟墓修成祁连山的模样，彰显霍去病力克匈奴之奇功。

活得精彩，死得光荣。

最关键的是，他为中华民族最早圈定了边界。

我想说的还是一座山。

但单单只说山是没有意义的。山的意义在于它见证了人类的风霜雨雪和爱恨情仇，但山又保持了最大的沉默。这就是山的个性，山的胸怀。对于祁连山，也完全可以参照贾平凹先生的《山本》来写一本《祁连山传》，或者用匈奴语来说叫《天山传》都行。只可惜我对祁连山的了解太肤浅，深入十分有限，仅仅从祁连山的一个垭口进进出出，而每一次的停留都过分地短暂，要么在垭口撒泡尿，要么尿也不撒，车也不下，昏昏然就穿山而过。

其实，站在垭口是很有历史意义的：

前边，是离太阳最近的青藏高原柴达木盆地。

后边，是河西走廊的尽头敦煌盆地。

左边，是从黄河岸边逶迤千里而来的祁连山。

右边，是巉石尖峭再一路向西的阿尔金山。

站在这样的垭口，产生思想是其次，苍茫之感就会油然而生。站在这个垭口就是站在了中国最伟大的地理标尺之上。这个发现并不是偶得，而是很多年来的无限感慨。我人微言轻，也不想将这种感慨幻化成震动的语感，并将这种语感传递给更多的人。我只是将这种苍茫之感私藏于心，形成我坚硬而又柔软的灵魂内核。

很多年前写一个电视剧本，我就将一个年已八十多岁的老者放置在这里，让他站在生命的后岸感受我的苍茫。在此，允许我转录那段文字：

> 何满江老了，他已经八十五岁了。
>
> 前不久，他送走了自己的好兄弟葛先华。
>
> 而在四十多年前，他亲手掩埋了自己的兄弟陈启仁。
>
> 在这几十年间，他也记不清已经走了多少战友、工友和亲人。

而今，他剩下的只有一把年纪、满脸皱褶和满头银发，还有被岁月钢化了的记忆。记忆，就是人的史记。他的史记就是那片高原，那片叫柴达木的西部高原。

很多年没有进过柴达木了，身体越来越不允许。

他知道，自己的时日也不多了。他决意要去一次柴达木，哪怕就站在当金山顶，看一看昆仑山、祁连山、阿尔金山，看一看那褐色的苍茫荒原，嗅一嗅那粗粝的高原风，也就觉得满足了。是的，这个要求不算太高。在孙儿们的陪伴下，他终于登上了当金山口。

在高山之巅、雪线之下，高原稀薄的空气和强劲的风，鼓胀着他的胸腔，吹乱他的白发。他眼前，是浩瀚的青藏高原柴达木盆地——白云飞渡，雪山逶迤，褐色的戈壁苍茫无垠。

一只雄鹰尖啸着从天际而来，巨大的翅影从他额头滑过。

他仰望着那只翱翔的雄鹰，久久无语。

——人生几十年的滑翔也就是一瞬之间。

我们，不是为了勋章和荣誉，唯有使命和责任。

是的，使命和责任！要说荣誉，那就是我们历练了一种精神，一种淬了火的精神，国家至上，艰苦奋斗，无私奉献！是的，个人都是无怨无悔！那不是傻，那是执着！是执着！多少的战友、兄弟都埋在了这片土地，做了瀚海的一粒砂，一抹风。我，也只是柴达木的一粒砂，也许，还是那粒最幸运的砂砾。我感恩这片土地，它历练我们的筋骨和精神，开启了我们的梦想和追求！

历经三代人，六十年——

我们用青春书写了激情，用坚韧书写了斗志，用执着书写了梦想。

柴达木、柴达木，你是一片神奇而雄性的土地，唯有男人方可征服！

这个剧本名叫《父亲的高原》。

请原谅我对雄性图腾的崇拜。我一直觉得这片高原大地，只有鹰一般的男人以鹰一般的宏阔视觉，才能匹配这片土地的冷峻、坚硬、雄浑和苍茫。唯有男人。

我也是剧中人物何满江那个群体的一分子。我当然没有他的豪迈，但我能感知一种伟大的豪迈存在。这就是在高原大地九死一生的铮铮铁骨，是将高原粗粝的风沙长进血液、长进骨骼的男人的品格。站在当金山口只能对神鹰顶礼膜拜，对雄性的力量充满敬畏。

我不习惯于用华丽的词语表达情感。我对停留在表象的抒情更是嗤之以鼻。站在当金山的垭口，人是对人本身最好的抒情。神鹰，只是一种喻体。

至于阿尔金山，这座圈养着柴达木盆地的母亲山，她有很多的故事，请允许我今后再叙说。之前最好的叙说是我的一个中篇小说，名字叫《阿尔金》，那是我至今认为写得不一般的一部小说。在那小说的大山里，我埋藏了很多秘密。有人看不见，有人故意看不见。当然这不是我想要说的话题。

我得打马下山去，当金山这个金光闪闪的名字，会留存于历史，留给天地。

神鹰盘旋的翅影，是它唯一的注解。

4
花海子客栈：当旷野走过人类自己

从当金山下去，那个坡度似乎可以忽略，但坡度依然是存在的。

这就是大地隆起的态势。青藏高原的隆起，是对地球地表高度的形象化概括。它号称中国最大、世界上海拔最高的高原，还被称之为"世界屋脊""第三极"。这样的称谓一点也不夸张。对地理意义的夸张没有实际作用，没有人给你授予勋章。

> 青藏高原南起喜马拉雅山脉南缘，北至昆仑山、阿尔金山和祁连山北缘，西部为帕米尔高原和喀喇昆仑山脉，东及东北部与秦岭山脉西段和黄土高原相接。

青藏高原的地理概念，对，不是国界概念，它的广阔超过了通常的情感识别。常常，我们只是将它圈定在青海和西藏，所以谓之青藏高原。其实，不然。

青藏高原总面积约二百五十万平方千米，地形上可分为藏北高原、藏南谷地、柴达木盆地、祁连山地、青海高原和川藏高山峡谷区等六个部分，包括中国西藏全部和青海、新疆、甘肃、四川、云南的部分以及不丹、尼泊尔、印度、巴基斯坦、阿富汗、塔吉克斯坦、吉尔吉斯斯坦的部分或全部。

大地为世界隆起。

青藏高原也是中华民族的源头地之一。

隆起的青藏高原之上还有隆起的珠穆朗玛峰,它君临天下的姿态至今仍然是勇士挑战的对象。因为高,它被迫成了挑战者。于我,只是仰视和敬畏。曾有一个朋友,她的男友因雪崩埋葬于昆仑山的玉珠峰。我陪她到过西大滩,顶着垂竖的阳光,她目光凄迷地望着远处温润如玉的玉珠峰。她看见了男友的脸,她的脸上泪流成河。

我看见了玉珠峰顶上一只神鹰,像A4纸上一个逗号那么大。

我至今都不明白我为什么要跟青藏高原扯上斩不断理还乱的关系。

我出生在长江岸边,我习惯了雾霭萦绕,雨打芭蕉的声韵。我还习惯江之南岸农作物的滋养,还有江河上的白帆点点。但我来到了青藏高原。正如我多次对人生的喟叹,人就是飞鸟带来带去的种子。从哲学上说,这就叫生命的无意识状态。或者,叫生命的随意性状态。

在青藏高原柴达木盆地,我和我的团队有一句响彻云霄的口号:我为祖国献石油!我们这个团队在奉献石油的同时,顺便也就奉献了自己的青春和生命。稍不注意,还有自己的儿女,子子孙孙。在冷湖大地的一座公墓里,我无数次看见那几百个高隆于大地的墓碑。他们有的叫烈士。有的只是死亡。那里边有我认识的人,更多的我不认识。不管认识不认识,他们好像都累了,想换一个姿势活着。

于是,他们躺下,平行于地平线。

青藏高原的地平线遥遥无边,像一张弯弓的弦。

他们的生长也遥遥无边,像弦上的那柄弯弓。

弯曲,但充满了生命的力度——我只能如此歌颂他们。

我的情感与他们共鸣。以至于每年清明节,我都要约上好友,男男女女,挺着青藏高原里的冷风，衣服像被吹胀的帆。我们去给我们认识的先生，还有不认识的先辈们，焚烧纸钱，浇洒烈酒，以表达敬意和哀思。我深深地知道，仪式是对他们的，也是对我们自己的。只有在青藏高原，你才会痛彻而悲壮地感悟到生命的坚韧和生命的脆弱。

我跟他们是同类，他们是我之前的影子，而我，只是他们遗留在大地的凭证。

我不能再过度地抒情。抒情从来不是我的强项。

我得回过头来。

从当金山下到柴达木盆地，第一个岔路口向左，或者向东，那个方位是大柴旦，是格尔木，是德令哈，是青海湖，是西宁和黄河。我们一直在祁连山的另一面，这一面总是常被在河西走廊行走的人所忘却。是的，我愿意不厌其烦地重复，这条路是丝绸之路的青海道，也叫丝绸之路辅道。丝绸大道的两条彩带，她们共同哺育了丝绸这柔软的东方文化。

我今天的行走，以文学或者文化的方式，记录遗落在古丝绸之路上的当代现状，并不是想对这条著名的大道远去千年的身影进行修饰，而是以古应今，检视丝绸之路当代的魂灵和一个民族伟大复苏的意志和愿望。山河无语，但山河长忆，山河的记忆在人类的思想里。或者我愿意说，这条古老的道路在我文学的联想里，模样新生。

这是我行走在大道上的使命。

曾在二十年前，我站在当金山口，以飞扬的思绪《穿越青海长云》，留下这样的情景表述：

    大柴旦有多大。我用双手圈了圈，想度量。
    从敦煌盆地上来，站在当金山、祁连山脉的一个垭口，凝视；
    ——高度在高度之上，大小在大小之中。
    我看见大柴旦，像高空中的飞鹰。

这确实有点抽象。

可以肯定地说，大柴旦的这种抽象只存在于我的思想和我的笔下。

大柴旦在我的笔下栩栩而生，它是幸运的。就像德令哈在海子的笔下，以一个"姐姐"的艺术镜像而获得永生一样。只可惜我不是海子，我也还没有死去，所以大柴旦并没有像德令哈一样获得艺术的新生。但我还是想说，我赋予了大柴旦诗意的镜像：飞鹰。

它不抒情。但已经超越了抒情。

我在那篇文章里这样记叙：

> 我的第一篇像样的小说就在大柴旦生成，也有人预谋给我改成电影，我没有太在意文字对电影的转换。大柴旦生长了文学的胎盘。海子匆匆而过，留下一个叫"花海子客栈"的地方，路过德令哈，去了西宁，去拜访一个高原诗人。高原诗人独驾"高车"，他们碰了三杯青稞大曲。然后，海子去了山海关，模仿日出。
>
> 我在"花海子客栈"那煤灰四腾的小院里，摘下几粒红玛瑙般的枸杞，咀嚼。

以上这几句话最好以文学的思维来阅读，不要考古，也不要史记。有些东西，一旦过于较真，这个世间就寡淡了。就像政治家的谎言，说多了就会自以为真。一个作家的谎言呢，说得像真的一样，但千万别信以为真。

还比如下边这段文字：

> 一个女人走过来，她有一双长腿，修长的那种，和一双大眼睛，明澈的那种。
>
> 她说，她见过我，在很多年前。

然后，女人转过身，走了。

我嗫嚅着嘴唇，打量自己的前身。这只能是一个谜。

谜就是一块用袖子擦不亮的花玻璃。

好吧，就用这个女人离去的背影开头，我开始对大柴旦、对花海子的散文叙述。

我曾使用两篇中篇对大柴旦进行了艺术的空间架构，一篇是《花海子客栈》，还有一篇是《云朵之上是青藏》。《花海子客栈》是我年轻的时候写的一篇中篇，在贵州的《山花》首发，后被《小说选刊》转载。这篇小说是我个人文学生涯的大事件。鉴于此，我可以简要叙述一下这两篇小说的梗概。

《花海子客栈》：一群五湖四海的游人被抛锚在花海子，其实就是大柴旦。他们梦幻般地被置身于一座客栈，在几天时间里上演了一出精彩的情景剧。情景剧的故事就是，在茫无涯际的大戈壁里，生命会偶发很多种可能，人性深处的良性的东西会被激发、共振，甚至相交于江湖，苟且于美好。但最终又相忘于江湖，形同陌路。估计我还自觉地使用了文学的象征手法，那就是生命的偶然，是人性的必然。

《云朵之上是青藏》写了大柴旦，但不全是。写了一个亡命于高原的孤魂野鬼，不甘于高原的寂寞和孤独，强搭顺风车离开高原的故事。我想表述的是，人的魂必有所依。即便是一个亡魂，也必须回归到它自己的世界。当"我"从大柴旦带上"她"，一路奇幻丛生。最终，"她"在甘肃河西走廊的张掖找到了另一辆顺风车。故事是神话的，但又是温情的。我用"鬼"表达了人的精神诉求。

当然，在这条路上传说很多，还很惊悚。

跑长途的油田司机，夜晚穿过花海子，会看见一红衣女子路边拦车，本能告诉司机不能停。他也听老司机说过。他一咬牙一闭眼，闯了过去。开了很久，尿憋，下车撒尿，回头看解放车的前保险杠上坐着那个红衣女子。女子说，你好狠心啊，不就是搭个顺风车吗。说罢，红衣女子上了驾驶室。司机提心吊胆将车开到大柴旦，闻得远处一声鸡鸣，再看红衣女子，刹那不见踪影。

这是最广泛流传于司机们舌尖之上的传说。

但传说的根源是，20世纪50年代初，国家派来柴达木一个慰问演出团，在大柴旦演出完毕，乘坐大卡车准备翻当金山去敦煌，途经花海子翻车了，一车演员死去十之八九。自此之后，跑长途的司机每当夜过花海子，每每便会遭遇美女搭车。有的司机心软，顺风车就捎出去了。有的胆小，不敢捎，就自绝了这条路。

2003年的春天，我在《云朵之上是青藏》里所写的那个红衣女子，听说是最后一个。因为自此之后，花海子再没有搭顺风车的红衣女子。我捎出去的那个红衣女子，是她们的大姐，她把所有姐妹送走了，才最后一个离开。

有人看了我的小说，跟我较真，问是不是真的。

我嘿嘿一乐：天机不可泄露。

我与她们不期而遇，我坦诚地超度那最后一个红衣女子，这是我的阴德。即便行文已经十六年之后的今天，我依然为我的义举而心生温暖。再假设，对，不需要假设，只需要能看见四维的度，说不定我对红衣女子的假设已经是真实的现实。我曾与她们照面，那是孤独者与孤独者的同是天涯沦落人之间的慰藉和温暖。

她们，被抛弃在了青藏高原。我也一样，我把自己种植在了青藏高原。

从某种维面来说，我和她们共存于一个空间，又共存于一个维面。

这事并没有打住，就在遭遇红衣女子之前的两年，就是2000年的秋天，我在这片土地上差点遁入倏远的时空，变成在这条天路上另一个夜行者。对，那天夜里我也刚好穿了一件红色T恤。当我从漆黑的夜空里仓皇而至格尔木的收费站时，收费站里的姑娘吓得惊魂四散。她惊恐地指着我的脖子，以为我已经是一个鬼。我摸了摸脖子，又扭了扭，觉得小姑娘的惊诧莫名其妙。她说，你满脖子都是血。其实不是，是我黑色夹克里的红色T恤露出的边。黑夜里映着灯光，那一圈红色像极了淋漓鲜血。

夜里从涩北气田出来，车行至察尔汗盐湖。天色墨黑，飘着小雨。稳定性极佳的丰田巡洋舰也脚底下抹油打滑，几个趔趄，失去重心，哐当一声，腾空两圈之后倒扣在两米高的路坎下。我从车后排的中间位置颠进了后备厢。在那腾空的瞬间我只冒出一个闪念。是的，那点时间容不得你想得过多。后来跟几个遭遇车祸的人沟通经验，他们都说那一瞬间只能向天向地问这么一句话：

  我就这样死了吗！

  越野车很平稳地穿行在这条号称天路的青藏高原的大地上。
  车窗外依然是那些山、那些戈壁、那些流云、那些神鹰。一次是这样，两次是这样，三次是这样，一百次还是这样。青藏不改容颜，大地笃定永恒。我们的穿行也许是一百次的雷同、一百次的重叠，但也是一百次的同类合并。时间就是生命重叠的密码,长度将会失去意义,因为生命将会回到原点。也就是说，相对于死亡，一百岁的长寿跟三十岁的短命是一样的厚度，都是回归到原点。
  这个原点是哲学意义的原点，也是现实的不可物理分解的原点。生命的过程被省略掉了。起点和终点高度的融合，这就是生命的意义。回归，这是必然的路径，也是必然的方向。
  也许，我已经说清了一些关乎生命的东西。
  这不要紧，认知虽然提前到位，但也不妨碍我们继续在青藏的大地上穿行，喟叹，抒情，吃喝，爱恨，情仇。这是正常的生命表现。

  抵达大柴旦的时候，正好是中午。
  远远地看见大柴旦不再是飞鹰的姿态，它变得过度的花枝招展，她的浓妆艳抹在西部苍黄的大地上有些不协调。我飞鹰一样抽象的形而上的大柴旦过度世俗化。当然，这不是大柴旦的错，那些高度雷同的建筑物在青藏高原很多小镇都这番模样，鲜艳的红黄色调。这种视觉美学在蓝天之下达到登峰造极。曾在距离大柴旦不远的冷湖镇，我遭受过今生最刺激的视觉色彩。我无法猜度一个小镇的管理者是如何脑洞大开,将一个小镇打扮得如此模样。他们的理念来自哪里,美学又来自哪里。

我不能再这样追问。我得原谅在高原地带里所有的原则和规范。缺氧对大脑的伤害不是一个新鲜的课题,甚至,在雪线之上,瞬间你就变得盲瞽。所以,思维在高原最容易出现烧灼。

大柴旦后边的那座高山,曾经是我溜达在大柴旦那条独街上,最愿意仰望的高点。那时候山顶不是这番模样——光秃秃的、仓皇的、焦渴的。那时候的山顶戴着一顶白帽子,浑润如玉。那是大山的智慧之光,因此山是活着的山,大柴旦是活性的大柴旦,而我,这个路客,也是对一座山、一个小镇充满好奇的过客。现在没有了,仅仅十几年时间,地球的体温被彻底改变,雪线消失。这并不是一个无所谓的地理名词的消失,它预示着地球生态遭遇了危机。

我们知道,中国乃至整个南亚次大陆的命脉都系于青藏高原。

青藏高原是长江、黄河、澜沧江、雅鲁藏布江、怒江等大江大河的发源地。它是海拔最高的固体水库。没有冰雪的涵养,万流不再。我多次到过三江源头,踩踏过那里的高山草甸,喝过那里的冰雪融水,感悟过那针尖一般的植物生态,也惊喜过那铺满草原的黄色的、紫色的花。那些花像没有脖子的人类,它们没有过多的力量长出脖子来,待钻出地面就迫不及待地绽放出花朵,因为,稍晚一点错过温度,它们今年就别想再盛开。

它们短暂而急促的生长,让我想起人类很多特性。

我不怪罪人类本身,我只为我们人类感到焦虑。

但我敬意一些殉道者,知行合一者。前不久,当代著名作家郭文斌先生来敦煌"布道",他大力弘扬他的"安详文化"。起初,我不以为然,我认为在当代布道安详,只不过是给民众打麻醉剂,喝安魂汤,吃精神鸦片而已。是在替谁开"道德处方",是谁谁谁的"影子大使"。后来,我终于深刻认知了郭先生布道的力量,以及个体人格的伟大。虽然,我还是保持各自的文学观,但那已经不重要,甚至微不足道。他有更重要的力量,自他离开之后一天比一天更加震撼着我的心灵。

听敦煌诗人方建荣说，郭先生出差拖着一只大皮箱，里边装着两只大盆子。盆子干吗呢，就是接洗澡水，再用这水来洗脚，或者冲马桶。当我听到这个行为时，我的灵魂哗啦一下收缩了起来。于此，我想起了很多，很多道貌岸然的君子，很多道貌岸然的道德家们，很多道貌岸然的人类导师们，我只感到一阵阵恶心。我不想替郭先生的行为大放光辉，贴上道德的标签，但只想说，他是一个问道路上的精神大师。

郭先生已经吃素很多年了。他离开的前一天，建荣约我去敦煌的素餐厅吃饭。在座的有敦煌市的宣传部副部长贺万辉先生，还有敦煌的收藏家张保国先生。上的都是素餐。那几天我正在配合寂寞先生辟谷疗法，油盐未进，只能吃比素餐还素的食物。开餐前，我给老板李艺女士说，给我一碗白米饭，一盘过水素菜。这种素菜初吃无味，但只要细细品味，满腔会溢满食物本身的清香，那种香，直沁心脾。

席间，郭先生依然不忘他的布道。他说他现在的状态是，哪怕明天不再醒来也不后悔。他在人间弘扬了自己的道义和能量。他在宁夏那片土地深根细植了他的安详文化，成立了读书社，应者云集。在全国传播了"郭式安详"，受益者众。他说，他并不是看不见"恶"，但作为一个文人，不能做到"惩恶扬善"，"惩"是国家机器的事，而不是一个老百姓的事。一个老百姓唯一能做到的就是"抑恶扬善"，唤醒人们沉睡的灵魂，植入美好，营造和谐。

我跟他比肩而坐，我深深感受到他言之凿凿里浑然而生的正能量。

他不背书。他胸腔里的安详之道，犹如洪水滔滔。

晚餐接近收尾，我突然看见郭先生用手中的一块小饼，将一只空碟子里的汤汁粘起来，小口食之。我的眼睛瞬间被定格、凝固。我们谁也没有赞扬、没有评价。但我相信我们几人，万辉、保国、建荣等，心灵是潮湿的。收碟的服务员大姐充满敬意地说，我见过惜食之人，但没有见过这样的先生。我们相视而笑。

我愿意用这一段不小的篇幅记录郭先生，是应该的。我也相信我今生都会记住郭先生。我也会相信,在今后的生涯里,我思想的锐角和文学的硬度可能会就此度化。我愿意向郭先生的"安详道"致敬。

我想起来了中国的传统哲学:上善若水。

我想起来了中国的传统智慧:道生一、一生二、二生三、三生万物。

我想起来了中国的传统力量:四两拨千斤。

我们中华民族自有真经,"天人合一""人类大同",那是最终指认。是的,我们正在实践的路上。

这条路,也许还很长。但,毕竟我们已经走在路上。

郭先生说:

  对于一个村落级心量的人,家的得失已经不会对他造成焦虑了;

  对于一个世界级心量的人,村落的得失已经不会对他造成焦虑了;

  对于一个以"大整体"为家的人,已经不需要有"回家"的念想了,终极归属的焦虑会自然消失。

我得从郭先生的"安详道"里抽身出来,回到眼前的大柴旦。

大柴旦最早的雏形还是因为石油。是那支拓荒柴达木的石油队伍,从西宁一路过来,从青海湖的北岸一路过来,翻越关角山,穿过吐谷浑王国的百年古道,来到这个湖边歇满野鸭子的地方,大柴旦。

大柴旦是蒙古语,意思是伊克柴达木,汉语意思是大盐湖。

柴达木,就是大盐湖的意思。

这里是青新公路(315国道)、柳格公路(215国道)和青藏铁路的交汇地。大柴旦也是敦煌、格尔木、德令哈和冷湖的交汇中心。她距离德令哈市二百多公里,距离西宁市七百多公里,距离格尔木市一百九十公里,距离敦煌三百二十公里。曾经意气风发的石油人到了大柴旦,双脚疲惫,行李卷一扔,就地扎营。于是,大柴旦成了石油人的第一个驿站。那是1954年,之后迁移到冷湖。1958年,冷湖油田年产三十万吨,成为新中国第四大油田,声名鹊起。

我是石油的一部分,我愿意多说两句石油。

现在的大柴旦跟石油没有一点关系了。假若还有一点印记的话,就是镇子里头还有两根故意保护下来的石头门廊柱,这两根不是一对,是两对中的其中二个。上面刻有字,是那个年代特有的记号,把标语刻进石头,幻想标语跟石头永生。

其实,石头无语,但石头有道。

石头替历史说话:

    其一是:石油碧波腾乌龙

    其二是:高举红旗群策群力工装牧业齐跃进

按照传统习惯,这也许是上联,也许是下联。要是谁有闲趣,可以凑对。

后来,大柴旦依然是石油很重要的组成部分,比如石油物探队伍,包括他们的家属儿女,很长时间里都驻扎在此。她还承担着冷湖和德令哈、西宁之间的串联作用。

记得20世纪50年代,陈毅副总理率国家慰问团慰问拉萨归来,在大柴旦顺便慰问了石油人。同行的乌兰夫率队进了柴达木的核心区茫崖进行了慰问。那时候的茫崖是万人帐篷城,是中国西部一座拓荒者的城市,是西部开发最早的"游牧部落"。后来,邓小平拍板撤出了庞大的石油队伍,只留下星星之火。可以想象,连一粒米、一颗钉子都要从内地不远千里万里运进柴达木,昂贵的开发成本,一个新政府心有余而力不足啊。

大柴旦撤出全部的石油人是20世纪80年代末了。

之后的大柴旦只剩下大柴旦本身,剩下一个大盐湖的名字。

后来煤炭业应运疯狂,大柴旦成了一个大卡车穿梭的小镇,成了一个黑乎乎的小镇。就在那时,2000年,我在大柴旦一个煤灰四腾的破败的四合院里,写下了自己第一篇上了《小说选刊》的小说，名字叫《花海子客栈》，首发贵州的《山花》杂志，头条，主编是李寂荡先生。十五年后的2016年的冬天，我在北京出席第九次全国作协代表大会，在北京饭店二楼的自助餐厅里，我邂逅了一同出席会议的李先生。我羞涩地自我介绍我是谁，我说了一句迟到的感谢。李先生两眼茫然，哦哦，显然这句感谢太滞后了，我一脸惨然。

是的，李先生的"哦哦"我完全可以理解并原谅。但他不知道，远在贵州高原三千里之外的青藏高原，一个文学2B青年因他的意外发掘自此走上了作家的道路，文字的道德力量和文学的宗教力量，是巨大的。我只想说：不经意间在荒原扔下一颗桃核，说不定就长出一个桃花源。

我愿意再多说两句关于那个黑煤灰腾起老高的四合院。也许这次说了，我就不再说了。

在马仙采气厂的职工餐厅吃了一顿两元钱的自助餐之后，我就迫不及待走进阳光明媚的大柴旦。虽是五月，大柴旦依然寒凉。阳光只是阳光，不温暖。我急切地从那些花哨的建筑色彩里找寻当初那个四合院的方位，目光急促而又慌乱。很遗憾的是，连那个方位也找不到了。在记忆里的大概位置上，矗立着一排排浓妆艳抹的新农村模样的建筑物，它们很新，颜色鲜艳。这很新的它们不是我记忆和找寻的。

我的那个"客栈"消失在了大柴旦深处。

那个院子里有一蓬巨大的枸杞树。

枸杞鲜艳欲滴，比指头还大。虽然树蓬上落满尘灰，还有煤灰，但红枸杞依然鲜亮。我在一间阴暗的屋子里看书、写作，困倦了就走进院子看看天，看看风和雨。一不小心，院子的煤灰就盖住了脚脖子。我不管不顾，径直走向那棵枸杞树，踮起脚，伸长手臂，勾住几颗红红的枸杞，吹几下，扔进嘴里，满口生津，满口甜蜜。剩下的几颗握在手心，回到房间，投进茶杯，满茶杯也鲜艳起来。

这时，就看见一群花枝招展的年轻女人从她们的屋子里出来，慵懒的、困倦的，没有中心、没有主题的面部表情，在阳光下，伸着懒腰，打着哈欠。懒腰将上衣高高收起，耸在胸上，露出一圈细腰，细腰是白的。等懒腰过去，衣服回到原处，便向我的屋子瞟上几眼。

我跟她们是这院子里比较固定的常客，彼此脸撞脸，不说话也是熟悉的。何况我们是说话的，当她们无聊的时候，就找我说些无聊的话。她们都是深夜上班。当大卡车归圈一般歇满庞大的四合院时，她们就忙碌了，身体像一台125马力的柴油机，可以连轴转。她们在大门口一个简易的卡拉OK舞厅里，陪人喝酒、陪人唱歌、陪人消遣。身体是她们的出路，也是她们的本钱。她们每隔三两天就将一把钞票寄回远在万里之外的四川、湖北或者东北老家。

彼此心照不宣，一切相安无事。

一个长得像瓷娃娃一般身着白裙的四川女孩进了我的房间。

同是天涯四川人，我们聊起家乡，聊起过去，还有未来。

"小白裙"每每听得两眼生花。她说她初中毕业，没考上高中，家里父母都有病，还有弟弟妹妹上学，就跟同村的姐妹出来闯世界，鬼使神差来到了大柴旦。她说她在卡拉OK舞厅不坐台，每个月八百块。说其他人工资高，一个礼拜就不止八百块。

我无话可说。

她说我是个好人。

那话说得寓意深远。

我爱莫能助，我不是柳永，也不是燕青。我什么都做不了。

某个晚上，夜很深了，"小白裙"挟裹着夜风推开我的门，一看就是心事不宁的样子。她端起我泡了红枸杞的茶杯就喝，我没有阻止，我无力阻止。最后，她说一个煤老板看上她了，因为她还是处女，每月三千元，包半年。她说出价格之后，两眼闪着泪光直愣愣地看着我。我心慌意乱，但没有吭声。我不知道说些什么。

我又能说些什么呢。

她就那样直愣愣地盯着我，盯得我浑身卑鄙起来。

她说：你是个好人。

我说：我不是个男人。

她说：你愿意要的话，我愿意给。

我说：这不应该。

她说：为什么？

我说：这对煤老板不公平。

她说：你嫌弃我？

我说：我嫌弃自己。

她说：我愿意先给你。

我说：这样不好。

她说：你还是嫌弃我。

我说：我把你当亲人。

她说：狗屁吧，你！

我现在都能清晰地记忆起那一幕场景。

"小白裙"用四川话很愤怒地说了一句"狗屁"，转身就奔出了房门，像一道愤怒的白色闪电。

自此之后，"小白裙"从那个煤灰四腾的四合院消失了。

每当有大卡车进来，我都要出去看看，很期待在某个大卡车的驾驶室里能看见她的身影。没有。一直没有。不到半年时间，我就离开了四合院，离开了"花海子客栈"。我甚至预想过，假若这半年里她能出现在四合院，我就带她走，走出高原，走向一个崭新的未来，但我没有等到她。在等待她的日子里，那一树红红的枸杞全部落枝。在此之间，我写了一篇名叫《花海子客栈》的小说。

时隔近二十个年头，我离开花海子之后的岁月，每每记忆起那个"小白裙"来都心生罪恶。但有时候回想，也许那就是最好的方式。现在，"小白裙"也人到中年，也许再也不穿白色的裙子了，也不再细腰闪亮，而是满脸人到中年的疲惫。

也许,更是一万种开头和另外一万种结局吧。

我不能带走时光。我只能将记忆深埋在时光深处,大柴旦深处,青藏高原深处。

在大柴旦的街道上,我看见太阳底下一个中年男人的身影,已经走过他自己的青春。我退回在河岸。我踟蹰在河岸的大柴旦,两眼泪花。

侠女问道:你怎么了?

我朝着时光之河的对岸,使劲摇头。

5
德令哈:轨道深入荒原深处

高原的阳光一如既往,亲切地看着我们。

前方是丝绸之路辅道里重要的节点——走过大柴旦,拐向东,就是德令哈。

我向来对东南西北这样的方位词很不灵敏。在大地之上,本不需要方位。我在高原的中央,方位是个虚无的概念。我的方位是高处,高处之高处。在高原之上,高处是唯一的方位。

沿着祁连这条大山的南部边缘疾驰。

从当金山下来往东,祁连山永远在左。这是大山的指引,也是前行的方向。西起祁连向东，大山以另一个侧面眷顾着我们的行走。这是祁连一张古老的也是新鲜的面孔。前方的德令哈，这个高原上的草原小城，曾无数次入梦。

海子说德令哈是"雨水中一座荒凉的城"。猜想海子在德令哈的时候遭遇了雨季。

很多次，我也从雨水中穿越过德令哈，但每一次都是决然。比如这一次，更让我决意放弃对这座小城的留恋。

最初的好感，肯定来源于海子。那时候，德令哈的文化建设者们还没有想到海子。

2000年的时候，海子还沉睡在山海关。当我穿过德令哈的那个雨夜，雨水打湿了街道两旁的窗还有我的衣服的时候，我只想到海子，那个孤魂野鬼的海子，那个失魂落魄的海子，那个从这场雨水中穿行而过的海子。

姐姐，今夜我在德令哈，夜色笼罩
姐姐，我今夜只有戈壁

草原尽头我两手空空
悲痛时握不住一颗泪滴
姐姐，今夜我在德令哈
这是雨水中一座荒凉的城

除了那些路过的和居住的
德令哈……今夜
这是唯一的，最后的，抒情
这是唯一的，最后的，草原

我把石头还给石头

让胜利的胜利

今夜青稞只属于她自己

一切都在生长

今夜我只有美丽的戈壁　空空

姐姐，今夜我不关心人类，我只想你

德令哈的人们，专门为海子的这十六行诗句打造了纪念碑。

在巴音河岸边，无中生有地长出一座像模像样的"海子诗歌纪念馆"。那些追逐着海子"姐姐"而来的朋友们，来到德令哈，这是他们的第一处落脚点。可以说，这是一次最成功的城市营销战略，德令哈与海子，本来两个风马牛不相及的名词，这般彼此惺惺相惜，相互拔苗助长。德令哈以消耗一个诗人来达到暗度陈仓，把自己打扮成文艺模样。

居然有智昏者向我打听，说海子的故乡就是德令哈，我哭笑不得。

在二十年前微信还没有雏形的时代，我安静地为海子在这个城市还过魂。

我有必要将《穿越青海长云》里的句子记录如下：

这是个雨季。

我向着一条街道走去，我不知道这街道的名字，两边有闪亮着窗口的房子和房子里还没有睡去的人影。人影是湿的，我的头发也湿了，雨珠从脖子，滑进后背前胸，直到很深入、很深刻的地方，我打了一个冷颤。

火车的汽笛声嘹亮而来，我看见两条磨得有白光的铁轨，像两条叉开的腿，在它的旁侧却开着赭红的铁锈花。

德令哈没有动感，她沉静、宁静、安静。在这里，人没有飞奔和行走的欲望。

好吧，就顶着细雨，站在巴音河大桥上听听水流。

你居住的地方有诗人走过吗？没有。那便是居住者的不幸。
德令哈。在德令哈什么都不会发生，但会发生诗。
这就是德令哈。

我对德令哈诗质的意象就是：两条磨得精光的铁轨，像两条叉开的腿，在它的旁侧开着赭红的铁锈花。

来到德令哈，这次我已经记不清是多少次。
次数并不重要。有的地方，人没到，身已许。有些地方进进出出久了，反而感觉迟钝。但这一次来，我已经对海子的"姐姐"审美疲劳。
我不找海子，我找制造海子话题的人。
他，就是德令哈文联主席、蒙古族诗人斯琴夫先生。
我们的抵达在黄昏时刻，之前在半途中，我们拐弯去了外星人遗址。遗址还在，外星人不在了，但我们并没有抵达。临近处有一张告示牌，前路塌方。我们折身回返，一副内心潸然的模样。好在绕可鲁克湖边而行，还是衰草连营的湖边，野鸟飞翔。那里有天鹅，有白鹭，有黑颈鹤，还有麻鸭黄鸭之类的。我对鸟类没有系统的知识储备，我只看见鸟被我们惊起，或者我们被鸟惊起。彼此惊诧，流连忘返。摄影师忙得不亦乐乎，咔嚓咔嚓的相机快门声，比我们嗓子里的惊呼声更加清脆、悦耳。
看看天色，便知道晚了。
这是与德令哈唯一的一次预约。我担心斯琴夫先生他们的翘首等待。果不其然，手机微信里冒出一串串问候，我们不得不忍痛割爱。
在德令哈中心城区体育广场的可鲁克路我们安顿下住宿。在一个蒙古人餐厅，斯琴夫先生以蒙古的牛羊肉招待了我们这群从沙漠里远到的客人。本来这次拜访是斯文的,也事关斯文。

我所在的柴达木油田就在柴达木盆地,柴达木盆地的管理者就是德令哈,柴达木石油隶属于他们。从文化属性来说,他们是地域文化,我们是地域文化里的亚文化,企业文化。石油文化属于工业文明,属于柴达木地域多样文化的一部分,就因为这种隶属关系,彼此有了情感。2013年,斯琴夫先生以海西州文联主席的视觉策划了六集海西人文纪录片,为海西州六十周年献礼。其中很重的戏份给了石油,是的,石油是柴达木绕也绕不开的风景。

李季、李若冰两位先生,是中国石油文学的先驱。他们书写的玉门油田、柴达木油田的诗篇开启了中国工业文学的先河。特别是李季先生《柴达木小唱》——"镶着银边的尕斯湖啊,湖水中映着宝蓝的天",令几辈柴达木石油人唱不绝口。

柴达木石油文学后来者,有肖复华、李玉真。这两人是柴达木石油文学的殉道者,也是集大成者。特别是肖复华一辈子对酒当歌,对着石油当歌,即便离开柴达木也还是书写柴达木。我几乎没有见过他书写柴达木之外的文学作品。这种置心一处的狠劲,令我望其项背。所以,在2012年复华先生魂归柴达木后,我给他在七里镇公墓里提前找好了安息之地。他活着时住七里镇石油基地新三区,我也对应在公墓里给他找了新三区,这是形式上的巧合。

之后的每一年清明节,我都率一帮文学朋友给他扫墓,铁打不动,风吹不倒,在北方清明节还依旧酷寒的时节,我们端庄肃穆地整齐列队在他的墓前,恭恭敬敬完成三鞠躬。当然我们还不忘给他买去烈酒、啤酒、香烟和纸钱。正在学画的王成还将一张四尺国画以焚烧的方式祭献给了肖先生。

王成说:对不起,这是我第一次来。

可以的话,我愿意录下这些人名,其中有的是油田新秀作家,有的是生前交往过复华先生的朋友,有的只是闻其名看其文的读者。时空折叠,我们以柴达木文学为媒,魂聚别样的空间。他们的名字是:李庆霞、樊文宏、张云龙、宋志刚、王国栋、王国良、王成、朵兴福、魏德章、蒲勇。

青海诗人肖黛说，从你们对一个亡灵的尊重我看到了什么叫高尚。

我说，关键是复华先生值得这样隆重地一而再再而三地表达敬意！

上文里说到的李玉真女士，她几乎跟我母亲一个年纪，但我在内心里还是想叫她一声大姐。她的善良不施粉黛，她的真诚绝对本色。她是一个受尽苦难的西部女性，她的柔弱里又有着钢铁一般的坚韧。复华先生走后，她时常关心我。这是柴达木文学的代际关怀。

以至于文坛偶有恶风，她都挺身而出以正视听。

这一次油田文联与海西州文联的工作对接，就是我掌门青海石油文坛后的首次联动。文联者以文为联，必须开放包容，海纳百川。我主动将《瀚海潮》执行主编李占国先生特聘为油田作协副主席，目的就是打通行业壁垒，搭建平台，为丰富和振兴油田文化。还特聘了敦煌市著名诗人方建荣为副主席，后来还聘任了格尔木市作协主席唐明女士为副主席。以柴达木文学为支点，链接了敦煌、德令哈和格尔木，这是我的创意。我愿以宽阔的胸怀，对接天地之间的正能量，共同振兴柴达木文学。

这是我辈的使命，也是我辈的担当。

告别于早晨太阳升起的时候。这个城市对我来说已经空空如也。

德令哈是成吉思汗西征青海大地时重要的阵地。其实，这里也是丝绸之路青海道绕也绕不开的重大地理节点。当河西走廊的丝绸之路被战火屏蔽了通道，丝绸就从兰州转向青海，从湟水河谷地向西一路攀援而来，过日月山、青海湖、关角山、吐谷浑把守的重地柴达木盆地，再顺着昆仑山的影子，攀过阿尔金山的脊梁进入西域。这个路线图不会错误，只不过在以敦煌为丝路文明高点的时代，丝绸之路青海道被屏蔽了，更何况柴达木和德令哈呢。

这次的行走和梳理，是文学的丈量，跟史学毫无关系。或者更贴切地说，我的梳理是个人情感的比兴，只跟大地山河紧密相连。所以,我在德令哈的行走，包括海子的行走，都是一种文学的情感偶发，千万不要用史学来考证一个作家的文学联想，那样没意思。这个世界有点意思的就是粘连上历史的文学想象——她有根有脉，而又不循规蹈矩。

古丝绸之路上的商队，从德令哈打马走过。

成吉思汗西征的战马，从德令哈打马走过。

我们的汽车也再次从德令哈穿过，丢下这片金色的草原，车后是那座雨水中荒凉的城。我只想把自己变成亦如海子的那块石头，或者成吉思汗箭镞上的一滴亡血。

我固执地将遗忘留给自己。

6
唐蕃古道：一个民族的背影和面部表情

一条路，极有可能改变一个国家的边界。

一条路，也决定着一个民族的走向和面部表情。

这条路是丝绸之路之姊妹道。当丝绸之路河西道被弯刀和箭镞截断的时候，这条祁连后山的大道就肩负起了丝绸之路经济贸易、文化交往和艺术交流的使命与光荣，马蹄翻飞，驼铃声声，歌声飘扬。

这条路就是唐蕃古道。它也闪耀着丝绸的光泽。

唐蕃古道，顾名思义，就是唐朝通往吐蕃王国的交通要道。

唐蕃古道在我国古代历史上是非常著名的交通大道。唐代以来，它是中原内地去往青海、西藏乃至尼泊尔、印度等国的必经之路。起自长安,途经甘肃、青海,至西藏拉萨,全长三千余公里。整个古道横贯中国西部,特别是要跨越举世闻名的"世界屋脊"青藏高原,联通我国西南,其经济的、文化的、军事的、宗教的意义,堪比河西走廊。

最重要的是,在一千多年的历史长河中,刀光剑影又丝绸飞舞,铁血又柔情,这条大道从来都没有被关闭。

唐蕃古道一直没有引起足够的解读,我们不妨先来清理一下。

唐蕃古道的历史可以上溯到6000年前的新石器时代,那时,中华民族的一些先民也正沿着这条道一路西来。青海河湟地区是第一道驿站。

唐蕃古道可分东西两段:

唐蕃古道东段:从长安沿渭水北岸越过陕甘两省界山——陇山,到达秦州(今甘肃天水),溯渭水继续西上越鸟鼠山到临州(甘肃临洮)。从临洮西北行,经河州(甘肃临夏)渡黄河进入青海境内,再经龙支城(青海民和柴沟北古城)境内西北行到鄯州(青海乐都)。

唐蕃古道西段:从西宁经共和县、兴海县、贵南县、同德县、玛沁县、甘德县、达日县,进入今天四川境内,经阿日扎部落到石渠县,再到玉树,过囊谦县进入今天西藏境内经丁青县、巴青县、索县到那曲地区,再经过当雄县到达逻些(拉萨)。

我有亲身经历。

曾从西宁出发,走214国道,六次抵达青海玉树。这条路就是标准的唐蕃古道。虽然,现在的行走以车轮代替了马蹄,手机代替了狼烟,但在这条路上依然能找到穿越时空的感觉,不仅仅是地理的、物理的异质,更多的是精神和意识的移位。

一切都那么神性,而一切都那么真实。

神话与现实交织,在这条并非坦途的路上,你更能找到"天路"的宗源。

1300多年前，唐蕃古道是进藏必由之路。这条古道因延伸到印度与尼泊尔，也被学者们认为是丝绸之路的组成部分，是一条不仅驰驿奔昭、和亲纳贡、贸易交流的官驿大道，更是一条承载汉藏交好、科技文化传播的"文化运河"。

新、旧唐书记载，仅唐太宗贞观元年之后的两百余年间，藏汉民族沿着唐蕃古道密切交往，唐蕃使臣相互往来就多达142次。贸易往来的频繁更是让唐蕃古道迅速兴盛起来，并很快成为一条站驿相连、使臣仆仆、商贾云集的交通大道。至今在古道经过的许多地方，仍然矗立着曾经修建的驿站、城池、村舍和古寺，遗留着世代创造的灿烂文化遗存。

在唐蕃古道上最著名的关键词有两个：一个是文成公主，一个是吐谷浑。

文成公主，汉名无记载，其父史书中也未记载，多猜测为江夏郡王李道宗。李道宗是唐高祖李渊的堂侄，因战功被封为任城王，他的女儿就生在任城。史书中没有记载文成公主的祖籍、出生地、名字、父母，而记载她为宗（室）女。

关于文成公主入藏，历史这样记载：

> 唐贞观年间，松赞干布派人到唐朝，提出娶一位唐朝公主，遭到唐太宗的拒绝。由于当时吐谷浑王诺曷钵入唐朝见，吐蕃特使回去后便告诉松赞干布，声称唐朝拒绝这个婚约是由于吐谷浑王从中作梗。唐贞观十二年，松赞干布出兵击败吐谷浑、党项、白兰羌，直逼唐朝松州（今四川松潘），扬言若不和亲，便率兵大举侵唐。唐军先锋部队击败了吐蕃军，松赞干布大惧，退出吐谷浑、党项、白兰羌，遣使谢罪，再次请婚，重金聘婚。

唐太宗才将一宗室女封为公主，嫁给松赞干布。

松赞干布何许人也：

> 唐贞观三年（公元629年），年仅13岁的松赞干布挑起吐蕃赞普

的重担，他征集了万余人，组成一支精锐之师，经过3年征战，平定了内乱，完成了对青藏高原诸多小国的兼并，成了一个最受吐蕃臣民拥戴的国王。公元632年，松赞干布率众渡过雅鲁藏布江，把国都由当泽迁到逻些（今拉萨），为后人选定了一个发展基业的好地方。

文成公主入藏具有很重要的历史意义。史书上给予的意义是这样的：

> 文成公主入藏，唐蕃之间的友谊有了很大的发展。由于文成公主博学多能，对吐蕃的开化影响很大，不但巩固了唐朝西陲边防，更把汉民族的文化传播到西藏。西藏的经济、文化等汲取了大唐文化的营养而长足发展。

强强联合一直是国与国的苟且，因为弱国无外交。

从历史上得知，松赞干布逝世后，文成公主继续在吐蕃生活达30年，致力于加强唐朝和吐蕃的友好关系。她热爱藏族同胞，深受百姓爱戴。文成公主与松赞干布的故事以及她推进藏族文化的功绩，至今仍以戏剧、壁画、民歌、传说等形式在汉藏民族间广泛传播。

文成公主在藏传佛教中，被认为是绿度母的化身。

文成公主成了神的化身。自古以来神的前身都是人。文成公主也不例外，这个柔弱的女人肩负起了一个王朝的重任。而和亲这种关系，至今还在现实生活中沿用。不过，现在使用和亲的关系早已退化了家国情怀和民族大义，而只是利益集团蝇营狗苟的手段。因此，出现了一个新的名词：裙带关系。

什么叫裙带关系？简而言之，就是裤腰带关系。

另外一个关键词是：吐谷浑王国。

吐谷浑本为辽东鲜卑慕容部的一支。历史这样记载：

> 吐谷浑，慕容廆之庶长兄也，其父涉归分部落一千七百家以隶之。
>
> 及涉归卒，慕容廆嗣位，而二部马斗。
>
> 慕容廆怒曰："先公分建有别，奈何不相远离，而令马斗！"
>
> 吐谷浑曰："马为畜耳，斗其常性，何怒于人！乖别甚易，当去汝于万里之外矣。"

本是兄弟俩，相煎何太急。惹不起，还躲不起吗？于是，一路西去找地盘。

到西晋末，首领吐谷浑率部西迁到枹罕。后扩展统治了今青海、甘南和四川西北地区的羌、氐部落，建立了国家。东晋时期，吐谷浑王国控制了青海、甘肃等地。隋朝与之联姻，唐朝征服了它，加封其吐谷浑王为青海王。

关于吐谷浑的根脉，据说其后裔是今天青海互助县土族。但愿如此，一个民族还幸留一线根脉。中华民族的统一从来都是开放和包容，很少做斩尽杀绝之事。这是汉族儒家文化的本性决定了的，他们自始至终都喜欢在史书上留下自己温和的面相。

从历史的窥视镜里，总会看见今朝的身影。

唐蕃古道依旧在，只是容颜改。

现在的唐蕃古道有了一个编号，叫214国道。或者确切地说，今天的214国道只是唐蕃古道的一部分。不能把214国道完全解读为唐蕃古道。那样的话，是狭隘的历史观。从中华民族的历史来看，唐蕃古道的重要性不亚于丝绸之路。今天依然在说丝绸之路是中纬度文明的一条黄金大运河，它是一条高高在上的金色飘带，将世界四大文明柔软而又温情地链接在一起。后来，海洋文明的兴起，文明改变了朝向。海上丝绸之路的开通，逐渐淡化了陆上丝绸之路。有一种说法，中华民族是陆生民族，要想振兴，必须回望，一路向西。

我不是背书者，我的背书也担当不了历史。但我认为，陆上丝绸之路，将是中华民族一条回家的路，一条精神归仓的路。

陆上丝绸之路，缀满一个民族的相思。

唐蕃古道也是如此。历史的印记至今点缀在这条长路上，那些高光点像一串珍珠在闪烁，岁月的浮尘掩盖不住其夺目的光辉。民族于文化之间的交融，是宗教壁垒所不断屏蔽的，也是战争、弯刀、疾病和瘟疫斩而不绝的。打开历史的教科书会惊奇地发现，一条古道，就是一个民族进化的见证。

以史为据，《吐蕃王朝世袭明鉴》记载：

> 文成公主的陪嫁有"释迦佛像、珍宝、金玉书橱、360卷经典、各种金玉饰物"，又有很多烹技食物，各类饮料，各种花纹图案的锦缎垫被，卜筮经典300种，营造与工技著作60种，治404种病的医方100种，医学论著4种，诊断法5种，医疗器械6种。还带了芜菁种子等入藏。

这很匹配一个王朝的陪嫁，除了金银细软，还得有文明。

一个弱女子，以婚姻的名义，让唐蕃双方停下铁蹄，握手言欢。

松赞干布于河源迎亲。河源，可以宽泛地理解就是在三江源，即青海省玛多县境内。随文成公主入藏的文士们帮助整理吐蕃的有关文献，记录松赞干布与大臣们的重要谈话，使吐蕃的政治走出原始丛林，走向正规化。看到文明珍贵，尝到了文明的甜头，随后，松赞干布又派吐蕃贵族子弟到长安学习诗书，向唐王朝聘请文士为他掌管表疏，还向唐王朝请求给予蚕种，委派造酒、碾硙、纸墨等工匠。

唐人陈陶《陇西行》诗云：

> 自从贵主和亲后，一半胡风似汉家。

可见，文成公主在吐蕃推动汉文化方面其功勋卓著。

文成公主带去的金质释迦佛等身像，是藏族人民崇拜的圣物。文成公主从长安带到吐蕃的释迦牟尼像至今仍保存在大昭寺，而大昭寺前的公主柳，传说为其亲手所栽。松赞干布迎娶文成公主后的二百多年间，吐蕃和唐朝之间使臣和商人往来频繁，直接增进了汉藏两族人民亲密、友好、合作的关系。

民族之间文明的繁衍，背后的推手一定是政治。

弯刀收割人头的征伐，那注定只是一时的屈服。

而很多历史，都以民间传说的方式在祖祖辈辈的舌尖上流传下来。比如日月山，比如倒淌河。相传当年文成公主辞别父母，离开长安以后，历尽艰辛来到荒漠高原，思念之情油然而生。她想起临别时母亲送给她一面宝镜时说的话：若怀念亲人时，可从宝镜里看到母亲。于是急忙取出"日月宝镜"，不照则已，一看反倒吃了一惊。原来文成公主从镜子里看到的并不是母亲，而是自己满脸憔悴的愁容，她一生气，把宝镜摔在地上。没想到，宝镜一落地，立刻化成一座高山，后人称之为日月山。

日月山恰好挡住一条河流东去，河水不得不掉头向西。这条河叫倒淌河。

穿过倒淌河，再向西，路的尽头就是天际线之上。

我曾随施工队伍到过玉树六次。那是地震之前，也是文成公主进藏1300之后。在玉树清水河的地方，以修路的方式缅怀过这位大唐的公主。我叫上司机偷跑去结古镇，奔去文成公主庙。我的朝拜晚了一点，我看见文成公主已经不是凡人，她以神的相貌存在于金碧辉煌的庙宇之上。

因为她，贝纳沟闻名于唐蕃古道。

庙宇紧贴百丈悬崖，风景幽静，香火不断，酥油灯昼夜长明，朝拜者络绎不绝。相传文成公主前往拉萨途中，曾在此地停留很长时间，受到当地藏族首领和群众的隆重欢迎，她深受感动，便决定多住些日子，并教给当地群众耕作、纺织技术。文成公主离开这里到达拉萨后，这里的藏民便依据公主的画像在石壁上造像，以示怀念，遂又建庙。

我向端坐在狮子莲花座上身高八米的文成公主双手合十。

我说：自你离开汉地，一个王朝就开始了思念。

我说：那一别，也注定你就从人变成了神。

我说：我前来朝拜你，不是因为你是神，而是因为你一直是一个人。

我说：由人而神，因为你的伟大；由神而人，因为你的慈航。

我脑袋里闪现出敦煌画家高山先生曾画有绿度母的油画像。在细浪翻卷的青海湖岸边，绿度母手握净瓶，持柳拂尘。高山先生艺术化了绿度母。绿度母无处不在，因为爱的慈航，将衍生一切。

我说：在这条慈航上，人类一直是行者。

人类的精神因为回归而流浪。

7
群科：黄河岸边听涛处

一辈子也没打算去群科，但还是不期而至。

去群科之前，不知道群科是一个地名。就像有些朋友一直都在，只是少有见面。

说起群科，得说起在青海的少数民族朋友。马丁先生曾在《青海湖》做过副主编。前几年"走改转"，他提前退休，拿一份有保障的退休工资。小老百姓嘛，以嘴为天，只能掌管自己的嘴巴。我曾投向《青海湖》的稿件他编发过，我连一个电话也不曾去。我觉得，最伟大的友谊是神交。

现在想来，这是愚昧。可是在家教里，老祖宗没有告诉我做事还得有这一招。你看，当初《飞天》的冉丹，《山花》的李寂荡，《青海湖》的海桀，《小说选刊》的杜卫东、冯敏，还有《散文》的汪慧仁，解放军文艺出版社的张良村等老师，他们都是我文学路上的恩人，都是在自然来稿中发现并发掘了我。但我统统都没有送去一个温暖的谢谢。我觉得伟大的编辑应该享受作者最伟大的礼遇，而最伟大的礼遇当然不是一封信、一个电话或者一包土特产，而是在作者的文学庙宇里，给他们一个供位。

2018年6月5日，我跟退休在北京的真子通电话。说起为敦煌约稿的事情，我们都想到一个人：雷达。雷达老爷子前不久仙逝了。按理说，雷达老爷子跟我素昧平生，不可能有交集，我的痛惜来自他是甘肃天水人。敦煌是世界的，但也是甘肃的，心想，老爷子应该有写敦煌的文章。所以有一些惋惜。谁知真子跟我较真了，说，雷达老爷子跟你真还有一句话的渊源。

这事儿得追溯到2009年的夏天。那年，中石油在北京评选第三届"铁人文学奖"，我的中篇小说《荒原水站》入选初评。为了体现公平和权威，终评请的茅盾文学奖、鲁迅文学奖评委坐镇，其中便有雷达、胡平这样的评论界巨匠。对我的那个体弱的单篇，胡平老爷子写了终评语。雷达老爷子吭声，说了八个字：这个作者，很有前途！

真子当时在场。真子后来转述给我。我一笑了之，不以为然。

那年6月份在北京人民大会堂领奖，北京厅吃饭。胡平、雷达过来了，真子赶紧引荐，说这就是你们认为的"这个作者很有前途"的作者，他来自柴达木。我没有记起两位老爷子给我说过什么话，我当时跟肖复华老师喝醉了，认为难得吃一次国宴，不喝酒是不对的。没有白酒，啤酒也能醉。我只记得跟两位老爷子照了相，等照片转到手，我翻看了半天都没想起两位老人是谁。现在，给他们说一声迟到的：谢谢！

我就是这么笨拙和愚痴。不谙人事，不开窍门。

还有一件事，时间是2014年，我去鲁院上学。那是我梦寐以求的一所文学殿堂，能抵扣一大把专科文凭，虽然鲁院不发文凭。每个省一个名额，加上中直和行业作协就五十多人。毕业后人人都在手机里拷贝着好几个文件夹的电子照片，跟导师的合影、跟大师的合影、跟老师的合影、跟同学的合影、跟北京的合影，好像学习是次要的，合影才是主要的。开班典礼和结业典礼，中国作协主席铁凝都亲自来了，一位美女主席，人人争相合影。据我观察，班上就两人没主动去合影，一个是我，另一个是攀枝花市的周强，我叫他强哥。我们共同认为没必要借太阳光烤土豆，光太强，土豆会烤焦。

这些都是闲话，似乎又不是。

说到马丁先生，我愿意多说几句。没有他，我肯定跟黄河岸边的群科无缘。

马丁先生转身离开了《青海湖》，做了海西州主办的《瀚海潮》的执行主编。

在西宁正好跟马丁、龙仁青、撒马尔罕、郭建强等人聚会在小圆门清真饭店。马丁先生是撒拉族，撒马尔罕也是。龙仁青是半个藏族，父亲是汉族，母亲是藏族，但从名字上和他的小说里都以为他是纯正的藏族。吃饭时，马丁先生就说起《瀚海潮》复刊的事，几个人就你一言我一语。谁知道那就是一次顾问会，随后再生的《瀚海潮》的顾问名单就是那次来的。

马丁先生是诗人，但一点也不像诗人。他很沉稳，质地厚实。言语少，但说一句是一句。隔着一座祁连山，我们成了好朋友。在《瀚海潮》他大肆刊发我的中篇、长篇，从不吝啬页码，我是感动的。他也通过我扩大约稿，这就是一个好编辑的素质，不拉帮结派。河南作家安庆的小说，包括安庆朋友的小说，还有北京作家汪玥含的长篇，送过去他都刊发。

后来再到西宁，我都腾出时间跟马丁先生见见面。他不善饮，小酌两杯，酒后话也不多，三五句，或者一整晚他都不说一句话，就看别人说。别人再怎么说，他也不表露于色。

去群科，就是在酒桌上敲定的。

从西宁去兰州的途中，拐一个弯去化隆，看看黄河水。

一拐，就拐到了群科。群科，早在黄河岸边等了我一千年了。

桃花正在盛开。马丁先生的口头词也是叫我们去看看桃花，时令是四月中旬，南方早已桃花落幕，而北方的黄河岸边花事正盛。

手机里"百度"着地图，但还是错过了接头地点。马丁先生在微信里留言，在过了一个名叫"牙什尕"的收费站后就左拐，下至群科镇，在镇子当头一个"为人民服务"的兰州牛肉面门口汇合。过"牙什尕"收费站时只是惊奇这个地名，蒲勇忘记踩踏刹车，更没有左转向，而是一路向前，直接飞奔过了黄河大桥。

过界，总会有风景。

在黄河大桥上将车停下。摄影师侠女在黄河之上看见了黄河，看见了黄河岸边的桃花，她的惊喜超过我们每一个人。她几乎是奔跑下车的，连车门也不带上。她趴到黄河大桥的石头栏杆上，对着一河清澈的黄河水，尽心地抒情。相信她的镜头里，黄河一定风情万种，绝代妖娆，更相信她一定在暗喜这次跑过界。

侠女是跑过界的受益者，我们也是。

蒲勇也是第一次站在黄河之上看黄河，他小有激动。我要沉稳一些，因为在青海我看的黄河比他们要多。我还看见过黄河首尾的样子。

我在三江源头看见过黄河细丝如发。

我在青海玛多黄河第一桥看过黄河始发的平静。

我在龙羊峡水电站看见过黄河的深沉似海。

我在坎布拉看过黄河的壮阔如画。

我在化隆看过黄河的婉约多情。

我在贵德看见黄河的清澈见底。

我在四川若尔盖看见过九曲黄河第一弯的诗质圣境。

我在甘肃兰州看见过黄河为什么叫黄河。

我在宁夏中卫沙坡头看见过黄河在沙漠里拐弯抹角。

我在陕西黄河壶口瀑布处看见过黄河的雷霆万钧。

我在河南郑州看过黄河的百忙运输。

我在山东东营看见过黄河入海前的惆怅若失。

我全方位看见过黄河的身影，这条中华民族的母亲河，在我心中摆满了拼色图案。我一直试图将它们重建组合，还原成一个民族的图腾。黄河，我愿意为它屈膝。

彝族诗人吉狄马加给黄河的献诗：

> 这一切都有可能，因为这条河流
> 已经把它的全部隐秘和故事告诉了我们
> 它是现实的，就如同它滋养的这片大地
> 我们在它的岸边劳作歌唱，生生不息
> 一代又一代，迎接了诞生，平静地死亡
> 它恩赐予我们的幸福，安宁，快乐和达观
> 已经远远超过了它带给我们的悲伤和不幸
> 可以肯定，这条河流以它的坚韧，朴实和善良
> 给一个东方辉煌而又苦难深重的民族
> 传授了最独特的智慧以及作为人的尊严和道义

《大河》里尽是金色光芒的智慧之火，是三唱九咏荡气回肠之韵，是诸神汇聚历经狂欢后的静。对于很多意义来说，意义本身是没有意义的。面对黄河这条地球上的大河，任何掩饰都躲避不了它本身的意义。黄河，经常重复性出现在我的幻觉里，甚至超过了生我养我的长江。我是长江与黄河的跨界者。

这是我无比的荣幸。

居然有这么诗情画意的一个名字：听水湾。

这三个字就写在从群科镇拐出去不远的一幢土墙房子的墙皮上，我在嘴巴

里重复了一遍：听水湾。果不其然，拐了几个弯，车就到了黄河岸边。黄河水以清澈见底的模样，拍打着脚下的河岸。只要愿意，完全可以坐在岸边，将脚伸进黄河水。这样做绝对不是为了洗涤，只为亲密。

黄河水，就这样拥抱着听水湾。

园子的主人是省报记者。我不在乎他的身份，我倒是很惊异他的口才。他舌尖上的语言宛若串串珍珠，滚滚而出，闪光夺目。热幽默和冷幽默一起迸发。他的园子刚刚整理出来没几年，亭子上垂着黄河里的苇草。桃树刚刚发芽，至于花事可能还在很久之后。有些树还是树干的模样。有几棵大树，很伟岸，扎在黄河岸边，根没在黄河水里。事实证明，它们是这个听水湾的老主人。

园子主人的眼睛明眸善睐，没有把我们当外人，他高兴地讲着打理山河的雄伟计划。他似乎要将身后的几个山头占为己有，赐予一个温暖的名字，并让这个温暖名字的山坡头长满沉甸甸的果实，春暖花开，春华秋实。

原来，他是一个住在回族人群里会讲汉语的藏民。他豁达乐观，性格敞亮。同行的老马先生是一位民族史专家，谈起这片土地，这片土地上的各民族，舌尖奔腾，宛若汪洋。他曾在大通县做过教师，后来到省教育厅工作，他的民族史知识令人叹服。甚至，他还谈起柴达木的民族史，还有阿克塞哈萨克的民族史，基本上连年月日都不会错乱。

其实，群科就是一个多民族聚居而且和谐的典范。

马有福先生说，每年复旦大学的教授都会带学生到群科来实习，研究民族史。在这里，回族、藏族、汉族，互通语言，互通生活，甚至互通婚姻。他们成百上千年来，和睦共处，共同抗拒大自然的灾难，或者人为的灾难。走到今天，依然彼此信任，从没有发生离经叛道的大事件。比喻说这里是民族大团结的活化石也不过分。

坐在一起正在吃烤土豆和洋芋擦擦的几个人，马丁和马有福先生分别是撒拉族和回族，园子主人是说汉语的藏族，龙仁青是汉藏结合的"团结族"，我们几个是典型的汉族。黄河岸边，河水温柔，桃花吉祥。

再来看看群科所辖的地名，翻译成汉语，以为是天书：

> 群科是青海省化隆回族自治县辖镇，地处黄河谷地，南濒黄河。群科镇又名古城，辖群科、则塘、文卜具、雪什藏、若加、木哈、科毛其、乙沙一、乙沙二、舍仁、格尔麻、向东、安达其哈、工农兵、日兰、公义、加鲁乎、邮电、水库滩、先口一、先口二、滩南、滩北、团结一、团结二、新村一、新村二、东风、滩心共二十九个行政村。

这些地名多是藏语、伊斯兰语的直译，也有汉语直译的。若不求甚解，仿若诗歌，别具意味。"群科"是藏语发音，汉语意义很难求解，我拜托马丁先生解释其意。深夜来微信，说请教了藏语专家龙仁青，意思是：水嘛呢石。解释为：在河里修了可以用水力转动的转经筒。简言之，就是水力转经筒。

马丁先生附加一句：意译绝对准确，可放心使用。

黄河对岸清真寺的钟声响起，我们都竖起了耳朵。

诵经声擦着黄河绿色的水皮，波光粼粼冉冉而来。仿佛看见了那起伏跌宕的声音掠起的水纹，密密匝匝，一圈一圈，一直散漫到眼前，这一定不是抒情。

著名小说家龙仁青先生跟我有一样的病。他抗拒病态的方式就是，把自己放逐成自由状态。他有很多优秀的小说，成了青海文坛上写小说的代表作家之一，他很帅，这是混血儿的典型特征。但他消瘦了，为此他亲密了照相机，扛着"大炮"走天涯。在青海湖，在他老家恰卜恰，在唐蕃古道的每一处重要驿站，在湟水河谷的深处，他不但用一个作家的使命在采写文字，还在用镜头捕捉美丽。

不会摄影的作家不是好诗人。

马丁先生依然保持足够的矜持。他言语不多，甚至寡言。用心用感觉能表达的就不需要使用语言。语言很金贵，语言也很无力。作为写诗的他和作为写小说的我，都深谙这一点。

我和他,沉默在黄河的岸边。

但我们没有一刻不打量着眼前的黄河。

李白说"黄河之水天上来",我们就站在李白看见的天上黄河的岸边。

这就是文学和诗歌的秘境。我们和唐朝,也就因为一句诗而产生了链接。当然,作为出生并生长在黄河岸边的马丁先生来说,他当然有为这条河献礼的句子。但我不想引出他关于大河的诗句,我倒是想起他写过关于敦煌的《达肯达坂的雪》:

是谁的锋利的目光击伤了飞翔的天鹅?
亮丽的鹅毛片片飞扬,留恋八月的天空
而不肯飘落大地

达肯达坂的雪是饥饿者眼中的面包屑

那时候,是谁刚刚走出了敦煌
是谁饱食过精神晚餐,又被
苦难的灵魂旅程一次次感动之后
沦落为面包的贫困者?

是我和我脚下的八百里瀚海

达肯达坂在大柴旦北十公里处,是一座被剥脱了绿色植被的五彩砾石的荒山。看见诗句里镶嵌着"敦煌""瀚海"的字样,我就跟马丁先生更熟稔了。以我的理解,"敦煌"是精神出发的起点,"瀚海"是落脚回归点。我的理解肯定有偏差,因为诗歌的指向总是抽象而神秘。借用青海诗人祁玉良的解读为好。他说:

达肯达坂的雪在某种程度上被赋予了精神上更为悲切的深层解释。诗人并没有让精神和文字感到寥落和孤寂，是人的意志在自我挣扎中获得了一种巨大的精神上的饱满和成熟。一个以诗歌为生命和信仰的人，在文本最后发出了低沉的呐喊。脚下的八百里瀚海，诗人在跳跃地为读者呈现生命、精神苦旅的同时，也和自己做了一次更为合情合理的近距离谈话。

在青藏高原上，一直生活着精神很有质感的诗人。

我也一直认为，对大地和人类最好的神赠，只有诗。

8
湟水河谷：丝绸路之青海大道

诉说丝绸之路，青藏高原必须被投以关注的目光。

在一千多年前，丝绸之路是整个中纬度文明的大碰撞、大集约，是地球的一次大震动，人类的一次大联欢。从路径上说，也不可能是一条线，而应该是多发多源的，散状结构的。这样才能构成地球上超过半数人口以上的大联动。

青海高原历史上一直与中央王朝保持着松散的结构关系。

这不是它本身的意愿。一千多年来，或者更久远的时间里，它都在部族的控制之下。羌人、吐谷浑、吐蕃等轮番把控着它的命脉，还有匈奴也曾染指。

站在高原之上，俯视着华夏大地，进可攻退可守，行动自如。

丝绸之路开通之后，东西方链接了商贸和文明，彼此都尝到了甜头。当战争在河西走廊呈现刀光剑影的时候，从中原大地过来的丝绸、茶叶，在兰州就只好改道，走祁连山的左翼，即湟水河谷，从兰州到西宁，再到青海湖，穿柴达木盆地，翻阿尔金山到新疆，一路到葱岭、帕米尔高原。这条道，被称之为丝绸之路青海道。

只可惜在丝绸之路文化的认知、认同上，人们轻视了这条通道的经济价值和历史意义。当"一带一路"再次被历史学家、社会学家以及作家的目光聚集的时候，确实很有必要对这条大道进行人文的关怀和温情的梳理。

我作为青海籍作家，又长居敦煌之地，似乎正恰切这个梳理职责。

其实，从敦煌出发，绕当金山进入柴达木盆地，从德令哈穿越大非川草原到西宁及化隆群科的黄河岸边，本身就是一次有预谋的对丝绸之路的一次拓展性阅读和梳理。在我看来，丝绸之路不是河西走廊就能代表全部的。而敦煌总是高高在上，因此人们攀高而视，其他大道都被无意识地静默下来。

站在高原之上，我看见了高原的湟水河谷。

湟水河又名西宁河，指流经西宁地段的黄河上游的重要支流。它发源于海晏县包呼图山，东南向流经西宁市，到甘肃省兰州市西面的达家川入黄河。长三百多公里，是黄河第三大支流。

由于流域有不同的岩性与构造区，因而发育了峡谷和盆地形态。著名的峡谷有巴燕峡、扎麻隆峡、小峡和老鸦峡等。峡谷两壁陡峭，谷窄而深。湟水河流域，沿途形成大大小小的盆地，著名的盆地有西宁盆地、大通盆地、乐都盆地和民和盆地。

湟水穿流于峡谷与盆地间，形成串珠状河谷。下游河谷宽阔，水力资源丰富，灌溉便利。当春夏之际，湟水上游冰雪消融，细水奔腾，流至西宁的西郊河、北川河、南川河先后注入湟水，河水骤涨，波涛汹涌，故称"湟流春涨"。

湟水河干流谷地开阔，两岸汇入较大的支流有40余条。除大通河外，多与干流垂直，呈羽毛状形态。大通河是湟水河最大的支流，发源于祁连山托勒南山南麓，流经门源，至民和县汇入湟水，比湟水干流还长187公里。

在湟水的哺育下，河谷地带草木繁盛，绿树成荫。

北宋的李远在《青唐录》中描述过当时的湟水流域：

> 宗河（湟水）行其中，夹岸皆羌人居，间以松篁，宛如荆楚（江南地区）。
>
> 羌多依水筑屋而居，激流而碓。

湟水河是高原人生命延续和繁衍的摇篮，孕育了灿烂多姿的河湟文明。

早在四五千年前，高原人民的祖先就在这里繁衍、生息，创造了灿烂的河湟文化。湟水河在四季的欢歌里挥洒着雪白的浪花，不因寒冷而调零，铸就了高原人坚强的性格。这条河流又似一条银白色的哈达，赐予高原人幸福和吉祥。据《后汉书·西羌传》记载：

> 春秋时期以前，湟水流域"少五谷，多禽兽"，人们主要依靠射猎为生。

春秋战国时期，羌人无弋爰剑由秦国逃到河湟后，把从秦地学到的农牧业生产技术和经验传播到这里，河湟地区的农牧业生产逐渐发展起来了。

西汉赵充国屯田以来，引湟灌溉，直到宋代何灌在西宁等地兴修水利时，汉唐故渠仍然可考。湟水滋润着河谷大地，孕育和发展了湟水流域的农业文明。

清代初年，西宁道佥事杨应琚描绘湟水流域是"漠漠皆良田""溪外一片沙鸥白，麦中几片菜花黄"，优美的环境使他产生了"何妨湟水作桐乡"的错觉。

清乾隆年间，有《观猎》诗为证：

雨罢风和黄鹂鸣，高原原上景清明。

无营散兵东郊出，麋鹿不猜弄晚晴。

总之，这是宜人宜居之地。

现在的湟水河谷生态较为脆弱，这是历史失误的累积，也是罪孽。

记得2004年的秋天，我曾在西宁跟随朋友去参加了在民和举办的纳顿文化节。其对生活在湟水河谷的先祖的信仰和文化提炼，以及现代人用身体进行神圣化演绎，还有村民自发的参与激情，都令人恍若穿越历史长廊，不知今夕是何年。

得承认，那是在互联网时代里人文生态保存最完好的样式。

放眼处，梯田密密匝匝，虽然是秋收之后的样貌，但也一点不逊色于江南的农耕盛景。我当时是惊叹的。虽然我来自江南，但我还是惊叹。从这种大地上的阶梯可以看出，农耕文化在湟水河谷历史悠久，传承有序，滋养了世世代代和子子孙孙，而且将农耕的智慧锦绣在了秀美山川。我只能说，那是生长于斯的人们的劳动与智慧的杰作。

在柳湾，我看见了那些出土于远古的还沾满泥巴的坛坛罐罐。

前几天在敦煌收藏家张保国先生的"藏珍阁"里也看见了一堆坛坛罐罐。他说，那些坛坛罐罐都来自青海河湟大地，真的。真假倒不是我所注意的，我是被坛坛罐罐上面那简洁粗犷而又大拙大美的图案深深吸引。我不想拥有坛坛罐罐，但我从坛坛罐罐里看到了整个河湟历史。我和河湟远古的人类，通过那个土器完成了情感的交割和意识的照见。那些耕种、射猎、觅鹿、舞蹈和欢快的场面，让人时光返照，身临其境。

大道至简。大美近拙。

从化隆的群科出来，天色向晚。

汽车飞速地穿行在河湟谷地。有幸作这样的穿越,在蓝天之下,在大河之畔,在山谷之间，在大地之上，河湟谷地温情地拥抱了我。

当然，我会情不自禁地想起历史上同样穿插在这条大走廊上的先人。我想到了周王朝的那位驾车西游的穆天子。穆天子西游与西王母会面于昆仑。先秦文化躲过了秦始皇的"焚书坑儒"，通过古墓的方式留存下来，我们在今天对穆天子，对西王母，对瑶池盛会才能力所能及的遐想。《穆天子传》即便是以文字的方式留存下来，但超乎今天人类思维的浪漫式、超夸张式的描写，依然令人"云里雾里"。对，神话是对其最好的确认。

还有一本大书《史记》以一本正经的口气为我们留下了铁证，一切虚无缥缈都变得真实可信起来。有时候怀疑是正确的，但怀疑有时候也是多余的。怀疑将求证变得更加真实，但有时候的怀疑会将真实变得错位。通过大量求证，得到两点可靠信息：一是周穆王确实进行过一次从黄土高原到青藏高原的西部之旅，那是华夏先民最早的一次西部"凿空"之旅，与"丝绸之路"有异曲同工之妙。二是周穆王所会见的对象确实是居住在昆仑山中的一位杰出的女性首领。

有人说西王母并非住在昆仑之巅，那里高寒缺氧。也许她老人家就驻扎在湟水河谷的某个宜农宜牧的地方，既可种五谷收百黍，又可以挽弓射箭擒熊鹿。但不要忘记五千年之前青藏高原也是水草丰美、处处宜居之地。从柴达木盆地丰富的油气资源来看，最起码早期这里也曾是森林蔽天、飞禽走兽的乐园。

这个故事到此为止。

河湟谷地依旧被当今人类的认知所轻视，这是要不得的。

特别是丝绸之路青海道的历史作用，往往被祁连山另一侧的河西走廊的万丈光华所遮蔽。这条河湟道被历史严重轻读，为其鸣不平，是因为这条河流对于华夏文明来说实在太重要。

在唐之前，生活在青藏高原的部族已经进入巅峰期，强大的吐蕃已经完成了统一青藏高原的霸业并雄视天下。所以这条"唐蕃古道"应早于河西道最先形成了繁盛。把开辟东西方交通大动脉的功绩完全归功于张骞"凿空"西域，其实可以看出张骞在整个行程中只是在对已存在道路进行了一种考察和明晰。

也就是说，唐蕃古道与丝绸之路，是西部高原两条并列的人类文明光带。

河西走廊的价值，主要体现在连通西域的枢纽位置上。

河西走廊既是汉帝国的战术通道，也是苦心经营的战略板块。因为集结在祁连山的匈奴部族，还有蒙古高原的游牧民族，经常会一时兴起，马蹄翻飞，截断这个通道。战争让河西走廊多次关闭，直到16世纪海上丝绸之路开通，这条以骆驼为主要运输工具的商道才被彻底关闭。毋庸置疑，在河西走廊遭遇战争"肠梗阻"的时候，丝绸之路"辅道"或者"南道"的唐蕃古道，就发挥出极为重要的战略价值和经济、文化价值。

还有一个主要原因，当丝绸之路南道穿过水草丰茂的河湟谷地，抵达湟水河发源之地的青海湖畔时，淡水资源出现了危机。特别是要穿过"地上不长草、天上无飞鸟、风吹石头跑"的人迹罕至的柴达木盆地，绕阿尔金山进入塔里木盆地，其难度可想而知。难度增大，商贸难畅，也是其价值难以彰显的主要原因。

这一点我深有体会。因为我的工作单位就长年驻扎在鸟兽绝迹的无人区柴达木盆地里。其中，那些商队的通行必须经过花土沟。花土沟的尕斯湖畔，那曾是丝绸之路青海道的必经之道。只是两千年的历史足迹早被尘沙掩埋，我们能看见的只是自己弯曲在河岸的倒影。

至于河西走廊，当黑河和疏勒河还在水波荡漾的时代，那可是一条黄金水道。汉家的丝绸顺水而下，从疏勒河穿过敦煌盆地，进玉门关、阳关，一路水波到楼兰。水运，是河西走廊很重要的交通运输方式。只是现在疏勒河早已断流，古楼兰早已安眠，水，也早已成为了一个传说。

一切都将会消失于历史长河。

一切都不足为奇。

在河湟谷地，还不得不说到一个以羊头为图腾的勇武民族。

这个民族叫"羌"，是最早生活在西宁盆地和湟水河谷的先民。

先秦文献记载，羌与华夏民族有着很深的血缘关系，被归类于"西戎"，即所谓"牧羊人"。至于他们来自哪里，如何盘踞了这片风水宝地，暂不做论证。我们都知道，后来，也许因为气候，也许因为战争，他们被迫迁徙出了高原，深藏于甘南和川西的大山深处。从他们现有的习性上看，他们有着天然的游牧基因和狩猎习惯，还有就是从他们以大山为屏、高筑于深涧两岸的、充满警惕性的碉楼来看，他们的基因里挂满了恐惧、提防和自卫。

估计放出这样的逐客令让羌人一路南溃的是盘踞青海近四百年的吐谷浑，或者是那个虎视眈眈的吐蕃王国，或者还有从蒙古高原过来的弯弓，只有他们具有那样的雄力，才能将挂着羊头的族群，赶进了横断山区的皱褶里。

人类的战争，一定是为了争夺生存资源，捍卫种族权利。

无论在白人征战美洲印第安民族的电影里，还是非洲和中东的部族仇杀，都看得见捍卫生存是血腥而残忍的。当然还可以想象，这湟水河谷驻有人类几千年来，曾上演了多少血泪长歌。

我将头颅，固执地转向窗外。

窗外是湟水河，湟水河之远是黄河。涛声掩盖了一切，它们都在静水深流。

越野车里的唱片确实老得可以，我打开手机百度，连接车载蓝牙。车里响起印第安名曲《最后的莫西干人》，那是灵魂的绝唱，幽怨、哀婉、辽旷、深邃，令人魂飞魄散。我一遍又一遍听着这忧伤的曲子，穿过平安驿、穿过乐都、穿过民和、穿过红古区，到达川镇，直到湟水河汇入黄河，我们也就到了兰州。

兰州，在夜晚里已经安详。

贰　敦煌之丝路：甘肃河西道

当匈奴在霍去病的利剑下臣服、西溃并远通万里之后

祁连山这座匈奴帝国的"天山"在河西走廊也并没天下太平

烽火连三月，家书抵万金

因为战争的洗礼和鲜血的浸染，丝绸的华美与柔软才更加可贵可亲

狼烟在戈壁深处冉冉升腾

粟特人的商队就不得不在兰州的黄河之滨开始分道扬镳

或者向左：一路青海；或者向右：一路甘肃

无论左右，他们都在攀援祁连这座天山南来北往、东归西去

当历史的硝烟散尽，丝绸编排的千年传说

让敦煌金光闪闪，唯我独尊

9
兰州：或左或右都是正道

从兰州出发，以祁连山为纵轴，或左或右都是丝绸之路的正道。

兰州城的脖子上，系着两条彩带：一条黄河水带，一条丝绸彩带。

丝绸从长安过来，穿渭水，过天水，过秦州，终于抵达黄河之滨的兰州。兰州早起，开门迎客，但兰州并不是终点，而是过客们重新整理行囊的新起点。一条丝绸从江南的作坊里要飞越万水和千山，最终才能抵达西半球的皇族和宫殿。这条路，何止万水和千山啊。

兰州的商号里，早已汇聚了关于河西走廊和青海唐蕃古道上堆积如山的信息，这些信息像飞越了十万八千里的鸟儿的羽毛一样凌乱不堪。但是，即便再乱也要梳理出头绪，找出经脉，否则，一条丝绸难以苦渡万里。于是，那些丝绸的二道贩子、三道贩子们，用经验运筹着财运，并使用星术占卜来辅佐命运。一卦下地，嘭的一声，竹块分作两半。明眼人就看见了河西大道和青海大道的阴晴，抑或圆缺。

在这里，丝绸开始选择命运，向右，惯走祁连之北的河西大道，大道通天；向左，另择祁连之南的河湟谷地，仰望雪山和神鹰，绕道也通天。但不管前路怎样艰险，丝绸的柔软所包裹的意志却坚硬如铁，向西，向西，再向西，直达彼岸。

从夜半出发，也许从凌晨起步，这很重要。兰州的黄河水，在丝绸的身后哗啦啦地流……

那时候，兰州也有诗人，但他们肯定不同于当代诗人叶舟的表达。

历史的每一个节点，都会选择出一个最正确的诗意表达。

而我眼前这个时代，是沉淀、富集和忧伤。

其实，回看这个单元标题显然不太合时宜。

但我拒绝迎合，而且只忠于自己的情感判断。

这么说，并不是为自己开脱。我没有得罪黄河，黄河也不曾得罪于我。要说跟黄河有点瓜葛的话，就是二十年前我写过一篇《千里河西大走廊》的散文，里边有一句关于黄河的句子，有人情感抵触。不过，那只是介于友好的责问。

我是这样记叙的：

> 黄河在甘肃境内才是黄的。
> 她的上游，在青海，发源地是一条清流。
> 黄河，自兰州开始便注定了她一辈子也说不清的名声。

就这一句半调侃半认真的话。

那位情感受伤的朋友生于兰州，他喝着黄河水长大，黄河是他"母亲"。我必须正视一个儿子对母亲的毫无原则的爱，那是美德，也是道德。我能说些什么呢。我笑对朋友说，老兄，我只不过说的是一条河罢了。至于类似"母亲"的情感，我也有，但我不能为她涂脂抹粉。

是的，黄河在兰州这里才是黄的。

当你在青海的三江源，在贵德，在化隆看见过清澈见底的黄河之后，你就对兰州的黄河很失望，很心疼。这也是一种爱，要是不爱，匆匆一眼，谁理她呢。正因为爱一条河，所以就专注了她的容颜。

也因为爱，所以缺点清晰。

正如我对长江所产生的判断一样，我也没法对黄河视而不见，虽然黄河更多地是以象征意义的身份出现，得承认，我很少饮用黄河水。虽然黄河水很少养育自己，但亲近她，依然是一个华夏子孙的近缘基因。

就从我无数次看过黄河不同的尊颜，并无数次跨越过她的身躯来说，我都应该向她致敬。但我还是缺少浪漫的情怀。我不能像吉狄马加诗人一样去高唱《大河》，也不能像冼星海那样用激情渲染《黄河大合唱》，我只是像她无数的子孙一样，每每在呼唤她名字的时候，总是胸口紧绷并喉咙紧促。那是来自灵魂深处的敬意和敬畏。

对于梳理丝绸之路河西走廊来说，仅仅做出这样的低度抒情还是不够的。

我得要梳理一下这条大河。

黄河是横贯中国东西的北方大动脉。

长江是横贯中国东西的南方大动脉。

从风水角度上说，中华民族自诩为龙的民族，龙系水生圣灵，所以，北方的黄河是一条黄龙，南方的长江是一条青龙。两条龙南北飞驰，架构起中华民族龙的图腾。有时候在中国地图前凝望久了，黄龙和青龙便栩栩如生。

中华民族为什么要以龙为图腾，为何不是熊猫呢？这肯定有原因。只是我们现在都把上古时期的文明史当作神话在解读，而没有认真对待其暗含的很多有价值的要素，也因此把神话当笑谈，不当一回正经事。其实，人类现有的认知是相当局部而短狭的。有时候需要补课，要从上古时候的神话开始补起。

我不能说笃信上古神话，但宁愿信其有。

比如黄河这条黄龙，我更愿意把它当作鲜活的生灵来书写，而不是一条河，一条泥沙俱下的河。关于黄河，李白早称赞过她是"天上的河"——"黄河之水天上来"。这个诗人对一条河仰望的角度，其本身就是尊敬，是敬畏。当然，也记得当代著名诗人伊沙也写过黄河，诗叫《车过黄河》，其中有一个句子在当时引起轰动。

我愿意在记忆深处检索出来，再来一次回光返照。

> 我等了一天一夜
>
> 只一泡尿的工夫
>
> 黄河已经流远

这种感慨充满历史的苍茫和虚无。没有叹息，但自始至终都是满满的叹息。这种叹息是无可奈何的，又是旷世苍茫的。当然，伊沙更彻底，他对黄河形而上的一泡紧憋的热尿，便解构了很多沉重的思想。一泡尿之后的黄河依然是黄河，但一泡尿之后的伊沙还是伊沙吗。

从物理上说，黄河流过了无数次的一泡尿。

从意象上说，黄河流过无数次的尿都不是尿。

黄河上，我没有闻到尿骚味。站在黄河的岸边，我闻到了黄土高原淤泥的腥臊。那迥别于长江水的味道，是人类宿命的味道。

这种味道，是形而上的味道。

黄河的体量是巨大的。她全长约5464公里，流域面积约752443平方公里。是世界第五大长河，中国第二长河。一河之下，万河之上。

在中国古代陆路交通只有驼铃和马帮的年代，河流是另一条运输大动脉。黄河从青藏高原出发，流经了中国青海、四川、甘肃、宁夏、内蒙古、陕西、山西、河南、山东9个省区，最后注入黄海。这条贯穿中国北方的大河，她的运输功能，堪比当代任何一条高铁，黄河就是一条用天上之水做的高铁。她还有不可估量的军事价值，在冷兵器时代，这条大河就是天堑，就是不可逾越的鸿沟，也是一道安全的屏障。

黄河还是北方民族的母亲河，似乎很少有人称长江是母亲河。这源于黄河流域是孕育华夏民族的原因。而汉族又自称炎黄子孙，主要是对黄河的抒情，这种基因的亲近感还体现在黄皮肤、黄眼睛上。总之，一个黄字，就将一个民族的身份认同打上深深的烙印。

这种烙印，就是"一辈子都洗刷不清的名声"。

我多次抵达过黄河出发的地方。

我到的是三江源头，那里是大河出发的故乡。实话说，站在大河的出发地，很难想象眼前的细流最后汇成大河的模样。她们在出发时是那么的安静，那么的秀媚，那么的涓涓细流，那么的低姿态，可一旦走出家门，走出高原，她们就积淀了力量，充斥了能量，演变了性格，产生了思想，直至势不可挡。特别是黄河怒吼的声音，她代表了一个民族被压抑的激情和冲天的澎湃。

黄河在咆哮。

黄河在咆哮。

咆哮是黄河的声量，是黄河的个性。也许，她经受了太多的磨难，太多的难以忍受，唯以咆哮才能宣泄，才能释放，才能表达。也许，这样的描述太过主观和温情，那么，我们就用一组数字来说明，这条被比拟为母亲的河流曾经遭遇的深重创伤。

黄河频繁改道，不乏历史记载。

对黄河的叙说要多费一些文字，因为这是一条大河。

从某种意义上说，黄河在兰州具有独特的代表性，甚至独特无二。

因为一条黄河，甘肃这个远在中国西部内陆的省份便有了水的情怀。虽然，至今甘肃依然是中国最缺水的省份。最缺，不是之一。每当想起干旱，人们便不由得想起甘肃，想起定西、陇西，想起民勤、武威，想起河西走廊。这一串的地理名词都是最干旱的代名词。

虽然，一条大河从甘肃穿过。

虽然，一条大河从兰州穿过。

有一次开车从四川归来，车行至甘谷，夜深沉，落脚住店。跟随百度地图在高速路边找到驻歇的地方，一家新开张的饭店似乎正在等待我们的到来。空胃找到了食物，瞌睡邂逅了床，这是人生的大美好。点完菜，孩子急迫地将一罐可乐撕开，嘭的一声，喷射得满身迷彩。孩子赶紧奔去卫生间。我顺口一句话，引发了服务员的不满。

那个服务员还年轻，十七八岁的模样。

我说：你看，不小心，在这个地方还要浪费水，不是犯罪嘛。

孩子不理我，奔卫生间而去。

服务员不乐意了，回头道：这个地方怎么了，洗洗手，怎么就犯罪了啊。

我正色道：对不起，孩子小，不知道这个地方叫甘谷。

服务员说：甘谷又怎么了。

我说：甘谷，顾名思义，一条干干的山谷，在这个地方浪费水就是犯罪。

服务员不以为然道：我不觉得。

我说：难道你们这地方不缺水？

服务员回答：我不觉得。

犟。还有那种被伤害的条件反射。

同伴连忙劝阻我，算了，不缺水就不缺水呗。

我不能违背自己地理知识，依然固执地说：这地方，怎么就不缺水呢？

服务员转过身，她的背影很受伤的样子，嘀咕了一句：我在这里生活了十八年，从来没有感觉到缺水。

我满脑子天旋地转，难道自己来自教科书上的地理知识出现了偏差吗？一脸懵逼。这时，孩子从洗手间进来，甩甩手掌上的水珠，自豪地说：你出门看看去，一条大河呢。

我一迟疑，连忙出去，确实，在十几米远的山崖下果然有大河奔腾的声音。原来，黄河就缠绕在那个小姑娘的脚下，所以她才那么理直气壮。我长长地舒缓了一口气。等那个小姑娘端菜进来，我庄重地表达了歉意。

小姑娘却说：你也没错，除了住在河边的人，其他地方都缺水。

我深深地知道，水在干旱的地方，代表着荣誉和尊严。我喜欢这孩子维护荣誉和尊严的态度，而且她也做了关于水的拓展性思考，她想到了不在河边的人类。这就是因为一滴水而产生的由此及彼的人性关怀。

这事十几年过去了，当我再放飞关于水的思绪时，那个情景便猛然从黢黑的记忆深处漂浮起来，不，是顶了出来。我只能说，我的地理知识是正确的，而那个十八岁的小姑娘也没有错。我们各自捍卫的都是真理。

在兰州，这条大河所承载的，当然不仅仅是水。

黄河还是兰州人贮存的基因，是他们的生活秩序，是他们的思维方式和行为方式。

更深刻点说，黄河是兰州人关于水的宗教。

黄河穿城而过，做了一座城市的动脉。

兰州人有可能会忘记早上起床那碗没有牛肉的牛肉面，但一定不会忘记那条大河。大河盘亘在他们的记忆深处，跟随一代又一代的成长、死亡和再成长。

成长有喜有忧，有苦有乐，大河带给兰州人的当然也是如此。忧喜苦乐都是成长，都是生命的一部分，任何人都无法排斥和人为取舍。所以，当大河遭遇自然的天谴或者人为的造孽时，兰州人都统一选择了一个答案：承受。唯有承受是他们与黄河互为一体的最好见证。就像身体内有一根偶尔也会捣乱的血管一样，你不会因此就将它结扎或者切割。

就在前几年，一次出差在兰州。入住宾馆就得到通知，黄河水受到化学污染，所有水都无法使用，得自己去购买桶装水。我到了超市，水的影子都没有了，我买了一件可口可乐，权当水喝。当然，这都是小插曲，我毕竟没有赶上黄河泛滥或者其大灾大难。特别是深处战火，而大河既可以救命又可以要命的时候，我想兰州人对黄河的情感将是多么的错综复杂。在历史上，大河这样的情感切口也并不少见。

一条大河，是生命的摇篮。

一条大河，是要命的绞索。

但对于自然状态的大河来说，它是无辜的。

大河无语，它承载了人类所有苦难和欢乐，并静水深流。

夜里，我伫立在黄河的岸边，看着她流走。

我想到了很多，也替这个城市想到了很多。

滨河路的灯火是阑珊的，这正是一个和平时代。在和平的灯火阑珊里，大河的波光欢快祥和地闪烁着鱼鳞似的碎片，每一个碎片都是一块夺目的玉，每一块碎片都是大河的思绪，每一个碎片都在替大河作表情。我从大河的表情里读到了一条河在夜晚里的欢愉，也读到了一条河在夜深人静时深沉的内在。

脑海里立即跳出一个词：大河如海。

陪我们同行的一位在兰州工作的朋友，说这条河不久前接纳了好几个身居高位的人。那些人一跳无忧，也一跳成名。当然更是印证了一句老话：跳进黄河也洗不清，这句话让黄河深受不白之冤。好像黄河能洗清人类罪恶似的，好像黄河就应该包庇人类罪恶似的，黄河有苦无处说。

一帮孩子，在黄河岸边追赶，做着游戏。

有孩子拼命地搬起岸边的石头，比赛谁扔得远，扑通一声，黄河只是冒了一个泡，她没有多余的表情。黄河一直在原谅这些孩子们的游戏，也在原谅人类的罪恶。

每次到兰州，都要近距离地揣摩一下黄河，这是必修课。

趁着夜色，我们要去寻找"黄河母亲"。黄河母亲是黄河的抽象意义。我在黄河的岸边急匆匆穿行，十次或者二十次、三十次之后，想再次对这位母亲表达瞻仰之情。很多次都是白天，黑夜里来夜会黄河似乎还是第一次。我们都一直相信，黄河在她固有的地方，等着我们。

黄河母亲的雕塑来自甘肃著名雕塑家何鄂女士。

雕塑由"母亲"和"男婴"构成。这个组图分别象征了哺育中华民族生生不息、不屈不挠的黄河母亲，和快乐幸福、茁壮成长的华夏子孙。雕塑寓意深刻，也反映了甘肃悠远的历史文化，其独特的审美价值和思想内涵成为兰州的地标。

给每一座山、每一条河取一个温暖的名字是幸福的。

给黄河塑造一个"母亲"更是幸福和伟大的。

我们在黄河岸边下沉式的公园里走走停停，寻寻觅觅。

首先误入巨大的水车方阵。几十座高大的水车阻挡了寻觅的目光，它很具体地展示一种农耕技术对水的巧妙使用。虽然水车已经成为河流灌溉的历史符号，在当代甚至有点抽象，但当流水高高地从头顶翻卷而过之时，还是不得不惊诧先人的农耕智慧。

水往高处流，是人类对水的哲学认知。

在高处流水走过的地方，粗大的木头水槽里，长满了水草。那是黄河水的生命表情。

黄河水车，是黄河的文化表情，也是农耕文明的表情。

突然看见一尊雕塑，他叫段续，是兰州水车的创始人。

穿过水车矩阵，仿若穿过一个民族的农事。

那个时代并不久远，或者还依然跟我们在一起。工业文明正在高歌猛进，改变着城市和乡村，改变着色彩和高度，也改变着人们的思维方式和生活方式。但黄河的本性并没有被改变，她依然在滋养着大地山川，孕育着生态和文明。

我深深地向一种文明的背影鞠躬致敬。

黄河的背影,是炎黄子孙特有的骨骼和表情。

黄河之上,一条灯的彩带跨越两岸,那是黄河铁桥。

"黄河铁桥"旧名镇远桥,被称为"天下黄河第一桥"。

该桥建于光绪三十三年(1907年)。由德国商人承建,共花了白银三十万六千余两。桥两端分别筑有两座大石坊,上刻"三边利济"和"九曲安澜"。桥有四墩,下用水泥、铁筑,上用石块。弧形钢架拱梁,是后来加固时使用的现代材料。

1942年,为纪念孙中山先生,改名为"中山桥"。

现在,大桥已经停止了车辆通行,只容纳人和自行车往来。我随着夜晚里的人流移步到对岸,再返回来。我不清楚这座桥走过了多少人,也许走过它的人比眼前这座城市里的人还要多。人记忆了桥,桥也记忆了人。但于天地之间,这种记忆又是多么的短暂,犹如白驹过隙,转眼之间,物我两忘。不能不忘,时间的长河里,最终只能留下一段段历史。虽然,人是时间的一部分,这座桥也是时间的一部分,但我还是无限的苍茫。

我趴在铁栏杆上,垂视着黄河。

我克制了尿尿的冲动,黄河水在我的身下匆匆流过,无声远去。我没法对这条大河进行解构。我从另一个角度,审视着这条大河。对这条大河以及这条大河的意象,我都表示敬意。虽然她苦难并深重,但依然在生长并充满活力。

我看见黄河波光粼粼的倒影里,有无数张面孔。

我仔细地辨识,没有找到自己。

我隐藏在大河深处。

很搞笑的是那一夜,"黄河母亲"隐遁了。

从下沉式滨河公园上到高处的滨河之岸,从黄河的彼岸到此岸。我们寻寻觅觅，但都没有找到这位"母亲"。我们疑虑着并借助百度地图，但依然没有找到。这种戏剧性的结果令我们怅然。

也许，找见，是一种见。

而不见，又是另一种见。

夜幕里，我仰望黄河之上的天空，天空静默，它没有给我任何暗示。

在这个城市当然会想到一个诗人：叶舟。

叶舟对于汉语写作最大贡献是让汉语焕发出耀眼的光芒。他以敦煌为大，特为敦煌命名"大敦煌"。这匹配敦煌的伟大。

叶舟在《漫山遍野的今天》里有这样的句子：

> 我不想去纠正时间，实际上
> 万物葳蕤，银河无恙
> 我纠正的是爱
> 一次回眸
> 一粒暗夜中疼痛的心跳
> 我纠正的是火中的栗子
> 风中的鹰
> 一台无助的天平，以及
> 那个夏天遗失的
> 鞋子
> 他们在述说不幸
> 但那是别人的苦难——
> 比如漫山遍野的今天，我写下
> 这一串忐忑的
> 省略号……献给你

一个诗人——

因胸怀博大而忧楚；

因目光高远而凄惶；

因承担人类众多的苦难而失语。

带着对一首诗的记忆和对一个诗人的敬意，我在兰州的黄河岸边，自早晨出发。

前方，是祁连山之北的千里河西大走廊。

10
武威：被失重的丝路重镇

两个月前，我在敦煌三危山问道。

我对三危山有了新的命名：这是一座道貌岸然的山。

原因是这座山最早出现的宗教并非佛教而是道教。敦煌佛教遮蔽了道教的光辉。传说，老子曾修道于三危山，并最终道化于此。我想做个清晰的探究，但很多资料都对二千五百年前的老子最终的行踪语焉不详，或多以神话呈现，云山雾绕。这是艺术的手法。

稀奇的是，在三危山上的道场老君庙里，邂逅了几位神态还算平和但目光深蕴凄楚的老人，他们都来自武威。还有一个确切地回答道：乌鞘岭。

听到老人的回答，我的心里猛然耸起一条接天连云的大山。

之后，每当我路过乌鞘岭，我都仰起脖子望望天，替那几位老人看看他们曾经的家园。在河西走廊穿越，乌鞘岭是躲不开的屏障，虽然，至今它仍然是苦寒之地。

乌鞘，据说是突厥语，意为：和尚。

乌鞘岭东西长约17公里，南北宽约10公里，海拔3562米，素以山势峻拔、地势险要驰名于世。它位于天祝县境中部，南临马牙雪山，西接古浪山峡，岭南有滔滔不息的金强河与水草丰美的秀龙草原，岭北有当地人誉为"金盆养鱼"的安远小盆地。

刚刚停下对大河的喟叹，沿着丝绸之路河西走廊向西而来，第一道屏障就是乌鞘岭。

从高度来说，在高峰林立的西部世界里，乌鞘岭的高度并不突出，主峰才4000多米。但它位置十分重要，远超前边所言的祁连山和阿尔金山的那个垛口当金山。

其一，它是我国地形上第一级与第二级阶梯的边界，乌鞘岭的西南地形为第一级阶梯，其东部和北部为第二级阶梯。它还是划分我国季风区和非季风、内流区域和外流区域的分界线，以东为季风区和外流区域，以西为非季风区和内流区域。

其二，它处于我国三大自然区的交汇点上。在地形上，它位于黄土高原、青藏高原、内蒙古高原三大高原的交汇处；在气候区划上，高原亚干旱区、中温带亚干旱区、中温带干旱区三大气候区在乌鞘岭相交。

西汉张骞出使西域，唐玄奘西天取经，都曾取道乌鞘岭。

岭上原有韩湘子庙，约建于明代，香火甚旺。范长江所著《中国的西北角》一书中说：

过往者皆驻足礼拜，并求签语，祈求一路平安。

这里不仅有天苍苍野茫茫的草原风光，而且水草丰美，六畜兴旺。司马迁所著《史记》曾提古西戎之地畜牧为饶。班固所著的《汉书》也这样记载：

地广人稀，水草宜畜牧，故凉州之畜为天下饶。

《五凉志》也载：

番族依深山而居，不植五谷，唯事畜牧。

今天的天祝草原仍是甘肃的主要牧区之一，岔口驿马和天祝白牦牛名闻全国。

自古以来，乌鞘岭为河西走廊的门户和咽喉，系军事要地，古丝绸之路要冲，或者是丝绸之路河西道的一道高高在上的门槛。天堑变通途，火车、汽车从乌鞘岭的身子里飞驰，还是前不久才实现的。现代科技对大山大河的修理，易如反掌。

兰新铁路、甘新公路（312国道）都从乌鞘岭翻越而过。

六月飞雪是乌鞘岭的个性。记得很多次，或者白天，或者深夜，或者早春，或者炎夏，或者火车，或者汽车，或者自驾，都翻越过这座山。每一次的感受都不一样。记忆里火车也曾在此堵车，曾在山巅夜宿过好几个小时，不知原因，被冻醒了，还六月呢。

记忆最深刻的一次是坐客车路过乌鞘岭。从敦煌回四川。春运期间，从柳园搭乘乌鲁木齐至成都的车早就没票了，只好改成客车去兰州，再转。这是唯一可行的方式。那时候在敦煌还不敢奢望飞机。河西走廊上道路倒是通达的，但老国道，一副破相。深更半夜抵达乌鞘岭，被堵在山岭上，也不知道什么原因，反正就堵着，前不挨村后不着店。司机为了节省油，当然不会开放暖气。夜半，将所有能包裹的物件全都包裹在身上，只露出鼻子和眼睛。但依然能感受到乌鞘岭的寒冷像锋利的刀片一般能割穿所有的御寒之物，疼痛直达骨髓。等天色微明，彼此照见，眉毛都被冻成坚冰，不敢触摸，一摸必断。

也有几次不是太寒冷的季节经过此地。但车在山顶，霎时就飞过一团不太吉祥的乌云，转眼间噼里啪啦就下起冰雹，搞得面面相觑，云里雾里。或者，即便是六月，山脚下春和景明，山顶上却雪花飞舞，直叫人感觉混乱，以为遁入了魔界。

总之，这是一道关，高入云霄的关。

向南，翻过它，就看见了黄河，就看见了兰州，就看见了宽阔的流水。

向北，翻过它，就看见了两山挟持的走廊，就看见了丝绸之路，就看见了戈壁，就看见了沙漠，还有无尽的荒凉。清代杨惟昶的《乌岭参天》道尽了它的奇崛和伟岸：

　　万山环绕独居崇，俯视岩岩拟岱嵩。
　　蜀道如天应逊险，匡庐入汉未称雄。
　　雷霆伏地鸣幽籁，星斗悬崖御大空。

在张骞凿空西域之前，乌鞘岭不姓汉。

乌鞘岭以及乌鞘岭以北的广大地区，是匈奴帝国纵马扬鞭、生生不息的家园。

匈奴人崇尚丛林法则，他们一不小心就往南放纵了欢快的马蹄。除了穿越鄂尔多斯高原侵掠汉地之外，还往右击溃占据河西走廊的大月氏，用锋利的弯刀收割了他们首领的头颅。

马蹄到达之处，就是他们的边界。

匈奴的目光如鹰环顾四野。逐水草而生的游牧民族，他们任性的远大的理想就是将良田变成牧场,将粮食变成牛奶。他们的血液里不事农桑,也没有种植的基因,他们对牧草的需要和渴求超过一切理想,因为他们的家园在快乐的马背之上。

等西汉建国时,北方这个强大的游牧民族已经聚集了足够的能量,并虎视眈眈。

之前,地球上的人类还是部落和族群,像上帝散放的羊群。没有秩序,也没有规矩,自然生长又自然死亡。但有些部落和族群开始产生了想法,建立了自己的规矩和秩序。在规矩和秩序里,他们得到了有组织的进化。于是,吞并和扩张成了他们新式的胃口。比如匈奴,欢快地征服周围的部落,灭东胡、破月氏,还控制了中国东北部、北部和西部广大地区,并建立起统一的奴隶主政权和强大的军事机器。

匈奴贵族经常率领强悍的骑兵,在汉人的家园惹是生非。

忍,并不是屈服。

忍,是为下一次挥拳而做准备。

汉高祖七年(公元前200年)冬,冒顿单于率骑兵围攻晋阳(今山西太原)。

刘邦亲领32万大军迎战,本想一举击溃匈奴的头颅,不想刘邦反被冒顿围困于白登(今山西大同东),七日不得食,最后不得不采用陈平的"奇计",暗中遣人纳贿于冒顿的阏氏夫人,通过夫人路线才最终解围。从此,刘邦再不敢轻易用兵于北方。后来的惠帝、吕后以及文、景二帝,考虑到物力、财力的不足,对匈奴也都只好采取"和亲"等消极防御的政策。

狼族,胃口越来越大。

文帝时代,匈奴骑兵开始进逼长安。

汉武帝即位不久,得知在敦煌、祁连一带曾住着一个游牧民族大月氏。秦汉时期,月氏同匈奴发生冲突。老单于杀掉月氏国王,还把他的头颅割下来拿去做成酒碗。这肯定是奇耻大辱,家恨连带国仇。月氏人国难以后,被迫西迁大漠深处,即在今新疆伊犁一带,重新含泪建立了国家。但他们不忘故土，也时刻准备对匈奴复仇，并奢望有人助力共击匈奴。

这简直就是神示。

敌人的敌人，就是朋友。

匈奴人骑在马背上的机动性灵活简单，怀里揣一条干羊腿就能征战好几天，这样的便利后勤刚好成为战争的最大优势。他们收割完一批人头，掳掠一些战略物资，抢占一些女人，然后就回归到散放的状态。他们不习惯据守一座城池，也不习惯蜗居在火热的大炕上欢乐肉体，颐养精神。所以他们的战争处于很流氓的状态，一点也没经营根据地建立万古江山的革命意识。

这种游牧的战争秉性，后来蒙古人照葫芦画瓢进行了复制，且相当成功。

攻城略地，赤地千里。把一座座城池毁掉种上牧草，放上牛羊，这是草原的思维方式，也是将人类赶回丛林的方式。自古以来，战争都是提升文明，但他们将文明赶进了小树林。他们还将自己的基因通过战争的形式强行植入到高加索，植入到中亚，植入到欧洲大地。以至于在俄罗斯这个斯拉夫种群中，在俄罗斯街头，经常能看见很熟悉的面孔从身边晃过，令人时光错乱，以为又回到了中世纪最黑暗的某节时空。

还是回到张骞西域之行话题上来。

敌人的敌人就是朋友，这是汉人最高的智慧。于是，张骞望北而去，他代表一个帝国的旨意，想伸出长长的温暖的手臂，去握住敌人的敌人。如果握手成功，两相夹击，匈奴左右被开弓，就会露出破绽。逮住破绽，聚力反击，还一箭之仇，甚至逐鹿高原，将牧场变成良田，便成了汉武大帝一段时间的美好梦想。

于是，张骞凿空西域的历史意义，就获得了近两千年的嘉奖和彰显。

当然，张骞出使西域是困难重重，甚至九死一生。

为了再次对河西走廊和丝绸之路的深度梳理，很有必要再回顾一下这一段历史。

首先，汉武帝的目光是超视距的。

其次，经过多年的休养生息，韬光养晦暗藏的力道足够挥拳出击。当汉武大帝听到有关大月氏家仇国恨的传言，暗喜天赐良机。但西行的必经之道河西走廊还在匈奴的控制之下，谁能担当飞越漠北的使者呢。皇帝有令，有家国情怀的张骞挺身走上了历史前沿。

这个汉中籍陕西人虽然生年及早期经历不详，但汉武帝刘彻即位时，他已在朝廷担任"郎"的侍从官。据史书记载，他"为人强力，宽大信人"。具有坚韧不拔、心胸开阔、以信待人的优良品质，这就具备了出任大使的基本素质。

公元前138年，张骞"以郎应募，使月氏"。

第一次出使西域，张骞历时十三载。其经历超乎了文学的想象。

张骞奉命率一百多人，从陇西（今甘肃临洮）出发。归顺者胡人堂邑父自愿充当张骞的向导和翻译，他们西行进入河西走廊。这一地区自月氏人西迁后，已完全为匈奴人所控制。不出意外，张骞被匈奴的骑兵抓获，押送到匈奴王庭今内蒙古呼和浩特。

得知张骞欲出使月氏后，单于对张骞说：

月氏在吾北，汉何以得往？使吾欲使越，汉肯听我乎？

意思是说，你休想通过我的地盘。

匈奴单于为了拉拢张骞，打消其出使月氏的念头，使出了惯常灵验的美人计，给张骞娶了一位匈奴美女为妻，生了孩子。虽有妻室儿女，但张骞至死不忘使命。十年之后，他趁匈奴人不备，果断地离开妻儿，带领随从逃出了匈奴王庭。

他们一路乔装胡服，满口胡言，顺利穿越了西域。

虽然他志在忧国，但十年间形势已经大变。月氏早被迫从伊犁河流域继续西迁进入咸海附近的妫水地区，并征服了大夏，在新的土地上另建了家园。

决不放弃。张骞一行翻越葱岭，直达大宛。

大宛国王早就听闻东方汉朝的富庶，很想与汉朝通使往来，张骞意外到达令他喜出望外，热情款待后，并派了向导和译员将张骞等人送到康居（今乌兹别克斯坦和塔吉克斯坦境内），再到大夏（今阿姆河流域），终至大月氏。

而此时的大月氏早已失去"还我河山"的斗志。

未果，张骞在大月氏逗留了一年多，动身返国。

归途中，张骞为避开匈奴控制区，改变了行军路线。重越葱岭后，他们不走原塔里木盆地北部的"北道"，而改行沿塔里木盆地南部的昆仑山北麓的"南道"，从莎车，经于阗（今和田）、鄯善（今若羌），进入青海羌人地区。

这条路，就是著名的丝绸之路"青海道"，或者丝绸之路"南道"。

但羌人斯时已沦为匈奴的附庸，不出意外，张骞等人再次被匈奴骑兵所俘，又扣留了一年多。

公元前126年，匈奴内乱。张骞趁机带着自己的匈奴妻子和堂邑父逃回长安。

张骞出使时带着一百多随从，历经十三年后只剩下他和堂邑父，还有他的匈奴妻子。这次出使，虽然没有达到预计的目的，但对于西域的地理、物产、风俗习惯有了详细了解，这样的军事情报为汉朝开辟通往中亚的交通要道，提供了宝贵的资料。

第二次出发在五年之后，即公元前119年。

这时，汉朝已经控制了河西走廊，并积极筹备对匈奴致命一击。张骞献计，招乌孙国返敦煌一带复国，跟汉共同抵抗匈奴。这就是"断匈奴右臂"的著名战略。同时，张骞提出应该与西域各族加强友好往来，汉武帝欣然采纳。

第二次出征，张骞率三百人组成的使团，每人备两匹马，带牛羊万头，还有无数的金帛货物，到了乌孙游说东返，没有成功。他又分遣副使持节到大宛、康居、月氏、大夏等国。

公元前 115 年，张骞带乌孙几十位使者一起回到了长安。

第二年，张骞死去。

他死后，汉同西域的关系并没有断绝。公元前 105 年，乌孙王以良马千匹为聘礼向汉祈求和亲，武帝把江都公主细君嫁给乌孙王。细君死后，汉又以解忧公主嫁乌孙王。两个柔弱的女人，被一个国家推上了历史前台。关于细君公主，后面在悬泉置中会细说。

公元前 60 年，匈奴内部分裂，一部分降汉，匈奴对西域的控制力削弱并瓦解。

纵观历史，汉武大帝的凿空西域计划起于军事，但西域开通以后，它远远超出了军事。从那时起，自敦煌出阳关、玉门关，进入西域，再连接中亚、西亚的一条横贯地球东西的交通大道，以柔软的丝绸的名义正式贯通。

这条通道，就是举世闻名的"丝绸之路"。

一条柔软的闪光的丝绸，辉映着地球中纬度一个色彩斑斓的时代。

为了巩固河西走廊，防卫西域，汉武帝先后设置了酒泉、武威、张掖和敦煌四郡。

武威，从那时起，就高昂着威武的头颅，傲视于河西的南大门处——乌鞘岭山下。

关于武威，很有必要从唐人的一首诗歌说起。

黄河远上白云间，一片孤城万仞山。
羌笛何须怨杨柳，春风不度玉门关。

唐代诗人王之涣的《凉州词》。这首诗歌已成经典，其中最跳跃的词就是"玉门关"。此玉门关就是敦煌扼两关之一的玉门关。一句"春风不度"，令玉门关外的苦寒之地至今肃杀之气不散。其词牌名中的"凉州"，就是指今天的武威，古为凉州。

打量这首诗歌，令人惊叹的是诗人宽阔的思维和跳跃万里的目光。以今比昔，格局已败。还有一首"凉州词"也成经典，便是唐代诗人王翰的《凉州词》：

> 葡萄美酒夜光杯，欲饮琵琶马上催。
> 醉卧沙场君莫笑，古来征战几人回？

这种视死如归的家国情怀和英雄主义，至今读来都令人荷尔蒙激素澎湃，荡气回肠。

武威的名字由来就是为彰显大汉帝国军队的武功军威而得名。

> 武威，古称凉州、雍州、姑臧、休屠、屠各，是古西北首府，六朝古都。又称雍凉之都、天下要冲、国家蕃卫、梦幻凉州。前凉、后凉、南凉、北凉、大凉在此建都，雍凉文化的发源地。东汉时，是中国第三大城市，西北的军政中心、经济文化中心。

武威自古就是控制三大高原和西域的中心城市。但今天，它的名字不会被当代人重视。也许是河西走廊上敦煌的名字太过响亮，武威慢慢失去了光华。这情有可原，这并不是因为我来自敦煌而有门户之见，是因为敦煌是世界的敦煌，人类的敦煌。而武威的雍凉文化只是我国古代一个少数民族的文化，属于亚文化。只能说，它的枝叶生长得过于狭小。

这是历史的选择，不容许后人使用夸张的修辞手法。

但今天的武威，我们不仅仅惊羡"马踏飞燕"的奇幻精巧的浪漫主义诗情，还必须记住"凉州会盟"这个历史词条的伟大意义。

七百六十多年前，蒙古宗王阔端代表蒙古汗廷，与西藏萨迦派活佛萨迦·班智达，在武威成功举行了"凉州会盟"。这一重大历史事件的意义是，西藏正式纳入祖国版图,成为祖国不可分割的一部分。

1244年秋,阔端向萨迦·班智达发出正式邀请诏书,请他前来凉州商谈西藏归属问题。

以萨迦·班智达为代表的西藏上层人士清楚地知道,新兴强大的蒙古军队所向无敌,从蒙古高原到中原内地以至到中亚及欧洲,攻无不克战无不胜,而长期分裂割据不相统属的西藏地方政权,根本无力对抗蒙古铁军。为了西藏的前途和命运,归附是上策。

萨迦·班智达不顾个人安危和年迈体衰,毅然决然带领两名侄子八思巴和恰那,以及众多僧人和经卷,应邀前往凉州。1246年,他途经青海及甘肃天祝到达凉州,双方友好地达成共愿,并发出了《萨迦·班智达致蕃人书》。

谈判代替了战争,对话解决了矛盾。自此,藏蒙关系彼此深入。

说起武威这座城,还要说到一座塔和一条舌头。

位于武威的鸠摩罗什塔,相传系鸠摩罗什前往中原途经武威的译经处,他留此宣扬佛法达17年。鸠摩罗什在长安去世,临终前他说,死前我当着大伙发个誓,我这一辈子所宣讲的佛法没有一处失实,若有失实,焚烧之后我的舌头会焦烂,不信,你们可以验证。果然:

薪灭形碎,唯舌不坏。

鸠摩罗什那条舌头成了舍利,葬于武威鸠摩罗什塔。

鸠摩罗什一生翻译三藏经论74部共384卷,史称四大翻译家之首,贡献之大,世所共钦。

鸠摩罗什在凉州期间,广开译经弘法之门,最早把大乘佛法传播到中原,并使当时的凉州成为高僧云集、开坛说法与东西文化交流的主要场所和活动中心。

武威，因为鸠摩罗什，成为丝绸之路上重要的佛教中心。

曾对朋友说，有些人的舌头死后也可以成为"舍利子"。朋友不得其解。我说，那是反话。鸠摩罗什说真话的舌头成为舍利子，而那些谄媚阿谀之态的舌头们，其功能也达到极限。其实，他们的舌头比尸体烂得更早。

望着那座塔，我的舌头一再不知谓何。

我讨厌说假话，但我也一定说过假话。

站在这个埋葬着说真话的舌头舍利的武威大地，循着丝绸的飘飞，我努力地回望着历史深处。历史无语，但它又以滔滔之言告诫着未来。至于它说了什么，每一个聆听者将忠实于自己的听觉。由此，我衷心期待，一个说人话、做人事的时代不要那么遥远，甚至遥遥无期。

11
永昌：开轩的精神指向

永昌，是一座极其容易被错位的河西走廊的一座小城。

永昌隶属于甘肃省金昌市，极其容易跟金昌市混为一谈。

因为它并不显赫，也并不光鲜，所以从武威过来，一踩油门，就很容易将它甩在汽车的尾烟里，绝尘而去。当然，在河西走廊并不只永昌容易这样被忘却，被忘却的还有诸多像永昌一样的地理名词。这一点不奇怪，因为河西走廊几个大名鼎鼎的城市太过闪亮，以至于像永昌这样的弹丸之城，只能以陪衬的角色出现在大走廊的视野之中。

但此次，我固执地将越野车，将目光和身体，放在永昌这里停歇。

只是从兰州出发太晚，等跑到永昌地界，天色向晚。我们并没打算马上投奔酒店，也就是说这次选择永昌而来，栖身歇息是次要的。我有自己的目的，我的目的是不能对永昌一错再错。

并不是一个好天气，天空里垂挂着一团团乌云，那些乌云不怀好意。预感是强烈的，似要下雨。等车进了永昌地界，祁连山的倒影就很浓重地倾覆过来。

我将自己的想法捧送出来。

我说：八年前，我有一个《寻找开轩》的小说，写了一个真实的故事。开轩是我一个未曾见面的朋友，他出家了。他说他会来到河西走廊，到永登来主持一个寺庙的修建，叫我去找他，他有事要商量。这是僧俗之间的约定，我不能违约。当我驾长车跑到永登，寺庙没有寻到。这就像一个人生寓言，寻找的结果是空，于是我写下了《寻找开轩》这个小说。

我说：没有寻找到开轩，似乎是小说需要的结局，但是没有寻找到，却是自己的失误。那时候，开轩在山东德州庆云金山寺，而我在浙江杭州的西湖边。两地相隔千里，且空气闷热。我连声哦哦应答，却把永昌听成了永登。虽然一字之别，但却相差千里。

我说：好几年之后，我才知道自己把地址搞错了。不是永登，而是永昌。

我说：我要寻找开轩，他在永昌。

同行的朋友都理解我的寻找，并助力我的这趟永昌之觅。

其实，永昌并非平淡无奇，永昌还是个神奇魔幻的地方。因为它的神奇魔幻，一个笃信其有的朋友给我讲述过关于永昌的传说。这个传说与骊靬古城里暗藏了一支古罗马军队有关。

骊靬古城，位于永昌县焦家庄乡者来寨，始建于西汉时期（公元前36年），是古丝绸之路上重要的城市和军事要塞。古城建筑以伊特鲁里亚建筑技术、古希腊建筑技术和汉朝建筑技术融合的风格为主，后因历史变迁、风沙侵蚀和人为破坏未能完整保存。骊靬古城因在西汉时期安置流散的古罗马士兵而为世人所知。

传说，公元前53年，罗马执政官克拉苏集七个军团之兵力入侵安息（伊朗一带），遭围歼。克拉苏长子普布利乌斯率第一军团突围，越安息东界，流徙西域，经多年辗转，于公元前36年前后，相继从大月氏、匈奴归降西汉王朝，被安置于今永昌县者来寨。汉称罗马为骊靬，故设骊靬县，赐罗马降人耕牧为生，化干戈为玉帛。

大量的文献对这一史实进行了记述，比如《汉书》，还有《史记》，它们一般不说假话。

似乎，这已经是不争的事实。想想那个金戈铁马、大刀长矛的年代，你死我活，我活你死，做丧家犬也不是一件怪事。再说了，在西域凿空之前，河西走廊和广大的西域大地，部族战争频繁，城头变幻大王旗也是家常便饭。所以，一支败军丢盔弃甲从欧洲流浪过来，在河西走廊的某个村落解甲归田，也在情理之中。

对这件事，我不怀疑《史记》，也不怀疑想象。

但就在这片土地上，这个故事延展千年之后，却与我产生了关系。这就是人类世界的神奇。为此，我力争将这个神奇的故事叙述得更加准确一些。

《汉书》载：

> 致支城之战是在公元前36年，而到了公元前35年，也就是陈汤将这些罗马战俘带回西汉后不久，在西汉凉州府的行政区划中，就新设置了一个骊靬县。而骊靬县这个怪僻的县名，其实就是汉时中国对古罗马的称谓。

《永昌县志》载：

在今凉州府永昌县南，本以骊靬降人置县。

当然历史也会有误。因为靠史官白纸黑字记录下来的，或者只是历史的一部分，或者只是历史的一面。假若史官是个正直的史官，那么白纸黑字的含金量就高一些。有些历史会在权力的授意下被修饰，或者被篡改，这也是不争的事实。但对于骊靬古城，史官们似乎用不着作假。

祁连山下，远远地就看见有古罗马风格的圆顶建筑物耸立在戈壁黑寂之前的最后一丝亮光里。有些稀奇，在河西走廊永昌的大地上，耸立着欧派教堂式的建筑。看得出来，眼前这个庞大的甚至金碧辉煌的建筑群落还没有最后完工，还在做最后的装饰施工。因为天色将晚，我们也没有遁入其中的想法，只是从旁边穿越而过。

我们的目的是视野里的金山寺。

金山寺跟山东德州庆云的金山寺是一个名字。

事实上，不仅仅是名字相同，它的主建者也是同一个人。为什么要将山东的金山寺复制在永昌呢？这就是《寻找开轩》这个故事的核。

开轩是出家人，出家之前他在世俗的世界里有家有室，还有一份体面的工作。按照常理，他应该心满意足地生活。但他在世俗的纷乱世界里只觉得肉身烦躁，灵魂难以安歇。于是，他辞去了公务员的工作，毅然决然地走出了家门，进了空山。

在他的带动下，妻子和孩子也都别了红尘。

八年前，我跟他通过两次电话，也跟他妻子通过电话，我们的语境是不一样的。从他们的语言气息里，我听出自己的声音肥厚而油腻。他们的声音是山谷里的清风，干净而透彻。

通完电话之后，彼此就失去了联系，再打，里边一串忙音。这像是生命的寓言。有些东西，不要认真。

在凡俗的世界里，我很多时候都在挣扎。

我承认，我无法将自己的肉体和思想安放。

每当此时，我就想到开轩。

前边说过，开轩预约过我见面的。他约我去永昌，要命的是，我听成永登。一字之差，南辕北辙。

那时候，开轩受善人委派，到永昌来主持修建眼前这座金山寺。

开轩出家的第一个寺庙在浙江天目山，之后从浙江天目山到了德州庆云金山寺，之后又从庆云金山寺到了甘肃河西走廊的永昌。事实上，我知道我的寻找是空，不可能在永昌见到开轩，僧俗的相见，需要机缘，甚至佛缘。缘分未到，彼此就隔着高山大川，隔着一片汪洋。

天下起了小雨。我孤独地仰望在细雨中的金山寺大门之下。

就在去年，因为要奔赴伊拉克、苏丹等地进行战地采访，需要在北京某地进行反恐培训。培训之后回到北京，正在广渠门汽车站计划怎么倒车去火车西站，突然就萌生要去一趟山东德州庆云金山寺的想法。好像突然获得某种暗示，潜意识深处有一个声音跳将了出来。

不能再犹豫，转身买了一张去庆云的汽车票。

那是一趟晚班车，虽然奋力地穿行在中国东部的大地上，但到了庆云已经是晚上十点多了。我知道离金山寺只有一步之遥，我与开轩近在咫尺。

街灯明亮。我想这些街灯曾经也一定普照过开轩的头颅，并将他的僧袍的黑影长长地拖拽在地上。空气是接近海洋的味道，潮湿并且带有大海特有的气息。我想，开轩也一定辨识过这种味道，那些穿过开轩呼吸系统的微分子此时正穿越我的身体。还有地上的人造花砖，虽然留不下足迹，但我也相信开轩的布履曾走过它们，而此时，我将自己的大头皮鞋正重复在开轩的布履之上。一只夜鸟飞过我的头顶，我想这只鸟也一定从夜空看见过开轩的光头。

我将自己的肉体和思绪完全投放在开轩的世界。

第二天，一辆的士载我入寺。

"金山寺"这个名字曾被写在一张纸条上。那张纸条虽然破损，但依然还在我书桌的玻璃板之下。那是十年前病重的肖复华到敦煌，我去宾馆看他，又说起开轩的事，他口述地址，身边一朋友从采访本上撕下一张纸片记录：

山东德州庆云海岛金山寺地宫售票处

金山古刹，华东佛国。

众善奉行　诸恶莫做

我小心地遁入寺院之中。

我在设计跟开轩的相遇，是擦肩而过，抑或四目相视。甚至，也为自己准备了眼泪。我觉得，这种相遇是需要这种液体的，虽然，我极少使用那种珍贵的人体资源。说实话，我的眼泪已经做好了准备。

我走过一个寺又一个寺。

我走过一座庙又一座庙。

我没放过从身边走过的每一件袈裟，每一件佛袍。

我将我大脑里储存的关于开轩的图像，清晰地呈现在眼前，快速地进行人物对比。对比、放弃；再对比、再放弃。

我几乎转遍了所有寺院，无果。我决计使用舌头，朝一个青灰色佛袍的女师父走去，她在一棵银杏树下洗刷拖把。

我说：师父，这个寺院有个叫开轩的师父吗？

她说：有啊。

我的嗓子堵得慌，连忙说：你知道怎么找到他吗？

她说：你找他做什么啊？

我说：我是他曾经的一个朋友。

她说：哦。

我期待着她的明确指示。

她停顿了一下说：这个时间点啊，应该在外面的茶屋，你到那里去找他吧。

我心里咯噔了一下，问道：茶屋？

她说：是的，他很忙，有很多客人找他。

我说：他在讲法啊。

她不吭声，转身走了。她年纪也不轻了，或许耳朵也不是那么好使。我得理解并原谅她，毕竟，她已经很清楚地给我做了指示，茶屋。我连忙转身，准备奔寺庙外那条繁华大街去找那家茶馆。但是突然感觉尿意甚浓，还不可憋。我在寺院很干净的卫生间里痛快地尿了一泡。

毫无意外并非常准确地，我找到了那家茶馆。

也确实如女师父所说，开轩师父正在忙。

非常工艺的茶屋里，围了一大群人，那些人们很虔诚地簇拥着一个师父。一个身着青灰色短衣的年轻居士迎了过来，她蓄着锅盖头，小声问我何事。我说明来意。女居士嘴巴一呶，朝那堆人示意。我轻声移步过去，从人影缝隙里看见一个身着灰色佛袍，外套朱红色长褂的光头和尚，正在气定神闲地书写，一笔一画，恭敬走笔。不大工夫，写了两个四尺条幅。

一幅是大篆：佛光庄严

一幅是颜楷：佛香净心

都是好词好字。求字者满脸欢欣，彼此都以什么总什么总在称呼。闻声识人,都是些商业成功人士。商业成功之后就要寻找精神安放之所,这个没有错。他们出手是大方的,当然心意也是虔诚的,这也是没错。出家人也得要吃饭,要穿衣,要购买香火的原材料。

但我疑虑起来。

按照我提前准备好泪水的心情来说,我给自己踩了急刹车。以至于刹车踩得过猛,我的脑袋都晕乎起来。一个声音来自远处,虽远,但格外清楚。我假装若无其事的样子,流连在茶屋的茶架前。普洱、铁观音,也有碧螺春,还有白茶。价格不可能低,似乎低了就不是好茶。我仔细端详着茶叶和价格,耳朵却一刻也没有停。估计看我纯粹是没事找事的样子,那个锅盖头的居士过来,很客气地小声问道:来一壶茶吗?

我立马点头应许。

一壶茶端上来。我把自己安放在一把老式的木椅子上。

黄亮的茶水在古色古香的茶盏里闪烁着金子一般的光韵。

师父和那些信众在另一个房间里。都是问得多,答得少。那些提问的信众们,似乎是无话不问,无疑不解。

待耐心地喝下半壶茶水,我就非常明确此开轩非彼开轩。记忆中的开轩是清瘦的模样,干净的表情,而眼前的师傅,光头明亮,脸庞肥硕,且相当油腻。他的言谈举止,跟一个江湖大哥没什么两样。

开轩走出茶屋好半天,我在椅子上一动不动。

我觉得失望,甚至绝望。

这时,锅盖头居士过来。

她问:你不是找开轩师父吗?

我说:是的。

她说:那你怎么不去相认呢?

我说:似乎,不是我要找的人。

她说：你为何如此认为呢？

我说：我找的开轩没有这么胖。

她说：你，认识开轩师父。

我说：不认识。

她说：哦。

我问：你们寺院里还有叫开轩的吗？

她摇摇头。

我转过话题，得知锅盖头居士28岁，当过兵，来当居士没几年。问起哪里人，她说跟开轩师父一个地方的，青岛。我哦了一声，这不奇怪，本来就是山东地盘。但突然，我从椅子上惊了起来。

我说：你说你跟开轩师父都是青岛的？

她说：是啊，青岛的。

我说：确定？

她说：当然确定啊。

我说：此开轩非彼开轩也。

她说：怎么说？

我说：我找的开轩是江西九江人。

她似乎想起了什么，说：你找的是哪个开轩啊？

原来，当时寺里同批剃度三位师兄，分别为：开轩、开玄、开宣。

谜底破解，我长舒一气。

她说，你所寻找的开轩师父属于苦修，他的妻子和儿子也在金山寺住过几年，现在不知到了哪里。

此时，我在河西走廊永昌的金山寺大门口，细雨里挟裹着冷风，眼看着天色就黑将下来。我知道此金山寺与庆云的金山寺是姊妹寺。并且，开轩师父在这里主持修建了这座寺院。也许两年，也许三年，寺庙修成了，开轩又回到了他出发的地方。

永昌县城不大，清静，给人留下的印象很好。

虽然，现在的城市都在大做文章，要么街道截弯取直，要么房子穿衣戴帽，整体都在向现代化急速转身。特别是街道旁的路灯，它们作为灯的功能已经退而求其次，主要成了街道两旁的"风景树"。这也无可厚非。还有那些霓虹，尽可能闪烁，尽可能招摇。

穿过路灯风景树，穿过霓虹，穿过雨幕，朝永昌大酒店奔去。

依然出乎预料，房价便宜，标准间才一百多元，而且陈设一点也不落后，床铺干净。更让我们喜爱的是，在一家火锅店用餐，味道真的很四川，服务员态度诚恳，菜价出乎想象的厚道。

滚烫的食物进了肠胃，驱逐了寒冷。我突然对服务员发问。

我说：你知道齐素萍吗？

她呵呵一笑，道：齐老太啊，谁不知道啊。

我乐了。她又说：她是个大善人，金山寺是她修建的，罗马古城也是她修建的。

我说：古罗马的传说，是真的吗。

她笑笑说：当然是真的了。

夜已深，我披着河西走廊清凉甚至有些冷寒的夜风，穿行在永昌斜缓的街道上。市中心那座钟楼很古老，也很中国。在厚重的历史面前，我一缕清风上钟楼。在钟楼之上，回望远处黑夜里的金山寺，我分明看见了开轩。

开轩，一直是我遥远的幽深之处的暗示。

12
山丹：马蹄深陷的历史回廊

山丹，盛开在马蹄之上。

山丹又名细叶百合，多年生草本植物，花红色或紫红色。还是一种抗寒性很强、品性优良的百合属种，可用于培育抗寒耐旱的百合花品种。

在此要书写的山丹，是河西走廊上极具重要历史意义的一个重镇。我们总是习惯性将目光从武威、张掖、酒泉、敦煌这样的大块头上跳跃而过，其实，那些小而精致的重镇也格外令人悦目。比如上章写到的永昌。对，这次对河西走廊的梳理，我将刻意避开那些大个头，因为她们已经多次被历史重复描绘。大家都关注的，我选择避开它们的光芒。

从永昌过来，我就刻意地瞄准了山丹，这个经常被错过的一朵小花般的美丽小镇。

我们一直固化这样的认识，山丹的价值完全体现在游牧年代和冷兵器时代。

在那些时代，马的品质和速度，决定一场战争的胜负，也决定一个部族的生死。一点也不用怀疑，在马蹄为王的时代，作为步兵吃尽了苦头。纵马驰骋日行八百里，而步兵跑断腿，能日行百里已经是神话。速度，决定一切。

所以，当汉武大帝打通河西走廊，便苦心经营战争资源，就是培育良马。自汉武大帝之后很多朝代，当需要西域城邦或者王国朝贡的时候，多半会说赶来一群好马就可以了。马，成了硬通货，堪比黄金、丝绸、瓷器和茶叶。

于是，至今在敦煌南湖的某处水洼处，还有关于天马的传说。

这种传说还有武威出土的"马踏飞燕"，它更加形象而又浪漫地描绘了马这种生物的神性。关于"马踏飞燕"还有一个解读性名词，叫"马超龙雀"。我觉得，有些人出自对郭沫若的个人情感从而否认"马踏飞燕"的诗学和美学，这是自以为是的悲哀。仅从"马踏飞燕"这个命名，郭老就超过一大帮以脑为瓜的家伙。

马，肯定是山丹的代名词。

一大早从永昌开拔，一路向西。

河西走廊明媚的阳光从身后照耀着我们。

目光远眺，我看见了左边（南边）的祁连山，还有右边（北边）的焉支山，这两座山在河西走廊非常著名，我们经常在有关匈奴的史书里和唐朝边塞诗人的诗句里得知。

比如南朝诗人徐陵的《关山月》：

关山三五月，客子忆秦川。
思妇高楼上，当窗应未眠。
星旗映疏勒，云阵上祁连。
战气今如此，从军复几年？

还有陈棐《祁连山》：

马上望祁连，奇峰高插天。

西走接嘉峪，凝素无青云。

　　描写焉支山的当然也不少，最著名的就是匈奴悲歌：

　　　　失我祁连山，使我六畜不蕃息。
　　　　失我焉支山，使我妇女无颜色。
　　　　失我金神人，使我不得祭于天。

　　实在是悲。如今读起来，都为匈奴失去家园，失去单于，失去老婆孩子紧捏一把冷汗。他们再没有胆量南望黄河，而是哭哭啼啼，折头向西，再向西，丢掉千里河西大走廊，入了古西域三十六国，过了葱岭，过了帕米尔，过了中东大地，最后到了欧洲，彻底改名换姓。
　　大诗人李白也有诗：

　　　　虽居燕支山，不道朔雪寒。
　　　　妇女马上笑，颜如赪玉盘。

　　李白还有《塞下曲》：

　　　　五月天山雪，无花只有寒。
　　　　笛中闻折柳，春色未曾看。
　　　　晓战随金鼓，宵眠抱玉鞍。
　　　　愿将腰下剑，直为斩楼兰。

　　还有写过"春潮带雨晚来急，野渡无人舟自横"这样大象征意味诗歌的韦应物：

> 胡马、胡马，远放燕支山下。
> 跑沙跑雪独嘶，东望西望路迷。
> 路迷、路迷，边草无穷日暮。

我曾在散文《大长江》里说过，长江是一条流动的诗词走廊，这千里河西也一样，是一条被古诗词装饰的大走廊。在这条走廊里，看见李白、杜甫、王维、王昌龄，还看见韦应物、陈棐等，他们的名字是河西大走廊最明亮的星辰，他们留下的诗歌是河西大走廊最灵动的魂魄。可以说，再没有长江和河西走廊这样的被古诗词装点的长廊了。

王维的《少年行》，写给那个19岁就一战成名的骠骑大将军霍去病。

> 出身仕汉羽林郎，初随骠骑战渔阳。
> 孰知不向边庭苦，纵死犹闻侠骨香。
>
> 一身能擘两雕弧，虏骑千重只似无。
> 偏坐金鞍调白羽，纷纷射杀五单于。

还有《出塞作》：

> 居延城外猎天骄，白草连天野火烧。
> 暮云空碛时驱马，秋日平原好射雕。
> 护羌校尉朝乘障，破虏将军夜渡辽。
> 玉靶角弓珠勒马，汉家将赐霍嫖姚。

从王维这镶金带银的诗句里，看见了青春年少的骠骑大将军的飒爽英姿和斩匈奴如割葱般的干脆利落。匈奴一灭，使命完成，霍去病旋即就被上天收走。不过眼前的山丹军马场，就是这个少年将军最早开办的皇家马场。

再次回到诗歌的话题上。杜甫这位现实主义的诗人更少不了家国情怀，《后出塞》诗中有这样的句子：

> 朝进东门营，暮上河阳桥。
> 落日照大旗，马鸣风萧萧。
> 平沙列万幕，部伍各见招。
> 中天悬明月，令严夜寂寥。
> 悲笳数声动，壮士惨不骄。
> 借问大将谁，恐是霍嫖姚。

从这些闪烁着金色光芒的诗句里，我们至今都可以感知河西走廊对于汉家江山的重要性。由此可以得出几个关键层面的东西。

一是匈奴与汉家，不是你死我活就是我死你活，没有怀柔的中间路线。

二是祁连山下的千里河西大走廊，是汉家江山的生命气孔，必须畅通，否则生无宁日。

三是霍去病这个少年将军，两千年难遇，他是汉家的福星，却是匈奴的死敌。

四是民族之间生存权的争夺，在历史上是血腥而残忍的，刀光剑影处，悲嚎声犹在。

五是战争在某种程度上推动了人类的发展，也推动了文学的发展，以上诗歌为证。

所以说，千里河西是一条闪光的丝绸，它上面缀满了诗词的珍珠。丝绸可以腐朽，也必将腐朽，唯有诗词所记载的历史，朗若星辰，穿越百年千年，始终熠熠生辉。

走过诗词的历史长廊，回到现实的山丹大地。

山丹，地处河西走廊中部，是塞上明珠、丝路重镇金张掖的东大门。南接青海，北靠内蒙古阿拉善。山丹有大佛寺，境内的明长城是国内保存最为完整的明代长城。

据《山丹县志》载：

> 山丹原名删丹，"以晓日出映，丹碧相间"得名。

山丹，秦时为月氏地，汉初属匈奴，后由骠骑将军霍去病收复，为张掖郡所辖。

秦汉之际，北方的匈奴强大起来，击败并赶走了月氏人，河西遂为匈奴右贤王的领地。黑河东、西分别由休屠王、浑邪王分领。

西汉时期，武帝元狩二年（前121年），骠骑将军霍去病进军河西，战败匈奴，浑邪、休屠二王率众归汉。

汉元鼎六年（前111年），取"张国臂掖，以通西域"之意，置张掖郡，山丹为张掖郡治。

元时期，置甘肃行省，山丹为省会。

意大利旅行家马可·波罗前往上都途中，曾在甘州停留一年，在《马可·波罗游记》中记述了张掖的富庶、城市的规模以及宗教寺庙的宏伟。

明时期，山丹为陕西行都司及甘肃镇的治所。

清时期，山丹为甘州府治所，甘肃提督统军驻地，节制凉州、肃州、西宁、宁夏四镇总兵。

简单地梳理就可以发现，山丹曾为河西中部最为重要的地理节点。

我们的目标非常明确，直指山丹军马场。

幸亏有手机百度地图，即便有地图，也随时陷入前路茫茫的境地。没有方向感，没有进路，也没有退路。我们迷茫在现实主义的山丹大地。好在，祁连山在，焉支山也在。两山就是坐标，就是方向。

四月的河西走廊衰草一片，不要奢望风吹草低见牛羊。去年的衰草还在车轮之下，今年的新绿还在大地深处。有一条路延伸在草原深处，但那条路并不给人以信心，一会儿百度地图提示路到了尽头，一会儿又提示有了新的链接。好几次，都想原路返回，好在是上午，太阳一直在车屁股后做追光。也就是说，我们有的是时间，还敢于在大草原深处折腾。要是在下午或者时近黄昏，估计我们并没有胆量去寻找心中的那片皇家马场。

由于是这样的时令，所以失望浓重，而惊喜艰难。

从史料上得知，山丹军马场具体所在地是祁连山冷龙岭北麓的大马营草原，地跨甘青两省、毗邻三市（州）六县，总面积300多万亩，是亚洲最大，世界第二大军马场。当苏联顿河马场解体后，它占据了世界第一的位置，所以说，山丹军马场值得梳理。最早的历史记载如下：

> 公元前121年，骠骑将军霍去病，将万骑，出陇西、过焉支山、汉阳（大马营）大草滩，直达祁连山西端。击败盘踞在焉支山、大马营草原的匈奴各部，败退的匈奴族凄然回首，发出千古悲歌："失我祁连山，使我六畜不蕃息；失我焉支山，使我妇女无颜色。"

北魏太武帝拓跋焘太延五年（439年），结束了河西"五凉纷争"，消灭了北燕、北凉、西凉政权，统一了北方。此时，扩充后的大马营草原，十数年养马高达200万匹，骆驼100万峰，牛羊无数。

隋炀帝大业五年（609年），炀帝杨广西巡张掖、御驾焉支山，会见突厥及西域27国王公使者，亲临大马营草滩，并下令在大马营草滩设牧监，牧养官马。

唐朝初年，太宗李世民命太仆张景顺主持牧马事业24年，唐代养马极盛时逾 7 万匹。

清嘉庆六年（1801 年），大马营草滩生马 1.8 万匹。清道光十八年（1838 年）达 2 万匹。至晚清时，时局动荡，马政衰微，大马营草原只有马数百匹。

1919 年，陆军部委任虞奎武为大马营马场场长，归陆军部军牧司管辖。后因战事频繁，马场几经沉浮，于 1929 年沦为军阀马步青、马步芳兄弟的私人牧场。直至 1940 年才复归国民党经营。

1949 年 9 月 21 日，中国人民解放军奉令接管山丹军马场。

1953 年，山丹军马场更名为中国人民解放军西北军区司令部第一军马场。后改为山丹军马场，归原总后勤部管辖，主要任务是为部队生产骑兵马。

导弹代替了马蹄的飞驰，军马这种古老的也是极为重要的军事战略物资，已不复存在，其意义也完全归位于历史。这是人类历史发展所决定的，个人的情感意志无法阻挡。想想两千多年前，自东汉起始，由霍去病将军发轫并号称世界第一大豢养军马的大牧场，如今只是衰草遍野，几只云雀低飞。说实话，我们的车跑了半个小时没有见到一匹马，跑了一个小时也没有见到一匹马，跑了两个小时终于见到了一匹马。

在见到了一匹马之后，我们终于在靠近马场总部的地方，见到了一群马。

当时气候突变，雪花飞扬，车窗外接近零度。大风撕扯着雪花，迷漫了前路。在雪花深处，一群不到百匹的马群，团聚在一起，沉着脖子，低着头，不吃草，也不走动，它们严重缺失了战马奔跑和嘶鸣的基因。它们像在等待屠戮，变成味道不错的风干马肉。人类可以将猪牛羊甚至骆驼想象成食物和美味，但不能将灵性飞扬的骏奇之物幻想成食谱。

这真是罪过。但在眼前，它们的神态确实只能与食谱相连。我不忍心多看，也没有下车，只从前挡风玻璃迷茫的风雪里，毫无情感地看着它们。它们，也不想看我。

当然，是我们来的季节不对。现今军马场在军改民之后成为一个国企，他们培养出来的"山丹马"是我国少有的挽乘兼用的优良品种，近几年来已向全国各地输送 10 万多匹，依然为我国的良马培养做出了重大贡献。目前的存栏量依然还有一万多匹。这里也是理想的塞上影视场地。

为了纪念霍去病，人们将窟窿峡里的一块巨石命名为"将军石"。

据说年仅 19 岁的骠骑将军霍去病率精骑五千，从陇西出发，经青海、越祁连、过扁都，攻占匈奴的单于城，并随即与匈奴浑邪王主力在焉支山大草原上展开激战。大获全胜后，在窟窿峡大宴三军。酒后他立于风景秀美的峡峰上，拔刀插于峰石，放眼沃野千里，感叹牧草无际，景色壮美，实为一天赐的养马宝地。上奏获准后便于此设堡屯兵，牧养战马。

霍去病英年早逝，逝世当日祁连山区大雨倾盆，雷光交加，山崩地裂，在窟窿峡峰上霍去病曾站立的地方，豁然耸立起一块与骠骑将军极其神似的大石。人们认为这是霍去病死后英灵不灭，矢志捍卫大漠疆土。

神话，是人类灵魂深处盘亘的难忘与相思。

当然，霍去病也值得如此隆重的纪念。

2018 的初春，我从柳园乘坐乌鲁木齐到兰州的高铁。

高铁要穿越祁连大山，从张掖到西宁。从今天闪电般的高铁来说，地理的概念已经被严重弱化，甚至祁连山这样巨大的地理界山，也在和平的大中华版图上不值一提，它的历史意义只限于历史。

其实，稍加对丝绸之路再次梳理，这条高铁之道串联了丝绸之路两个最为重要的地理板块，一个是河西走廊，一个是河湟谷地。这也是我一再梳理的两个重要的关于丝绸之路的地理名词。为了捍卫丝绸之路的畅通，大汉王朝费尽了思量，还投入了举国之力。意志如铁，霍去病的马蹄踏碎了祁连晓月。

祁连山脉有一个重要的关隘，叫达坂山。

在以马蹄为进的年代，翻越达坂山的难度可想而知。

行走川谷，那是唯一的正确选择。就在祁连山的深涧里，有北川河谷和浩门河谷，它们是战略补给地。特别是从八宝河上游穿越祁连山有一条通道，那就是著名的"大斗拔谷"。

大斗拔谷最窄处仅十余米，两侧是海拔达五千米的高山，穿行祁连山这样的通道，充满着未知的风险。在历史上，为这种风险付出最大代价的当属隋炀帝。这位短命皇帝多被渲染为荒淫之帝，但事实上并非如此。在隋炀帝对中央之国的"贡献"中，大运河广为人知，相比之下，隋朝对边缘地区的开拓，对河湟谷地与河西走廊的"收复"也功勋卓著。

利用政治、军事手段击败当时占据河湟谷地的吐谷浑之后，隋炀帝成为中国历史上唯一一个亲身巡视河西走廊与河湟谷地的帝王。而正是在这次西巡之中，大斗拔谷给中央之国的历史记录者们留下了深刻的印象。在那次人数规模达到数十万之巨的军事行动中，令人恐惧的暴风雪使得隋朝大军减员过半。

他们走的就是这条大斗拔谷。

在今天的张掖和西宁之间，一条G227国道穿越之地有一个著名的地理名词——扁都口。这个让隋炀帝损兵折将的大斗拔谷，就是这个扁都口，如今已是高铁穿越之地。打通并捍卫这条交通线，就串联起了两大地理板块，拼接起了河西走廊和河湟谷地，扩展起了一片数百万平方公里土地的生命版图。

所以，祁连山既是甘肃和青海两省重要的地理分界线，也是甘青两地各民族联系的纽带。因为祁连山，河西和河湟两个地理板块才有了内在的基因和序码，斩不断，理也不乱。

由此，丝绸之路的河西道和青海道，才花开并蒂，源远流长。

穿越在这条大峡谷和这座大山，我思念霍去病，也思念隋炀帝，还心痛匈奴。

时光不回溯，我的思念只是对历史的一种纪念。而眼前，在初秋的季节，我在钢铁的腹腔里，感受了钢铁的速度和穿山越岭的尖锐，也感受了这片祁连大牧场之华美。

高铁穿过的线路，就是当年霍去病率军击溃匈奴，收复祁连的线路。

霍去病在两千年的那头，我在两千年的这头。而链接两千年的物象依旧，那就是这片绝美的高山大牧场。心潮澎湃，我打开手机记录下一些碎片式思绪：

1月8日17时，动车过山丹军马场。

草原和大山，都落满了浅薄的雪。衰草黄，大地伤。雪色斑驳，大河禁流。

穿过山体，像穿过大地的身体和胸膛，母亲的子宫。不见马，马已放南山。

虽然，马统领了五千年冷兵器战场和一百年热兵器战场。

它还是一种图腾，一种奔跑、驰骋和英武的象征。

我看见积雪覆盖的马场，宽阔、自由、舒张、磅礴大气。

我看见了一种生命的张扬和力量与希望。哪怕此地无马。

山丹军马场，是一个品牌的发源地，也是一个图腾的加工场。

高铁穿过祁连山。

我看不见山。我在大山里边。我没有奔跑，但我被带着飞驰向前。

我成了祁连的一部分，祁连也成了我的一部分。

这是甘肃大地的脊梁，是河西走廊的屏障，是赤膊伟岸的大丈夫。

是甘青两地的分界线，是农耕和游牧的篱笆。

是铁蹄吐蕃的荆棘，是汉文化竖起的长矛。

血凝固在大山深处，灵魂飞扬在大山之上的蓝天。

爱和恨，随时光翻牌。

高铁碾过千年之前的天堑和积怨，带我进青海。

我突然感到车外的太阳，不在头顶，在我张掖之下。

虽然寒冬，它也温暖。一个新疆口吻的老妇人，夹杂着藏族人的语气，打电话谈论着列车早点晚点，还有到后怎么接车，语音拖得老长。

祁连在窗外。我在祁连身体之上。

衰草之下裸露出大山黝黑的泥土。它生长牧草，土豆、青稞、油菜和高粱。

还有高原草地所有的花朵。

假若我要占山为王，祁连可以成为首选。

既可以放牧，还可以种花；既可以战斗，还可以种粮。

我要组建我的部队，注入我的战斗密码，所向披靡，无往不胜。

还要圈地跑马，一夫多妻，组建家园，生儿育女，人间烟火。

他们种植太阳，收获阳光，夜枕月亮，梦怀月光。以鹰为图腾，以鸟语为歌唱。

在这里，胜者为王。

在这里，大爱无疆。

13
甘州、肃州：汉武大帝伸开的臂膀

甘州，今张掖；肃州，今酒泉。

甘州和肃州，一甘一肃，合为"甘肃"，它们共同构建了当今的"甘肃"。

甘州、肃州，是河西走廊上的地理重镇，也是丝绸之路上闪烁着光泽的两块瑰宝。

甘肃高度提炼和囊括了甘、肃二州的荣耀。关于甘州、肃州，关于张掖、酒泉，我在《千里河西大走廊》里做了深情的书写。在此，虽然不想对沉淀的情感再搬弄是非，让沉渣泛起，但这次对河西走廊、对敦煌浓墨重彩的书写，它们怎么都不能缺位。

对这片土地稍做梳理，就可以看出，张掖、酒泉在河西走廊的重量。

先说甘州。

西汉时期，武帝元狩二年，也就是公元前121年，骠骑将军霍去病进军河西，大败匈奴，浑邪、休屠二王率众归汉。汉元鼎六年，公元前111年，取"张国臂掖，以通西域"之意，置张掖郡。而之前这片水草丰茂之地被各少数民族轮番霸占，先有西戎，后有大月氏、匈奴，这之后还有吐蕃和回鹘。

张掖自古就是河西走廊的"粮仓"，素有"桑麻之地""鱼米之乡"的说法。盛产小麦、玉米、水稻、豆类、油料、瓜果、蔬菜。土特产有圆葱、苹果梨、乌江米、红枣、发菜。特别是在青藏高原柴达木盆地里战天斗地的石油人离不开它，一年四季的瓜果蔬菜都是由张掖供给。每年每家每户过冬的大白菜，更是令人记忆深刻。就从这点口腹之幸，也理当感激张掖。

更何况，张掖作为河西走廊的拳头重镇，书写它的理由岂是一棵白菜。就说人文和自然风景，有大佛寺、马蹄寺、雅丹自然公园、黑河湿地公园。当然，这些都不是我将叙说的重点，我想说的是，张掖在河西走廊的地缘价值。

匈奴帝国与汉帝国在开始金戈铁马之前，河西走廊是大月氏的地盘。

从地理位置上看，从天山南北到河西走廊的区域，都是匈奴右贤王经营的范围。

这条走廊也刚好在青藏高原、蒙古高原、黄土高原三大高原的怀抱里。还有蒙古高原边缘的阿尔泰山脉，青藏高原边缘的昆仑山脉、阿尔金山脉、祁连山脉、天山山脉横亘其间。巨大的山系屏障为绿色通道提供了庇佑，也为之登上地缘博弈的舞台提供了话语权。

张掖地处走廊中部，东望武威，西接酒泉，南枕祁连，北靠内蒙古，是古丝绸之路的重镇，亚欧大陆桥的要道，军事价值和经济价值相当凸显。前边被我深情诉说的越祁连翻达坂连通河西走廊和河湟谷地的要冲，就是张掖所辖之地。可以说，张掖扼守了中国西部最重要的两大地理板块。但是从生存的、自然的、地理的等诸多因素考量，匈奴人很乐意将目光投向东部，即黄河以南。因为游牧民族对绿洲的向往，那是用大刀长矛都无法阻隔的欲望。

本来可以彼此相安，无事。

但翻过乌鞘岭，从青藏高原一路奔腾的黄河水，滋养了黄河两岸的农耕文明，农耕文明的富庶令马背上的民族垂涎欲滴。宽容和博大的汉文化又让马背上的狼族产生了放纵欲望的遐想。汉文化这种文明很高级又很要命。再说，匈奴骑在马背上已经完成了对漠北广大土地的整合，建立了自己的匈奴帝国。卧榻之旁岂容他人安睡。

匈奴南望，蠢蠢欲动。

起心动念，这很要命。

欲望无法遏制。于是，南方汉室王朝与北方的少数民族之间的战斗，一直烽火未断。当霍去病等一代战神彻底驱逐了匈奴之后的岁月，河西走廊也依然挽着死结。

好在，大山无语，高原无语，大河大江无语，它们以"无语"的状态消解了一切挽歌，所以它们也见证了所有华诞。

最先渗透到西域和河西走廊的是欧洲的游牧民族，他们对绿洲的争夺令人眼睛贼亮。

在河西走廊上，有些关于水的地名几乎被忘却了，比如居延海。这个以海命名的湖泊，两千多年前，面积达数千平方公里，堪比现在中国的第一大湖——青海湖。对这个"海"的精心经营，发生在西夏。西夏人在居延泽畔建立了重要据点——黑水城。黑水城得名于"黑水",即我们现在所说的额济纳河,也称"弱水"。

20世纪初,在这座被沙漠所湮没的古城中,俄国探险家发掘出了无数珍贵的西夏文物。这些被俄国人带走的文物,在西方造成了极大的轰动,也第一次把这个消失的古国,呈现在西方人面前,并且让人对西夏的研究成为一项世界性的课题。当然对于中国人来说,却是那么的无奈,因为必须仰仗那些流失在海外的文物,才能更清晰地了解,那些曾经发生在这片土地上的历史。

毫无疑问,黑水城绿洲消失于环境的沙漠化。

包括这片土地上还有另一个绿洲——潴野泽绿洲,二者命运同出一辙。

潴野泽带来祁连山雪水,"石羊河"两岸农业开发过度,这个在2000多年前,曾经长100公里最宽处有50公里的湖泊,最终在20世纪完全干涸了。而"民勤县"这个建制,就来源于当地居民如何在与恶劣的自然环境中抗争,试图在沙漠中固沙植绿的勤勉之举。但民勤人的勤劳,依然无法挽救民勤葬身于沙海之中的命运。

人勤不如天勤,人算不如天算。

西汉,一个凸显"汉"字最狂野的时代,汉武大帝攥紧了拳头,并张开了臂膀,向西出击。游牧的匈奴臣服于霍去病等诸多战神降临的时代,彻彻底底臣服和皈依。为了加强对这条臂膀的经营,汉帝国设置了敦煌、酒泉、张掖、武威四郡,移民,屯兵,种植。这套对土地经营的手法,朝朝代代都在延续,都在复制。河西走廊上的兵屯,至今都基因繁多。细说起来,河西走廊上所有能叫得上的绿洲人口,大都是兵屯将士的后裔。

当然,最近的大规模兵屯,就发生在西北解放军对新疆的治理。

这是一种政权对一片土地经营最直接有效的方式。

当硝烟远去,兵转民,军队的基因就消解于土地,而人民便雨后春笋般长成固守边防的棵棵白杨。

从当今敦煌来说,很难有人是从前的土著人。

敦煌的土著,早随着呜咽的马蹄远去,消失在帕米尔高原以西了。

因为相近地缘,曾屡次到达过张掖大地。

拜谒过修建于西夏的大佛寺。那佛保存得相当完整,也很安详,跟河西走廊寺庙里所有的佛都差不多的一副安详面孔。将佛脸谱化、具象化,至今还遭遇别的宗教的诟病。当有些宗教高喊什么无处不在的时候,佛就显得理屈词穷。自佛教从喜马拉雅山南麓翻过帕米尔高原东来,立即被这片土地接纳,并深度融合,转化为纯粹的东方宗教。从这一点看来,这片土地上的人更亲近佛。

佛也很多次趁机溜进了后宫,居庙堂之高。

"南朝四百八十寺,多少楼台烟雨中。"说的就是这个。

但佛讲究的是内化。她是包容的,也是宽阔的,甚至,她包罗万象并纳万象于无形,这也正好契合汉民族的儒家史观或哲学精义。必须匹配,才能貌似神合,可以说,这是佛教东归的原因。当佛教这种庞大的哲学体系渗透到政权和人文的深处,一步一禅,步步生莲,便是千里河西大走廊上的独特风景。

佛花盛开,代表一个时代的安详。

我参加工作出的第一个公差就是从敦煌到张掖。所以,张掖是我的河西情怀。

记得是去张掖河西印刷厂校印一本书,喝醉了很多个夜晚。当然,还去了马蹄寺。

那时候的马蹄寺不收门票,有些破烂,只记得满山崖的洞窟像蜂巢一般累叠。蜂巢里住满了野鸽子,野鸽子的翅膀遮蔽了天空,天空里飘满了羽毛,还有鸽子粪。不在乎走不走霉运,挨上鸽子屎太容易了。也很奇怪,去了马蹄寺后来的很多个夜梦,我都在那重重叠叠的洞窟里攀援,而怎么也攀援不完。我甚至怀疑,我曾经是马蹄寺里某个洞窟的小沙弥。

马蹄寺在张掖肃南裕固族自治县。

裕固族曾是游牧民族，他们住歇在祁连山深处的高山牧场里。

他们善歌舞也善喝酒。在那白色的蒙古包里，喝醉是太常见的事。后来，张艺谋这个中国自然风光的发现者，在张掖发现了震惊世界的丹霞地貌。他在这个令世界惊奇的丹霞地貌里，拍摄了一部恶臭至极的电影《三枪拍案惊奇》。这部电影一定是张艺谋艺术生涯的大辱，他自己也这样认为。但，人们还是惊讶一个电影导演对祖国山河自然风光的发掘力。

哦，他原本是徐霞客一样的地理学家。

这才是他真正的身份。

对，自从汉武大帝用力张开手臂，拓展开丝绸之路之后，地球的中纬度便成了一条人类文明的金腰带。虽然丝绸之路的钥匙总是在不停地转换，关关停停并不畅通，但东西方文明的交流和碰撞，在这条大道上并未完全落幕。

直到15世纪。

直到一个新的时代到来。

陆上丝绸之路，从沙漠之舟变成了海洋之舟。

这事还得从人类历史上一个大事件说起，那便是欧洲文艺复兴运动。

欧洲14世纪到16世纪的文艺复兴，起源是意大利的人文主义作家和学者首先发现了中世纪"黑暗时代"的衰败，及时指出文艺需要向希腊、罗马古典时期曾经的繁荣和高度致敬。虽然从文艺发端，但这次运动远远超越了文艺的范畴。文艺复兴运动深刻地推进了科学和艺术的飞跃发展，推进了以科学为核心的资本主义时代阔步前进。

人性的解放与宗教神话开始互斗，鱼死网破，资本主义时代急促而来。

科学和神学的对立，首先要记住伽利略。他是现代科学之父，是意大利的数学家、物理学家、天文学家。他遵循自然规律和科学实验，反对神学院的神秘思辨，也就是反对胡扯和意淫。所以，最后我们都知道这个伟大的科学家，最终被罗马宗教判处终身监禁。晚年双目失明，凄惨致死。还有那个时代的哥白尼，命运也大抵如此。

科学与神学严重对立的时候，文艺运动对神学的反抗达到了登峰造极。

所以，我们有理由记住文艺复兴的三大先驱：但丁、达·芬奇和莎士比亚。

但丁被誉为中世纪的最后一位诗人，同时他又是新时代的第一位诗人。他所创作的长诗《神曲》明确表达了自己的厌恶和立场。

达·芬奇把艺术创作和科学探索结合起来，创作了许多完美生动的人物形象，充分体现了人文主义精神，代表作有全世界人民都不陌生的《最后的晚餐》《蒙娜丽莎》等。

莎士比亚是文艺复兴时期的一位文学巨匠，一生创作了三十多部剧本和许多脍炙人口的诗篇。这些作品深刻的批判了封建道德伦理观念和社会陋习，集中体现了人文主义精神，代表作有悲剧《哈姆雷特》《罗密欧与朱丽叶》等。

神学对人性和自由的戕害和限制，是这次文艺复兴运动的起因。但是，随着文艺复兴对欧洲大地的剧烈震撼，更是引发了一个新的时代——大航海时代的到来。也就是说，海洋文明自此诞生。那么，贯通东西方文明的陆上通道怎么办？那条飘逸在地球中纬度的彩色丝绸之路又怎么办？罪魁祸首者是奥斯曼土耳其帝国，是他扼杀了陆上丝绸之路的畅通，坐收暴利，腰斩了东西方的经济大通道。

因为15世纪前，从西方通往东方的商路主要有三条。

陆路：即传统的"丝绸之路"，从君士坦丁堡登陆，经小亚细亚、黑海和里海南岸至中亚，再翻越帕米尔高原到中国。

海路：一条是从叙利亚和地中海东岸再经两河流域到波斯湾。另一条是从埃及经红海至亚丁湾，再换船到印度和中国。

这几条商路本来需经过意大利、阿拉伯、拜占庭和波斯等地的商人多次转手，才能将货物运抵西欧。奥斯曼土耳其帝国兴起，先后占领小亚细亚和巴尔干半岛，控制传统商路，对过往商品征收重税。于是，西欧的商人、贵族，迫切希望另辟一条绕过地中海东岸直达中国和印度的新航路。于是，科学技术的提高和地理知识的进步，使远洋航行成为可能，这也促使了对地球新大陆的发掘。

人类换来了一个新时代，即资本主义的文明被大航海时代扩散到全球。最典型的是美国的出现，他至今依然代表着海洋文明的最高智慧。

中华民族以陆路为生存空间和对"西天"世界无比向往的内在情结，在陆上丝绸之路被关闭之后，一时陷入了迷茫。可以说，至今都还不适应。像有一双无形的手死死卡住了中华民族的喉咙，怎么都不顺畅。

丝绸之路，想避也避不开，想绕也绕不过。

如今再次提出"一带一路"倡议，可以说这是"龙族"的智慧的觉醒。虽然阻碍重重，但必须意志如铁。把握住一个新时代，目光必须如炬，既能穿透历史也能联通现实。

所以说，这个世界所有的大事件从来都不是孤立的。

太平洋彼岸一对蝴蝶的翅膀，能煽动起太平洋此岸的一次风暴。

人类的命运，是一个共同体。

说到酒泉，当然它不仅仅是河西四郡之一。

酒泉因"城下有泉""其水若酒"而得名。

酒泉是敦煌艺术的故乡、现代航天的摇篮、新中国石油工业和核工业的发祥地。

酒泉还是国家风电基地、光电基地、新能源装备制造业生产基地、全国重要的石油化工基地、矿产品采选冶炼基地、商品粮棉基地、瓜果蔬菜基地。

按照现代治理结构层级，敦煌就是酒泉的属地。

酒泉这个地区级城市，管辖着酒泉市、玉门市、金塔县、安西县、敦煌市、肃北蒙古族自治县及阿克塞哈萨克族自治县7个县(市)。其疆域非常辽阔，位于甘肃省西北部河西走廊西端的阿尔金山、祁连山与马鬃山之间，北部很少一部分与蒙古国接壤外，大部分与内蒙古阿拉善盟相邻，西接新疆，南接青海省海西蒙古族藏族自治州和海北藏族自治州，东邻张掖，总面积19.2万平方公里，占甘肃省面积的42%。

这是甘肃省名副其实的大块头。

拍去历史档案的封尘，便可清晰地发现，酒泉自旧石器时代就有先民生活的痕迹。距今四五千年前，酒泉先民便向人类文明时代迈进。

夏代，主要是氐、羌，以农业和畜牧业为主。

西周时期，周人、羌人、氐人错杂分布，周文化开始传播、交流和发展。

春秋时期，以部落为社会基本组织单位，多个部落组成部落联盟。

战国时期，月氏、乌孙、匈奴等民族相互角逐，繁衍生存。

先秦时，称西戎地、西羌地、匈奴右地及西部、西方、河西三危地等。

秦人对甘肃境内的羌人发动了征服性战争，大量的羌戎人被驱逐出甘肃，融入华夏民族之中，或向其他地方迁徙流动，或仍留在本地从事农业和畜牧业生产，逐渐与其他民族相融合，成为酒泉的土著民族。

秦代，统治力量并没有到达河西走廊。类同前边说到的武威、张掖一样，直到汉武帝收复河西，设置四郡两关，河西走廊才纳入中央帝国的羽翼之下。但随之丝绸之路出现了淤堵，史称："三绝三通"。"三绝三通"是指东汉政府三次从西域撤退又三次统一西域的曲折经历。当然我们知道西域自两千多年前就是大汉帝国的疆土。但是汉王朝对西域的管控力总是力不从心，加之西域少数民族的叛乱抗拒，自立政权，以及外国势力的介入，致使这片西域大地总是在风雨飘摇之中。直到左宗棠以铁的手腕扫平这片土地的障碍，重新将这片土地纳入怀中，所以为"新疆"。

绝而不通，使用长矛。

通而不绝，使用丝绸。

作为中央政权，没有哪个朝代会对这片土地放任自流。

对酒泉的解读，是对甘肃的解读，因为敦煌在酒泉。

对酒泉的解读，是对中华文化的解读，因为敦煌在酒泉。

对酒泉的解读，是对世界东西方文明的解读，因为敦煌在酒泉。

所有对酒泉的指认，其实就是对敦煌的指认。

所有对丝绸之路的指认，其实就是对敦煌的指认。

所以，敦煌是酒泉的，是河西走廊的，也是甘肃大地的；是地域的，也是精神和文化的；是中华文明的，也是世界人类文明的。

因为敦煌，是世界的，也是人类的。

当从酒泉出发再西去400公里到达敦煌，历史和艺术，人类和世界都在那里不令而聚了。我无须再对一城一池做细枝末叶的梳理，或者对一叶一木做精巧的工笔勾勒。因为，人类就在我们的眼前，世界就在我们的眼前。

——唯敦煌为大。

——唯敦煌为盛。

大敦煌，20世纪80年代，当这个名词从甘肃诗人叶舟口中喊出那一刻起，敦煌便有了雄壮的体魄和惊世的容颜。大敦煌，为真正懂它的人颁发身份证，并留宿夜宵。

敦煌——

诸神汇聚，万佛祥集。

叁 敦煌之山路：道貌也岸然

敦煌的龙脉是两座山
一条黄龙，鸣沙山；一条黑龙，三危山
鸣沙山的核心是佛，佛在宕泉河的崖壁上繁花盛开
三危山本质是道
老子骑牛西来最后的道场，就在高高的三危之巅
三危既道貌，三危也岸然
选择对三危关于道的本质解读
是对传统文化的回归指向
从这条山路，我走向敦煌

14
三危问道：关于一座山的根魂追溯

突然在大漠深处看见了三危山。

冬日的午后，太阳当空，虽也明亮，但不再温暖。谁也不要指望冬天的太阳有多温暖。西北风正凛冽，掠过脸颊像锋利的小刀片划过，鼻尖立马通红，像马戏团的小丑，眼睛也酸涩起来。擦了一下眼角，竟然抹下一滴眼泪，是半透明的一块宝石。

三危，是我心里时时横亘着的一条巨影。

三危，三峰危峙，故名三危。

三危位于敦煌市东南25公里处，绵延60公里，逶迤在敦煌和安西（瓜州）之间。

三危主峰在莫高窟对面，一个心怀道胎，一个身披佛袍。一山一窟对视着、打量着、猜想着，亿万年来，它们秉性相异，各怀心思，但又两小无猜，情趣相投。它们绝配。

史书记载，"三危"是敦煌最早的名字。

这个敦者大也、煌者盛也的地方，曾以一座山为名。

《尚书·舜典》载:"窜三苗于三危。"这是最早的敦煌居民,苗人。

《山海经·第六·海外南经》记载:"三苗之国,左洞庭而右彭蠡。今之江州、鄂州、岳州之地是也。"

《史记》五帝篇中也有记载:"三苗在江淮、荆州数为乱,于是舜归言于帝,迁三苗于三危,以变西戎。"后有了一系列美丽的神话传说,还是说的苗人。

还有神话传说:汉魏学者多言三苗是以蚩尤为君的九黎部落后裔。尧曾与三苗战于丹水一带,并将其部分人放逐于三危。禹征伐三苗,大败苗师,三苗从此消失于历史记载中。

这些证据都指向两个关键词:苗;三危。

有史可考。也就是说,敦煌自古就是流放之地,拿现在的话说,是移民之城。再说明白点,就是一个没有围墙的大监狱。西北很多城市,在交通以人脚和马蹄为主的时代,基本都是活监狱。比如甘肃的夹边沟,青海的德令哈农场、马海农场等,都是如此。

连苍鹰都飞不出去,谁也别心怀自由的梦想。

所以历朝历代,敦煌都是移民之地。这一点,《在敦煌》早有详尽叙述。

最近的规模化移民,在 20 世纪五六十年代。那时兰新铁路正在一段一段艰难推进。有些移民心恋故土,爬上火车逃跑回去了。不,是回归了。留下来的,要么是顺民,要么是心怀梦想的理想主义者。

因为,敦煌的日新月异,在他们的眼前得以实现。他们,是敦煌新人。

不过,面对一座大山,人是微不足道的。随便一块石头,一粒沙,都比人类悠久。

从七里镇到三危,得穿敦煌城而过。

一路上没有几辆车,城里也一下空旷起来。要是在夏季,这个旅游小城就会很膨胀,暴发户一般,车水马龙,浩浩荡荡的样子。只有冬天,这个被寒风主宰的季节，它才消停下来。像台上的舞女，跳腾累了，趁机蹲下身子，揉揉脚踝。

空旷的敦煌小城，粉黛斑驳，像一个落寞的妇人。

汽车过了白马塔大桥，至祥云广场十字路口右拐，就上了去月牙泉的敦月大道。

大道左边是画家村，高山先生在那里安营扎寨，用一支画笔彩绘自己的艺术人生。还有雕塑大师杜永卫，他雕塑的世界更是形象万千。不用再赘述，他们在《在敦煌》里，各自传神。

他们，是构成当代敦煌艺术最隆重的部分。

大道右边是敦煌的文化堂馆。博物馆、文化馆、图书馆，都很有艺术面相，被高大的柳树、杨树、枣树和梨树的阴影半掩半掖。特别是图书馆，成了当地意味深长的书香处所，每天都有一千多人出入，周末更是高达两三千人。这对于一个经济并不发达的十多万人的小城来说，难能可贵。方建荣在图书馆任职，我们常在图书馆一楼的书吧里，三五人或者几十人，分享我们自己所谓的诗情画意。

奔向月牙泉的大道，被两排松树夹持。

松树是南方树种，在北方可能水土不服，生活艰辛，冬天不死，夏天不活的样子，似乎一直在生着一场大病。但不管怎么说，这也是北方冬天里唯一还枝叶健全的风景，其他诸如那些惯常所见的杨树啊，槐树啊，柳树啊，早已繁华落尽，在北方冬天的天空里，硬撑着钢筋铁爪，将生命蜷缩进脚下的土地，和一些昆虫冬眠。

是的，不能过多地对这些松树说三道四，它们不衰不败，顶风问寒，已是不易。

像极了在这沙漠里人类。因此，对沙漠里所有灵魂的叩问，都不能太过分。

三危山是敦煌的制高点。

三危山的高度就是敦煌的高度。

一直对三危心存敬畏。很多次，我盘腿坐在三危山顶老君堂前，以老子的宏阔和高度，俯视敦煌大漠，便浮想联翩；或者，坐在另一主峰乐僔堂前，以乐僔和尚发现者的视角，垂视莫高长窟，便激动不已。我在想，假若没有三危，敦煌是否还会存在。

我在车窗里远远地注视着它。

冬日里，敦煌会滋生迷雾一般的浮尘，将山河、将城市、将村庄和那树木、羊群，抑或行人，都统统收藏进黄尘的迷雾里。这种浮尘泛滥的迷雾，将人的视觉和感觉都打成了乱码，误以为缥缈，或诗情画意。

比如斯时的三危，若隐若现，颇有几分江南水墨画般的温婉和缠绵。但，这不是雾霭，而是黄尘，要是有雾霭，那倒是沙漠里的奇迹。沙漠里一般都不诞生这样的奇迹，因为雾霭是水汽的升华所致，而沙漠里稀有的或缺失的就是这一元素。黄尘，是这片沙海的主宰，它是沙漠的主人，也是沙漠的灵魂。

沙漠从来不会对黄尘不忠不敬，说三道四。

一辆大客车呼啸而过，又一辆大客车紧随呼啸而过。

敦煌在冬天这个季节出奇的安静，已经回归到本真，游客稀少，去莫高窟的高速上几乎没有一辆车。没有看清大客车里有没有人影，这不是我关心的事情。我只关心眼前。眼前的近景是一个很有状态的摄影人，中景是浩荡的沙漠，和沙漠里泛滥飞腾的黄沙，远景是那三危。

这是零下近二十度的气温，这个温度多少让人胆寒。你假如表示与寒冷共存，立即，那风的刀片就会割破棉衣，划破肌肉，进了骨头，在骨髓里流淌。

去三危的高速路上，突然发现一个有趣的地理现象：

高速路像一枚从大唐而来的箭镞，呼啸向前。

前方是宕泉河，莫高窟的母亲河。河床里铺排着白色的冰凌，零零散散，不成章法，反射着太阳冷漠的光。也许就在昨天，它还是水的状态。而今天，它就凝固了自己的姿态。

这种改变并不神奇。神奇的是我看见莫高窟这条母亲河，是一条乳腺，更像一条国界线，分割出左右两岸。岸左，是黝黑的苍茫三危；岸右，是金黄柔软的莫高山崖。一左一右，一黑一黄，宛若两条长龙，一条黑龙，一条黄龙，圈裹住了敦煌。

敦煌既人杰地灵，也物华天宝，这样的风水宝地，龙相呈瑞是必须的。

两条龙，拱卫着敦煌。

我还在想，宕泉河就是两条龙的龙口，何人何物都压镇不了双龙之口，按照风水来说，选如此脉象坐宅，几乎是自找毁灭。

唯有莫高窟。

洞藏千佛，千佛之光，千佛之威，佛相庄严，才让这双龙之口，安详呈瑞。

自公元366年乐僔开凿第一个洞窟至今（2018年）已1653个年头。这里没有地震天灾的祸害，虽人祸连绵，战火不绝，但佛佑莫高，没有到惨绝人寰的地步。虽然屡遭掳掠，但骨骼健全，主体尚在。

最重要的是，魂魄依在。

关于鸣沙山和三危山双龙的身份见证，我结构成了一篇小说，小说的名字叫《关于一棵紫薇树的非正常死亡》。这个万字短篇里我大胆地将"龙"这一要素在敦煌大地做了演绎。有些东西很奇怪，一旦当你对他构成认知，你便放不下，欲罢不能。

对三危这座山就是如此。

这次没有打算去莫高窟。

莫高窟在《在敦煌》已经是叙事主体，这次，我故意让它沦为客体。

我的目光随着车头转向。车轮飞驰而过一段石子路，过了安检，折头就是垂挂而下的一条天堑。车在沟槽里喘着粗气，两边的岩石是黝黑的表情，龇牙咧嘴，一副饿馋相。我曾多次描述过三危山，它是一座将筋骨裸露在外表的雄性的山。骨骼是骨骼，肌肉也是骨骼。北方很多大山都这副模样，冷峻，刚硬，不善言辞、不露痕迹，不近人情，似乎又柔情深藏。

我一直想给三危山授之以牌，歌之以诗。

正如海子所言：我要给每一座山每一条河，取一个温暖的名字。

我对三危打量已久。它的面相，品行和道德，一直在我的脑海里燃烧，不曾片刻熄灭其火焰。我想，这座大山已经装在我的怀里了，我舍不了它。它成了我每天直面的一道巨影。比如说，三危山宛如一条黑龙，这就是我的首创，这也属于我的版权。

在不久之前，跟随一个朋友进三危，逐三危主峰之一的乐僔堂而去。

弃车于沟，朝高高山顶的一座孤庙攀援前行。过了水沟，爬上一百多米的缓坡，气息就喘了起来。百米之上是一个平台。平台上耸立着三座高大的灵塔，还有三座垮塌在岁月里了，但也分明有塔的模样。也许时日太久，塔身被岁月的风雕刻得斑驳，不可辨认年代，也分辨不清身份，也许它来自东晋，也许它来自大唐。时间已经并不重要。重要的是，它里边住歇着莫高窟高洁的灵魂。这些灵魂，曾是莫高窟熠熠生辉的精神领袖，是莫高窟的精髓，是莫高窟的支柱。因为他们，莫高窟才所以为莫高窟。

虽然心脏乏力，喘息加剧，但我还是礼貌地朝每一个灵塔合手为揖，喃喃六字：

南无阿弥陀佛

灵塔右侧有一条由顶而下的水沟。

水沟里当然没有水，也许曾经是有的，不然就不能称之为水沟。

溯沟而上，路几乎是九十度的垂挂。攀爬到垂挂的起点，就是鼎鼎大名的"乐僔堂"。众所周知，莫高窟的开创者就是他。也传说，他在三危山这个制高点，落霞蔚染了整个天空时，突然发现对岸千佛显灵，佛光万千。惊诧之余，蓦然茅塞顿开，于是笃定心念，扛起锄头，在宕泉河的右岸掘壁为洞，犹如蝴蝶扇动翅膀一般引起海啸，他开启了千年佛光的神秘魔盒，直到大河之岸，洞窟宛若繁花盛开。

多说说乐僔，真是应该的。

记住这个人，更是应该的。

站在乐僔堂，俯视莫高窟。莫高窟在我眼前正是火热夏季，一湾杨树浓重的绿，紧密地包裹了莫高窟那蜂巢一般的洞门。莫高窟的崖顶出乎我的预料。曾多少次我都认为，莫高窟的崖顶是漫漫流沙堆积的仿佛鸣沙山一般的流沙形状。其实不。它的顶端是偌大的一块被砾石覆盖的平整石板，要是可以，既可以赛车，还可以跑马，甚至也可以降落一群直升机。

我将自己的稀奇说给朋友。

朋友说，这肯定是后来人为保护所成，至于之前，也许正是流沙飞泻的模样。

当然得感谢盛世太平，人类才能腾出手，将它当宝贝一样倍加呵护。

打开一瓶无糖可乐，灌进肠胃，浑身的细胞争先恐后鲜活过来。

突然感觉后背有刺，回过头。

回过头就看见了乐僔坐在我身后。

这一眼对望，仿若完成了千年的交接，将我所有的思绪击打得粉碎。

因为我看见的不是乐僔，而是袈裟簇新的现代和尚，满脸油腻地看着我，还似乎看着我身后的莫高窟。我对乐僔和尚曾多次幻象，他应该是穿着一件百衲衣，一根被手掌磨蹭得油光闪闪的禅杖，一双破败的禅鞋，可能还露出了饱经风霜的脚趾头。特别是，他的脸应该是清瘦得不成人形，满面尘灰，苦行僧状，但嘴唇薄韧，目光坚毅，充满殉道者的气象。这才是合体的乐僔。我没有想到庙门里的乐僔，体态如此雍容华丽，而精神如此浅薄。

我赶紧收回目光，目光落在乐僔堂门洞两侧的对联上——

危峰千古在守灵岩宝藏千佛成就无量功德

这对联，倒是匹配的。

后来听说，这乐僔堂也是敦煌一商人为景而景的呈现。他也许一番苦心，但没有文化的苦心只能大煞风景，风景在他们手上成了败笔。后来再想，也许，这个时代确实不需要殉道者的精神了。我的忧思，总是与繁华的现实格格不入。

这次，乐僔堂也不是我注解的主题。

15
老君堂：老子的两千年道场

我的主题在老君堂。

但是，半道上还是绕不开横亘在路中央的一尊高达36.6米的镀金释迦牟尼像。以这个高度，我没法撇开我的目光。何况佛祖正慈眉善目地垂视着茫茫苍生，还有眼前的我。

车刚一停下，一个中年男人从左手边的"南山寺"快步而出。他面相疲惫，满面尘灰，头发凌乱，言语倒还和善，脸上表现出几分与泥土很协调的笑容。

他问：是烧香还是拜佛？

我不想搭理他，只是喏喏：随便转转。

我立马捕捉到他脸上的九分失望，还有一分愤懑。

我直面佛像，用手机为佛像存念时，他立马进行讲解。他很懂得抢抓商机，说：这尊佛像建成已经20多年了，高36.6米，因为莫高窟开凿始于公元366年。还有呢，这佛像是金身，光使用金箔就花费了140多万元呢。

我说：我来过很多次了，你不用讲解了。

他弯腰看看车牌，知道是七里镇人，这才换了一种表情，待见于我，说：你们是七里镇的？

我点点头，说：听口音你不是本地人，来自哪里，皈依了吗？

他说：我家也在七里镇，在武威庙村，是移民过来的，都三十多年了。

我说：你比我还敦煌。你原先在武威哪里？

他说：在古浪。就是去兰州要翻越的最高山峰乌鞘岭那里，家就在乌鞘岭最顶端。

他竖起一根手指，往天空上戳，似乎能戳住他曾经的家。他说：没水，没法活，投亲靠友，来敦煌了。

我说：你是居士？

他说：不是。姐姐是，姐姐在这寺里四年了，和姐夫两个人。姐夫回去了，我来陪陪她。

我说：哦。我是来找老子的，记得你们寺里边，有老子的介绍，我进寺里去看看。

有了交流，他似乎爽快了一些，指引我们进庙。庙叫"南山寺"，与大佛像正对一条中轴线。寺外一堵朱红色的围墙，墙上有硕大的黄色的隶书大字：

梵界净土

南山宝寺

这时，这个中年男人的姐姐现身了，拢着团花图案的短袄，头上罩着一条蓝色毛巾，快人快语也善言善语，赶紧招呼，叫我们进去。得，一进去就看见释迦牟尼佛正襟危坐,满脸庄严。磕头是必要的,燃香也是必要的,更重要的是,我误将几十块零钱塞进了功德箱。当我点燃香后,老人依然善言善语提醒道:放点香火钱。

我说:零钱全都放进箱子里,不一样吗?

中年男人赶紧补充道:香火钱是香火钱,我们收的,放进功德箱就跟我们无关,是公司老板的。我们打不开,你看两把锁,得两把钥匙打开。

我恍然大悟,赶紧对后到的侠女说:香火钱别放进功德箱啊。

我看见那姐弟,不好意思地笑开了。那笑,也似乎坦荡。

以前我真不拜佛,也不烧香。我自认为我自己能主宰自己的命运。但现在,不了,也许时间这把杀猪刀真能改变很多坚硬如铁的东西。比如思想,比如认真。还比如自己的头发、皱纹、腰身和骨头。在时间面前,人没有一棵树有韧性,也没有一颗石子那么顽强。人的脆弱,不堪一击。在时间里,我们都是过往的尘灰。

老人招呼我们进她的屋子,那份真诚和热情无法拒绝。

寺庙旁侧一个侧院,院子很小。一个尺子拐,正面是两间房屋,侧边是一间。我们进了最大的一间房,刚一掀门帘,一股很温暖的气流夹杂着一股食物的馊气扑面而来。我稳了稳嗅觉,迟疑了片刻,才抬腿进去。屋子里一只炉子正红亮亮地闪烁着煤炭被燃烧后的热能。一张三斗桌,桌面上一块菜板,菜板上有新切的红萝卜丁和青椒丁,估计正准备做一顿面条的杂酱。桌子上还立放着一台不到二十寸的液晶电视,用镶有花边的纱布罩着。一张低矮的小餐桌,上面挤满瓶瓶罐罐,油盐酱醋。

我们的交谈一直很温暖。

得知她姓俞。她的口音重,问了几次,她说出一个政治局领导的名字。我哦了一声。她说皈依佛门三十多年,不识字,却背得《大悲咒》《波罗蜜多心经》《弥陀经》《净土文》等经书。问她不识字是如何念诵的。她说听师傅朗诵,照着学,天长日久也就会了。我叫她背诵一下《心经》,这经我是唯一熟悉的。她双手合十，口吐莲花，背得滚瓜烂熟。

俞居士说：每天要背诵一遍经，这是功课，还有三万句"南无阿弥陀佛"。

她十分有成就感，面相慈祥，安静，笑容如花，这些都是佛滋养出来的。问她年纪，她自豪地说，都七十有一了。再问家人，她说孩子四个，一男三女，都在敦煌城做生意，大的孙子都十八岁了，满是心无挂碍的闲散和满足。

我说：你在这里一个人，待得住吗？

俞居士说：待得住，老伴待不住，下山去了。

我说：庄稼还种吗？

俞居士说：早就不种庄稼了。之前种棉花，现在棉花也不种了，没收入。

我说：土地呢，没流转出去租给别人种吗？

俞居士说：谁种啊？谁都没种呢，谁都不种了。

我说：撂荒了。

俞居士说：撂荒了。

我的心被深深地刺痛了。天地开洪荒以来，大地给人类呈现的就是粮食、瓜果和蔬菜。这些粮食、瓜果和蔬菜，是人类生存繁衍必需的生活元素。而且，作为农民，他们代代以来把土地视为命根子，宁愿断子绝孙也不愿丧失对土地的拥有。多少王朝刀枪剑戟血雨腥风，最主要的就是争土地夺地盘。可是现在，农民们对土地的表情是如此轻描淡写和不以为然，甚至不屑一顾。我知道他们这种对基因的改变不仅仅是城市化、商业化的诱惑，让他们做出彻底改变的是多种因素。也许最重要的一条是，播下的是种子，收获的是失望。

作为俞居士这样逐水而生的移民来说，他们对土地对耕种的感情应该高过对《心经》的依赖。然而，他们还是决绝而愉快地对土地做出了舍弃。

俞居士的弟弟在身后补充了一句，说，他们两个人都有工资，一人一个月一千五百元，两个人三千元，加上香火钱，还不比种田地强多了啊。

我没有回应他。这不是一个多么复杂的计算和对比。我想这是一个隐喻，我不能再解释什么。再解释就多余了。因为我们每个人的生命都只是区区几十年，谁能预见未来呢。也许，未来的生命体真不需要粮食和蔬菜，只要充电就足够了。

我走出小院，回到正院，寻找关于老子的解释。

我要找寻老子。

很多人都确信，老子骑着青牛一路西来，最后到了三危山，并在此坐化成仙。

我们都知道，老子过函谷关，被关令尹喜挡着道。

先看看这个尹喜。这个周朝的天水人也非常人，有这样记载：

  关令尹喜者，周大夫也。善内学星宿，服精华，隐德仁行，时人莫知。

  老子西游，先见紫气东来，知真人当过，后回物色而迹之，果得老子。

  老子亦知其奇，为著书。

也就是说，学富五车的老子都知道饱读经书的尹喜。

尹喜官拜周朝大夫，看不惯王朝衰败，别官而去，做了函谷关的小关令。

他为何独独要做一个小关令呢，因为他望紫气东来，掐指一算必有大人物过关，于是他在这里邂逅老子。这是有预谋的一次历史性的惊鸿一遇。

可以说，尹喜挡道，为中华文明堵住了一座道德高山，截住了一条思想的巨河。两人惺惺相惜，坐在长满青草的山坡上歌以咏志，而面对朝廷衰败又报国无门，满腹才华，也只能是满腹牢骚。哀怨之处，尹喜说，老师您干脆将你想要说的话写下来吧，我给你存着，留给后人。老子想想，也是，写就写吧。于是狼毫小楷，上下两章，五千字，掷笔于地，大笑几声，望西而去，再无所终。

对尹喜的功劳，历史上有如下两句为证：

  华章九篇入《百子》

  经文五千颂《道德》

这就足够了。尹喜功莫大焉,老子很伟大,老子的伟大之所在,更在于尹喜的智慧。要不是老子,中国的孔子拜师将无门,中国的庄子学之将无师,中国的哲学还要失传于蒙昧的历史长河。也有人说,自老子的《道德经》始,中国才跻身世界思想的高峰。

似乎怎么歌颂老子都不为过。

老子配。

关于老子,生是传奇,死也是传奇。

据说,老子是彭祖的后裔,在商朝阳甲年,公神化气,老子寄胎于玄妙王之女理氏腹中,胎孕八十一年才出生。一生下这孩子就白眉白发白胡子。因此,他母亲给取名叫"老子",意思是一生下来就老了。是啊,都八十一岁了,怎么会不老呢。现在人的寿命能匹敌他在娘胎里待的时间就很不容易了。

其实他的父亲彭祖,也是一个神话人物。据说是上古五帝中颛顼的玄孙。他经历了尧舜、夏商,到殷商末纣王时,已七百六十七岁,相传他活了八百多岁,是世上最懂养生之道、活得最长的人。对,他就是最早的养生专家,其在世之久,令他之后的人类望其项背,鞭长莫及。

关于老子的死,有人说也是坐化升仙。

这很符合老子的思想,也符合现代科学对生命的解释,人都是一股气,来时聚,去时散。我们看不见这股气,但可以看见火葬场的高烟囱上的那股袅袅青烟,那股青烟是否就是所谓的"气"呢。也许是。

有这样一段传说,因为实在太久远,太玄幻,所以缥缈,只能归为传说。

传说是这样的:

这个姓李名聃的老子很长寿,101岁仙逝。加上娘胎里的81岁,就有182岁。死了,邻里皆来吊唁。老人哭之,如哭其子;少者哭之,如哭其母。念老子顺民之性、随民之情、与世无争、宽容待人的大德大恩,都悲伤得不成人形。念他的好,念他的恩德,悲戚戚,不忍失去。这时老聃的好朋友秦佚来了,这厮居然不跪不拜,拱手致意,哭号三声即止。转身欲去时,人们带着情绪拦住了他。

问：你是老子好友吗？

秦佚说：当然。

邻人说：你既为老子好友，怎么如此薄情少礼？

秦佚却说：有何不可？

邻人愤怒，大声责问道：你其理何在？

秦佚笑着说：老聃早有言在先，生亦不喜，死亦不悲，你们听说过吗？

众人无言。

秦佚又道：还有，老聃出生时，是由无至有，聚气而成，顺时而来，合自然之理，这值得高兴吗？

众人面面相觑。

又道：今日老聃去了，由有归无，散气而灭，顺时而去，也符合自然之理，值得悲伤吗？

众人一时无语沉默。

秦佚最后说：生而喜者，是以为不当喜而喜也；死而悲者，是以为不当悲而悲也。这是背自然违天理，不符合道的。既然不合于道，还算得上老聃好友吗。既然是老聃好友，就要遵其言而动、顺于道而行。

又说：我既为老聃之友，故能以理化情，故不悲。

众人哑口无言。

由此，我想到莫高窟有一尊佛的涅槃图，佛涅槃了，去世了，众弟子表情各异，有的悲切，有的沉默，有的嚎啕，有的微笑。当然，解释是这样的，只有哭相的弟子是没有得道的，那是最初级阶段的表情，而那些表情如常甚至微笑的弟子，才是参悟透了生死的高徒。这个跟秦佚的"论道"简直异曲同工。

老子的"道"，指的是宇宙本体，万物根源，即道生一，一生二，二生三，三生万物。道是不可言说的，不能明释的，只可意会不能言传。正所谓：

> 道可道,非常道。名可名,非常名。无名天地之始;有名万物之母。

在此，我并不想陷入对于"道"的求解之中。我想求证的是，老子是否真实坐化于三危。

从一些典籍里也可查证到蛛丝马迹。比如在《道藏·尹喜传》《水经注》等书中可以看出，老子西行主要活动在渭河中上游一带，除了伯阳柏林观、讲经台等地之外，他们还去过秦州区的老君台、玉泉观、崆峒山、敦煌等地。

对，有敦煌二字，这很重要。虽然大多数论证依然是：

> 尹喜与老子俱之流沙之西，服巨胜实，莫知其所终。

我在大院里看见门背后有一块牌子，有这样的文字记录：

> 有名曰王显凤的老先生，专门研究老子30多年，多次去过老子诞生地和函谷关及甘肃临洮和敦煌三危山实地考证，对老子西行等诸多问题有了自己独特的见解，并大胆认定老子西行终点站是敦煌，仙逝地也是三危山。

这一没有充分根据的又近乎确凿的指认，我倒是情感认同。

因为王老先生确认老子西行的原因大概有三：

其一，春秋末年，中原战火频繁，日益剧烈，老子辞官回乡，讲学传道，失去了必要的安定的社会环境。

其二，老子想亲身拜见释迦牟尼，但到敦煌时，年事已高，体力不支，青牛已疲，时距天竺遥远，心有余但力不足了。

其三，老子发现三危山是个理想的好地方，既无草木走兽，也无人烟，僻静异常，安全无比。

认定仙逝于三危山证据确凿：

证据一：先有老君堂，后有莫高窟。老君堂的道人在山上发现的汉砖，证明老君堂在魏晋之前早已有之。北魏和尚在山上所看见的佛光，实为老君堂发出的紫气。这种紫气，同函谷关令尹喜看到的那种，伴随老子西行而"紫气东来"的情景是一样的。

证据二：关于老君堂的演变，可能经过三个阶段。先秦时期，弟子们为仙逝于此地的老子，搭起草棚，以作祭祀灵堂。西汉初年，推崇黄老之学，遂正式兴建砖木结构的老子纪念堂。唐宋时期，唐皇武后，封老子为太上老君，遂又重建，并改名为老君堂，以至于今。老君堂，不被命名为某某道观，正是一个物证，证明老君堂就是老子庙。

还有证据三、证据四、证据五，我觉得都比较扯淡，就不一一罗列了。

但不管怎么说，我觉得老子也是终老在三危山的。

要问原因，那就是我希望我和老子很近。这个理由，超过一万个推测。

对于这样的论证，我宁愿选择相信。因为，三危在我的脚下，三危在我的心中。我不知道为什么一个"佛"的寺庙里却理直气壮地悬挂着关于"道"的追问。看来，佛和道，都是温柔善良的，不唯我独尊，也不排斥异己。彼此都是行德劝善，又何须有我无你，有你无他呢。我仿佛听到声音——

  佛说：我慈悲为怀，慈航普度。

  道说：我无为，我逍遥，我自在。

站在寺门往前看，是金光闪闪的大佛像，四面的山峰像巨掌一般半开半握，或者更像是一朵盛开的莲。那些山峰就是莲花瓣。佛祖就站立在如莲的手心，一站就是二十年。我再回过头去,看见寺庙大门柱上的对联,我想到了色就是空,空就是色。

    金身观自在果修罗汉悟三乘
    宝相现如来回证菩提空五蕴

  出了"南山寺",就看见了半山腰的老君堂。

  老君堂似乎早就等在那里,并看见我在"南山寺"里逗留。

  但我深知,老子不会怪罪,因为他是老子,这理由已经足够充分。

  去老君堂,得要从大佛像身侧的小道而进。

  记得夏天,和一位朋友来三危山。那次上山就比较晚,远见夕阳西下了,才从七里镇出发。敦煌的夏天太阳迟迟不下山,似乎格外留恋迟到的恋人。眼见晚上十点了,天还是亮堂的,内地人来了很不习惯,老是抬头看天,以为天出了问题。其实,沙漠里夏夜是充满情趣的。只有跟沙漠里的夏夜紧密相融,就会发现那份美丽。即便我的文字再充满魅力,都会大打折扣。

  朋友是从内地来的。准确点说是从长江南岸来的,会写诗,爱摄影,更爱独自行走。我认为人不要有太多爱好,多了,就散乱了,像照相机镜头不聚焦。但我不好直言。她倒是没有距离感,并像一个老朋友似的,跟我上了鸣沙山,去了阳关、玉门关,还有魔鬼城。这是敦煌主要的几个景点,再无他趣。但她是热烈的,面对所有的大漠风景,一粒沙,一棵胡杨,一座城池。这有点要命。

  她说:在这样的地方生长,就像诗歌一样。

  我嘿嘿两声,无言以对。因为大多数诗歌是用悲情和眼泪书写的。

  驱车上山。一上山就领略了三危山的气度,沙漠里白天酷热,晨昏阴凉。假若思想和肉体足够敏感的话,就能感觉到三危内在的气场,博大而深厚。那种能量所散发出的气息,在三危的天空形成了一个气罩,外在的纷扰很难冲击这种能量和气场。这种能量和气场、是三危的本体、是三危的魂魄,是三危的光芒。这种东西,可意会不可言传。它存在,它就在那里;但你看不见,也摸不着。

但它确实存在。

在三危之外,我们是三危的附着物。在三危之里,我们又成了大山的一部分。但分明,具象的我已经深刻地融入了这座大山、这个气场、这个道场。我能感觉到,三危的气息紧紧裹挟了我。

我给朋友说我的感觉,她笑笑。她的笑意味深长。

也许,她还在三危之外,或者感知并不明确。

山有山的气场,水有水的气场。山水的气场构成大自然的气场,而人只是自然的一部分,或者极小的一部分,所以人不要硬性地抵抗或者反抗自然,更不要说什么改造自然,那是很可笑的思维和行动。天人合一,自然而然,和谐共生和相互依存,这才是人与自然的关系,人与大山大河的关系。说白了,也是自己与自己思想建立的对内、对外的关联。

但,很久以来,我们都违背了这种关系。

现在,人们正在复苏,正在觉醒,正在试图重新打量这种关系。

这是一个很好的开端,也祈愿这种开端会缔结一个良好的果。

果是对因的回应和照见。

前几天,办公室的樊大师说了一件事,颇令人深思。

说有四川一朋友,资产丰厚,可以花费四五百万去德国学琴,因此小提琴造诣达到相当高的级别。但他还有一爱好,就是拉弓射箭。他专门射杀野地里的牛,以此取乐。突然间,得了怪病,万药难救,生死不得,几乎要到自杀的地步。樊支招,去问问佛。此朋友转身去问佛,佛说你作恶太多,云云。此人也果真立地成佛,每天一遍《心经》雷打不动,恶疾竟然不治而愈。

万物皆存在,又万物皆空。

人只是现实大地上的行走者,比如敦煌大地,从有汉文字记载以来,在这片大地上走过了三苗人,走过了乌孙,走过了匈奴和突厥人,还有吐蕃人和蒙古人,我们都看不见他们的背影了,但他们确实走过。我们呢,也必须将这样"走过"，连一个背影也将不会存在，最后只能以一个名词出现，那就是"华夏人"。我们将在历史长河中隐退掉姓氏，隐退掉姓名，隐退掉性别，至于想法和思想。成功与失败，那都是很可笑的附着物。

天地之间，色就是空，空就是色。

执念于一人一物一事，都是自找麻烦和严重无趣。这当然是高级别的认知，并不是每个人都能感念的。有些执念太深的人，就是鱼死网破也认知不到。认知，决定万事万物的状态。

我想到了三危山中的老子，他已经建立了宏阔的思想道场。

老君庙坐卧在三危山的中部。

从大佛像后边的公路就望得见老君庙高高在上。

但它还不是三危山的最高峰。最高峰还在它的身后，视野里最远的突兀处，才是三危的顶点。但三危的万丈光芒并不在三危山的顶点，这有可能跟老子的哲学思想同出一辙，且我逍遥看万事，何必争当独光芒啊。所以说，老君庙的至高处不在高，而在于奇妙。

这一点，是多次在老君庙门前几千年的城砖上坐卧呆思之后获得的。

从老君庙的角度展开视觉，分明看见远山环绕处，宛若一朵莲花盛开。四周的山峰做了花瓣，而花蕊中心，是那座现代版的金身像。大佛像做了花蕊的花柱。老子从来不会将美好的东西占为己有，他也从来不占。天地万物都在他的眼里，都在他的"道"里，万变不离其道。这才是高妙之所在。

雄视四野，万峰苍莽。天宇之下，三危巍然。

很多年前的斯时斯刻，老子曾在此与西天佛祖坐而论道。他们讲述的是宏阔的大道，是为人类开辟思想的疆场，为人类乃至万物生长寻找根据，甚至为国家的治理建立规则和准绳。他们相谈甚欢，两颗智慧的头颅产生了核爆，那思想的火花照耀了三危的群峰，照耀了西部的天空，也照耀了人类的天空。

那是人类启蒙的洪钟大吕。

那智慧的能量绵延一千年、两千年、三千年，乃至后续万年。

眼下的老君堂独倚在半山腰，精致，小巧。当然并不得见汉代的老君堂，唐宋的老君堂，清朝的老君堂。每一个时期，老君堂都有自己独到的模样和气质。我们见到的仅是在几十年之前或者百年之前被巨大的无神论者荡平之后，20世纪80年代重新修建的老君堂。也听说，在荡平之前的老君堂，香火旺盛。可以想象，老子从远古而来的面相早已灰飞烟灭，而此时此刻端坐在庙堂之内的老子，我总觉得太新，太艳，也太人间烟火气。

在老子的眉目间，我真看不出乾坤大气。

当然，看不见是必然的。我们将太多的东西进行了切割，最终剩下的是一无所有。

孤小的庙宇，坐东向西，紫气是否继续东来，我无力感知。

面向西天，那是中华民族根魂所系的方向。西天有极乐，西天有真经。这也是中华民族的老祖宗们行走的轨迹。由西而东，当游牧的或者农耕的脚步抵达海边的时候，他们停下了前行的脚步，海岸线，成了一道天堑，成了一道难以逾越的红线。于是，一个民族抑制住了庞大的惯性，踩住刹车，在长江黄河流域，在能生长稻黍的土地上，耕种生息。但他们魂魄里总有一种声音在呼唤，从西天而来。

于是，向西，成了一个民族的精神窗口。

玄奘等一大批虔诚的精神壮士，九死一生向西天取经。

张骞凿空西域，目的和方向都是向西。

霍去病等一大批将士的长矛，所指向西。

唐诗中将边塞诗歌的拓展之处，也是向西而歌。

还有史书里很多的逃亡，也是向西寻找苟且和安详。

可见，西向，是中华民族的精神仓储和安魂温床。大海的涛声阻挡了一个民族太多的想象。当宋朝的皇帝从崖山一跳，汉民族已经魂归大海。所以，大海是汉民族心中的一道悲痛的闪电，欲说还休。当一个诗人发出"面朝大海、春暖花开"的呐喊后，很多人开始重新审视埋葬了自己根脉的大海，并看见了大洋的彼岸。

头枕西天，是中华民族的惯性。

千年前的丝绸之路，是文化惯性和经济惯性双重必然。

"一带一路"，是一个民族新的西顾。在西顾的惯性里，也注入了不一样的倔强。

千年之前的老子在三危坐而论道的时候，估计早看透了这一切，万物生长百花开，那都在他的掐指一算之内。我看见老君堂左右的联语：

> 混沌初开道在先天之上
> 乾坤既定人居太极之中

我推开庙门，木门吱吱，扑簌簌落下一些流沙。

显然香火不盛。香炉依在，香也在，还有一个打火机。我必须燃香一炷以示尊敬。这是中华民族最内在最本质的精神之源。谁若无视，那将是谁的短视，谁若视而不见，那将是故意遮蔽自己思想的根脉，截断自己的血管和流向。我不能。

当香烟缭绕，我抬眼看见老子，老子也笑着看见了我。

猛然一顿。我发觉鹤发童颜的老子，很具体的表情给人以亲近感。他旁边还有释迦牟尼和孔子的塑像。他们都是时代的星辰，离开他们，人类依然混沌，世界初元未开。他们共同为人类指点迷津，指点认知世界的方法和途径。他们神性的义务和担当，远远超过了千年之后今人的理解。即便千年之后，在熟练地掌握了蒸汽机和互联网之后，人类依然是他们的学生。人类依然在他们宛若汪洋的思想大海里，笨拙地狗刨。

当然，我也惊叹那些修缮者，他们大胆而又科学地将人类三座大山并列在此，旨意明确，寓意深刻，意味深长。儒、释、道，乃中华民族的精神归向,也是汉文化最主要的精神骨骼和行走拐杖。在传统的和朴素的意识里,儒、释、道是最契合以农耕传家这个民族的精神脉搏。且三教和谐共生,相互滋长,互为光辉。这是很难得的。

老君堂附近还有一古塔遗址,塔的原名为慈氏塔,据考证为宋代所建,为我国现存最早的古塔之一,1981年已搬迁至莫高窟保存。

老君堂东边的山顶,高高耸立着一间青砖古屋,这就是浑元古洞,据说是道家祖师打坐练功,朝拜天地的地方。北坡后的小山头上还有几座泥塔,饱经沧桑,与老君堂相依相伴。老君堂附近还曾出土了汉代天马砖、龙凤砖等珍贵文物,现存市博物馆和莫高窟陈列中心。由此可以推演在西汉时,三危山已经修建了很多寺庙,香火旺盛,历史悠久。

可以说自西汉以来,也就是张骞凿空西域之后,汉文化从东往西而去,西方的佛文化自西向东而来。三危山这个丝绸之路上的重要节点,当敦煌还没有大而盛的时候,三危山代替敦煌做了宗教的和艺术的道场。这是肯定的。

假若还需要求证,那就是前秦建元二年,即公元366年,莫高窟洞窟文化的开创者乐僔和尚,行游西天至三危,在三危山上看见对岸佛光万丈,因而灵光闪现,掘洞为窟,以佛为魂,开始了宕泉河岸一千多年的佛窟文化。那是偶然,也是必然。

中国春秋战国时期,是华夏奴隶制兴盛的终点,也是封建社会发轫的起点。那时候农耕文明已经相当成熟,铁器被广泛使用,对土地的改革正在被一些城邦国家拿上桌面。对生产资料的再分配将激发生产力的迅猛推进。生产力的快速推进将激发人类思想大解放,文化大探索,宗教大联欢。

所以,中国的本土宗教儒和道,与西来的释迦牟尼友好握手,再经过多年的融合演化,儒、释、道亲密一家,成为中华民族内在最亲切的情感密码。自老子、孔子和释迦牟尼之后,历经数百年的演绎,佛教开始在东方的土地上盛如莲开。当乐僔云游到三危的时候,他先拜谒了三危山中的老子。不,那时候老子早已化作紫气升天,留下的只有这座老君庙。

老君庙虽然孤小，但它罡气满身，自主乾坤。

乐僔对老子跪拜之后，坐在堂前的石凳上，拢了拢满是补丁的佛袍，捏了捏打了血泡的双脚，让三危清凉的风吸干额上的汗滴，歇息之间打量着三危之雄奇。斯时，他有很多想法，虽然他西去取经的想法志坚如铁。他感觉到了三危的能量和某种不可逆转的引力正在作用于他。也许，关于三危，关于敦煌，一个新时代正在怦然而至。

突然之间，他看见了三危群峰，夕阳西下几时回的天际，佛光万丈。

这正是乐僔寻找的佛光盛景。于是，他目光一沉，看见了三危对岸流沙崖畔。

  大道原非秘，只因本性迷
  本来无挂碍，何须苦寻觅

这一照见，敦煌在乐僔的目光里便熠熠生辉。

这一照见，敦煌向世界袒露出了佛的真颜。

这一照见，两千多年来西部的流沙辉映出了人类思想的金光。

时至今天，我们依然可以大胆地展开联想，就在那一瞬间，乐僔内心如大海般的澎湃和巨浪般的呼啸，是多么令人激越。虽然，历史拒绝过度的解读和场景再现，但每一次来到三危山上，盘坐于老君庙庙堂前的青砖之上时，我都不能抑制自己的人间情感。遐想和抒情，是我斯时斯刻的最佳状态。

假若将时间和空间这样的条块拆解掉，时间对折，空间重叠，我愿意神清目秀地看着老子，也欣慰地看着乐僔。我会报以长歌，那种我无法想象的长调，为老子、孔子、释迦牟尼，还有乐僔，致以虔诚的祝福。除此之外，我拒绝其他情感。我的情感只顺应历史里的那些光明的东西，透彻的东西。光明不是光芒。光芒往往是智性的麻痹和屏障，我会对过于光芒的东西紧闭双眼。

在三危山上，老子、孔子、释迦牟尼，还有乐僔，他们是最透彻通达的灵魂。他们值得我三叩九揖，五体投地。但在公元2018年的夏天，距离他们两千多年之后的此时此刻,我这个脏污的汉人,膝盖已经生锈,已经对圣贤失去了弯折的记忆。我努力地,努力地想弯下我的双腿,居然已经做不到。我泪水长流,泪水长流啊。

就在写下这段文字的时候,我的眼泪再次流淌。这个时间应该记录下来:2018年7月5日上午11点26分。

我在敦煌的日子里,不下十多次奔赴三危。很早之前,只是盲从地应景应时而去。前几年,为了书写《在敦煌》,我多次拜谒三危。近两年为了写《再敦煌》,我不止三次爬上三危的顶峰,拜问老君庙,求证乐僔堂。甚至,那座金色的现代版释迦牟尼像我也多次试问。我力争将自己在红尘里已经被脏污的肉身袒露在三危大山的深处,让如水流的风进行清洗。就像一块脏污的抹布,我看见了自己在流水里洇染开来的污浊。

也许,谁也不会相信,虔诚问神,神将显现。

16
坐而论道:我们的彼此看见

一路车轮飞驰,流沙在车轮下飞逝。

远方的三危山呈献几条粗硬的线条,那线条粗硬而且单薄。我常常产生错觉,假若单凭这几根粗硬而单薄的线条,三危山非常贫瘠,甚至毫无意义。但山在山中,山在山后,只有你进入了,你才会发现大山的内涵和博大。老祖宗苏轼早已经说过：

>不识庐山真面目
>只缘身在此山中

这种云深不知处的错愕感，既是实景写照，也是人生写意。

面对三危这座大山，无云也有深处。山峰耸峙，流云飞渡。在这里，稍做思考，就极容易找到人生的挫败感。或者说，找到生命的多种指向。也就是说，远看三危与近看三危和进入三危之间，感觉是不一样的。特别是当坐在老君堂的门前的青砖台阶上，很清凉的风从大山深处奔来，你找不到风的方向，但风已经将你完全包裹，使你处于混沌和初元未开的蒙顿之中。这时候，时空被撑开，晨昏这样的时间线条被模糊。

但这时，三危之外的敦煌，沙暴骤起。在沙漠里，真没法过于认真地拒绝沙尘和沙暴这种沙漠伴生天气。只是有时候来得太突兀，总是让人产生情感受到欺骗的幻觉。分明是晴朗的天空，不见一丝流云，却转眼间半空中就竖起一堵乌黑的沙墙，直愣愣地压过来。这时候，心碎是多余的，赶紧躲避吧，不然，你将被卷在半空中。人被卷在半空中这样的事不少，更多的是散放的羊，或者几只流浪的狗。等沙尘的暴脾气过去，就会发现羊或者狗被狂虐后的尸体已经是惨不忍睹。

但这时候，三危是另一个与敦煌格格不入的世界。

三危大山里，是安静的，听不到一声风吼，也见不到乌云压城，是另一个世界。这时，假若凌空到足够的高度，你就会发现三危山的上空出现了一股强大的能量光柱，它撑开了三危之上的天空，将三危金钟罩一般护卫着，外界的信息难以进入。这是很奇妙的现象。

这种奇妙，我已经经历。我也成了这种神秘气象的一部分。

远远看见一个人从山下向老君堂走来。

那人身穿青灰色的道袍，步履轻盈，在狭小又陡峭的山道上犹如表演萍踪侠影。仿佛一只燕子，或者一只山狐，我怀疑奔来的就是一只山狐。他飞速而至，突然抬起头，看见我，一怔，像撞上了一堵墙。我对他笑笑，他也还之以笑。

老君堂前，我与他面对面。

后来得知，他就是敦煌地界道教的最高领袖，于道长。

我说：我看见过你。

道长反问道：你看见了什么？

我知道我的回答不着主体，但还是说：我看见了你的长发，还有道袍。

道长加重了反问的语气：你还看见了什么？

我想说我看见了"灵魂"，但我没有说出口，我嗫嚅道：我看见了……

道长哈哈大笑，我严重挫败。我转过眼眸看着四野的群峰，像千万朵莲瓣，它们竞相开放，无声吐蕊。良久，我又开始了问道。

我说：我什么都没有看见，有些东西，看见了，并不一定是看见。

道长错愕了一下。我没有看他，但能感觉到错愕。他说：眼见、心见、预见和神见，每一种见都是不同的见……

我说：每一种见，都是不见。

道长笑了。他没有笑，我感觉到的。他说：世上有很多阻隔，都来自自以为见。

我说：假若不站在三危之上，很难认清见与不见，假见与真见。万物有形，万物又无形。有和无，全在于自己的感觉。正如老子所说，道可道非常道，名可名非常名。无名，万物之始，有名，万物之母。

道长说：故常无欲，以观其妙，常有欲，以观其徼。要常从"无"中去观察领悟"道"的奥妙；要常从"有"中去观察体会"道"的端倪。

我说：大道至简。

我害怕陷入对一种概念的纠缠，特别是坐在老子的庙堂之前。老子悟天地万物，道的内涵也包罗万象。说实话，两千多年来，人类对老子道的哲学至今仍然是皮毛，而真正懂得并践行者太少。我们都敏感到对话将会陷入形而上的论道或概念的往复之中。

道教的核心要义简而答之：长生不死，得道成仙，济世救人。

当然，道的存在还有其积极意义。

在人类处于蒙昧状态的时代，特别是漫长的公元前时代，人们走出丛林不久，对自然的客观的现象认知较少，缺少认知就会出现集体性恐慌，破解恐慌最好的代言人就是不可知的神明。所以，科学没有抵达河岸的时候，神明是人类认知世界的唯一砝码。就从今天来看，宗教的某些形式和内容依然如此。但是科学是有局限的，所以某些神秘领域无法得到真相大白，也就是说神性主义依然具有市场。特别当量子纠缠获得科学论证并作用于现实生活后，人类很多未知领域确有存在的可能性。

在科学没有抵达的地界，老子的"道"就具有实证性。

当然，有些东西用科学求解了就毫无意义。

所以，道教以"道"为最高信仰，认为"道"是化生万物的本原。这是很正确的一面，况且，在中华传统文化中，道教与儒学和佛教一起占据着当代传统哲学的主导地位。

学术界所说的道教，是指在中国古代宗教信仰的基础上，承袭了方仙道、黄老道和民间天神信仰等大部分宗教观念和修持方法。道的方式和东方气质，很适合长江与黄河。一条大河，一片土地，总会生长出自己的种子，一粒种子总会开放出自己的花朵。

老子是道教的最高精神教主。

也因为将老子人格神性化，所以，内丹修炼和功德成神者成为后来宗教者的修炼方法，也即是两条腿走路。但形而上地问道成仙，成为道的终极目标和最高价值追求。

关于长生不老，说实话，不仅仅是始皇帝喜欢，我也喜欢。只不过秦始皇是行动派，找人炼丹，并派人东去蓬莱寻找不老药丸。我懒惰一些，再说这事我也干不了。而且，我还深深地知道，我会老，还会死去。因为要死，有些行动就是积极的，也因为要死，我的行动一直就是消极的。只有消极匹配死亡。

在死亡面前，所有的积极都毫无意义，都是假正经。

我不是假正经，也不是真正经。

我说：三危山的道义很和谐，按照时间推算，在敦煌地界，道是早于佛的。

道长说：是的，只可惜历朝历代的毁灭，山上最早可考的是汉代的地砖，推算老君庙应该兴建于汉，有两座唐代的庙宇，一座被移走了，现在在莫高窟，还有一座，就在这下边。

道长用目光示意。我看见好几个山头都生长着低矮的造型独特的庙。

我说：后来呢，大规模的摧毁在什么时候？

道长没有回答，只说：我们身后这座庙建于晚清或民国时期，这道门，还有里边的神龛，是老物件。

我说：这种存在本身都只是一种象征。再说了，今人无法讨要历史的老账，好在人类总会拨开迷雾，看见自己的道行。

道长说：道在人心。

道长是这片土地上"道"的精神领袖，他也乐于回到当下，回到现实，回到他自己的世界。目前繁衍在敦煌地区的道教从属两个门派，主要是全真龙门派，道场有三危山、老君庙等。还有一派是莫高窟著名的王道人，王圆箓。至于王麻子道人属于哪门哪派，道长也不得而知。似乎，他也不愿意过多说起别的门派。

人类的真相并不好看，有时还是需要加点文学的豆瓣酱。这是司马迁的想法。

小说本身并不好看，适当地掺杂一点历史的真货，那才是好小说。金庸老爷子如是想。

不管是史学家司马迁，还是小说家金庸，他们一直都在为人类的真相负责，为人类的良知和道义负责。他们都是好的史学家和好的小说家。

道长说：敦煌目前注册入道的有五六百人，而归道问道的有五六千人。

我说：据考，道教起源于春秋战国时期。这种本土的宗教总是被很多人诟病，或被曲解，总以为是神神叨叨，比如问道成仙，似乎在现实世界就是鬼扯。

道长说：宗教的最高范畴都是哲学，都是普遍认知和践行的世界观和价值观，出发的时候都是好的。

我说：哦。

道长说：现在的人五脏六腑都烂完了，你看，三岁的孩子得糖尿病、高血压，癌症更是司空见惯，都是人类在自己给自己作恶，恶报会毁灭人类的。

我说：对人类的进化，我从不悲观，但也不乐观。

道长说：基因乱码。

我说：基因并没有乱码，是我们自己植入了病毒，心坏了。

道长茫然地看着我。

道长说：按照人类正常的生命年轮，男人300岁，女人250岁，这是人寿的边界，但我们很少见到这样的高寿之人。

我说：听说敦煌地界有一个可考的长寿者，好像有178岁。

道长说：是我师父的师爷，也就是我的祖师爷，20世纪50年代以后才去世的。

我说：听说很传奇。

道长说：祖师爷掐指算到自己的寿期将近，便坐了牛车，出西云观一路西去，叫门人扛上锄头跟着牛车，说哪里死哪里埋。果然，三个时辰后，牛车行至一高台便不动了，门人赶紧查看，果已去世，就高台浅埋。两年后，转至莫高窟，不许落葬，又浅埋莫高窟达十年之久，最后迁坟于三危后山。

我说：回归三危是最正确的归宿，三危属正道啊。

道长赫然一笑。

天上流云显示着风的形状。三危山里，野沙鸡的咕咕叫声回应在山川。太阳，慢慢地移动到老君庙的台阶之上。这时，我与道长的话题也几乎到了尽头。他有他的层面，我有我的维度。突然，我们说起了画家高山先生。道长说他是协会的副会长。高山先生，我在《在敦煌》做过细致的书写。

道长说：听说在外地，深圳，搞画展去了。

我说：回来了，昨天，好像是昨天。

道长说：好像是深圳。

我说：嗯，是深圳。

道长说：我要下山了。

我说：好的。

我们就这样结束了对话。有些余韵未尽，但又不知从何说起。

道长青灰色的长袍又从我眼前的山岭上跳跃而去，确实，像极了一只山狐。

与道长一别，我的瞌睡就来了。我将那只破败的供人跪揖的蒲台移到自己的脖子下，在缠枝图和莲花图的古老青砖上，小龙虾一般蜷弯着自己的身子。这是一个刚好安放自己身体的角度，脖子也舒服极了。

庙门洞开，里边鹤发童颜的老子一脸慈祥地看着我。

还有老子两侧的童子，他们都很乐呵。

庙门上刻着"混元一炁"四个字。

瞌睡，铺天盖地而来。

我行走在沙漠里。

这是北纬37度的巨大的荒漠区和无人区。

站在这片土地上，能感受到北方强烈的凛冽和酷暑。

我远远地看见一棵树，那是享寿三千年的胡杨，它艰难地活着并壮烈地死去。死了，成为一种生命标准和象征意义。我走向那棵树，想倚靠在它的阴凉里，舒缓一下疲惫的双脚。

是的，很累。

我又看见了一头毛驴。

毛驴低着头，迈着沉重的碎步，踢踢哒哒，走过我，走向远方。

远方是一座城堡。

城堡里就是敦煌。

我也向那里而去。那是我后半生唯一的方向，那里是一个巨大的谜团。

谜团，是最好的诱惑。朦胧而又擦拭不干净，像一个永远的召唤。

我总是听见一个声音，从那古堡里发出，穿越三千年的长河，贴着沙漠上的浮尘，扑面而来。那是老祖宗发出的召唤，那是老子发出的召唤。

那个鹤发童颜的老者，慈眉善目地看着我。

我一个激灵，从老胡杨树下的阴凉里清醒过来。

一个激灵，我从睡梦里醒了过来。

我确实看见了老子，只不过他依然在老君庙里，以一尊塑像的形式存在。我有些不好意思，近在咫尺，居然以梦为马。古老的地砖散发着古老的清凉，我感觉后背的凉进了心脾。脖子也有些发疼,我赶紧挪动了一下蜷曲如虾的肉身,换一个姿势。这个姿势有些不雅,四仰八叉。但这样四肢舒展的姿势很舒服,反正在老子面前我没法假正经,也没法装正经。放松,是我最大的正经。

我在自己的正经里,再次入眠。

我离开了那棵老胡杨树。

那头迈着碎步的毛驴已经远去,荒原上,我孤独一人。

北方的太阳,照耀在我的头顶。我的身躯,在太阳下找不到一个黑影。

我仿佛看见了戈壁远处,有大海一样的水雾弥漫开来。水雾里,有一座古西域的城堡。

那不是敦煌,那是古楼兰的城堡。而且,水雾将那座城堡快速地推送到我的面前。

城堡里,是一个活颜生鲜的世界。驼铃声碎,马蹄声咽。一条彩色的绸带,从我脚下铺展而去。我踩着绸带,进了古堡。我身上的衣服,也成了西域的服装,我变成了一个西域人。

当然,少不了美女。我不知道那是不是古楼兰的美女,她们洁白的皮肤,深蓝的眼窝,红艳的嘴唇。这是赤裸裸的诱惑;我告诫自己,千万守住自己的底线。我是一个有道德的人,我来自全新的未来世界,我受到过最正经的教育。我不能轻易放松自己的裤带。道德,是我的最后底线。

我就这样一遍又一遍地告诫自己,千万不能犯错。

好像人类最古老的错误确实没有找我的茬;虽然,美女如流云在我身边走过,她们如兰的香气,一阵阵将我的嗅觉迷惑。我是一个道德君子,我必须明白自己的身份。

我来自未来世界,距离这里已经两千多年,我是时间进化的种子。

为了克制最原始的诱惑,我转移自己的视线。我买了一个哈密瓜,糖度似乎还可以接受，毕竟两千多年前，我还没有得糖尿病。我又被浓郁的烤羊肉气息迷惑，干脆，来了二十串最古法的红柳烤羊肉，又来了一壶鲜奶。我分不清是牛奶、羊奶还是骆驼奶，奶汁的甜蜜和芬芳紧裹了我的欲望。

我想到奶，这个很致命的诱惑，我突然不好意思，惊醒过来。

说实话，我早已忘记奶的味道。

我从奶的羞耻之中惊醒过来。

我看见自己仍然四仰八叉地瘫在老君庙的门前。一只虫子从我鼻梁上爬过，痒得难受。我没有拍死它，在这三危的大山里，每一种生命都有道，都是仙，我不能对道对仙犯大不韪。奶汁的气息从嗅觉深处撤退，我看见老子依然在庙门里慈眉善目地看着我，还有他的两个童子，很乐呵。我有些不好意思，确实不好意思。我都有点自责怎么突然遁入了另外一个时空，且为那种奶汁液体迷幻。我想对老子说声对不起，但老子什么话都不会说。

我想起老子没有后人。孔子是有的。

孔子的后人长得距孔子很遥远，有时候在电视里还大放厥词。

老子很安静，他永远活在那个时代，并超越我的这个时代。

孔子是被挖了坟的。老子当初就看透了一切，连一座坟也不留。

我真是胡乱想，怎么串联到这事呢。

我再次调整了身姿，将双腿移动到里边一些。太阳不依不饶地追了过来。

瞌睡还没有真正醒过来，一个翻身，我又进入了梦。

我以为我能再次回到那座楼兰的古堡。

但这次没有能旧梦重圆，我又回到了荒野，回到了孤独的行者状态。

我不在乎孤独，我知道所有的生命终将孤独，那是生命最后的唯一的方式，连神，或者就是老子也无法救赎。生命的最后形态，就是孤独，面向不可知的巨大的黑洞。不知道那里有没有亮光，有没有温度，有没有芬芳。估计没有。

那是另一种炁，另一种混沌，另一种苍茫。

没有了敦煌，也没有了古楼兰，我的目标也变得混沌起来。

我只知道行走，不停息地行走，别无他法。

我干渴，甚至焦渴，奶汁的芬芳早已在嗅觉深处散失干净。我是多么流连那种气息啊。那是生命的原动力，是人性深处最坚强的记忆。

我的双脚疲惫，大头皮鞋早已磨破，露出丑陋的脚趾头。

脚掌心已经打出血泡，不是一个，也不是两个，是成群结队。

我知道我该歇息了，可是再也找不到一棵老胡杨树，也找不到古堡。

天旋地转，两眼昏花，我倒在荒野，倒在行走的路上。

很久很久，我感觉自己苏醒过来了。有一顶帐篷，是的，是一顶古西域游牧部落的帐房。我想我还没有清醒过来吗，老君庙呢，老子呢。他们都不见了，只是一顶帐房。我以为老子端坐在帐房里呢，但不见老子。我倒是见到了一位美女，她是古西域的装扮。她温暖地看着我，母亲一般捧起我疲惫的头，喂我水。水从舌尖逶迤而下，进了口腔，喉咙，进了胃和心扉。我觉得整个肉体再次被唤醒。其实，我的味觉发现了，她喂我的不是水，而是乳汁。

我羞涩起来。

但我被施以魔法一般，不能拒绝。我很享受这种乳汁的味道，生命原浆的味道。我本能地抗拒着，但生命里却贪婪地张开大嘴。越是拒绝，越是贪婪。我被两种力量强扭着，像反方向扭动的两根面条，最后扭结出来的是麻花的形状。我成了一根麻花，形态丑陋。而且，越是抗拒，越是用力，形态就越是丑陋不堪。我只有放弃自己的努力，将自己放松下来。

放松下来的我，眼泪长流，沉入了古西域美女巨大的温暖里。

我脱去了所有伪装，包括道德的、纪律的、规矩的，还有被教化的、约定的、禁忌的,被画红线的。我还原成我自己,赤身裸体,一丝不挂。我羞于睁开眼睛，我知道我自己被深深地诱惑，无力抵抗，束手就擒，甘拜下风。

我进入了另外一种炁。

我道德丧失。我无家可归。我成丧家之犬。

但我又玉树临风，透彻如水，大美无德。

直到最后，我将生命换作一声呐喊，从生命的最底端，从喉咙深处喷薄而出。

我大汗淋漓，我狼狈不堪，逃出了梦境。

我缓慢地睁开眼睛，胆怯地打量着四周。其实，我依然在老君庙前的古砖台阶上。太阳早做了移动，很温暖地照射在我的下半身。下半身温热，甚至浆湿。我收回四仰八叉的双腿，绕到老君庙后长长地尿了一泡。一边尿，一边祈祷，老子恕我无礼吧，我确实太憋了。

这时，我看见山后的主峰。

主峰上有一座三层的庙。

我拍拍双腿，双腿也醒了过来。看看时间，似乎还有好几个小时才会日暮。只要四五个小时似乎就足够了。我对自己说，我要问遍三危所有的山峰和所有山峰上的庙宇，不管它是佛家的还是道家的。其实我还看见那些没有庙宇的山尖，都有修行者用石头砌垒的小山峰。先初我以为怪，后来我才明白，那每一片石头，每一个细小石子的垒砌，都代表一种愿望，一种修行，一种期盼，和一种叠加的希望。

那每一座石头的小山峰，都是能量的聚集。

那一块块小小的石子，都是一种别样的生命。

瞬间，在三危大山里，有一种巨大的温暖包裹了我。

我在温暖里，感受着生命的暖意。

17
三危之上：道的精神隐喻

三危山的主峰海拔 2400 多米，这已经是敦煌的最高峰。

咨询了于道长，他说要去三危主峰很难。按照他的指示，有三条路。他说得不是很清楚，我也没有听明白。不过有件事听明白了，那就是曾经有个来自四川的年轻人，进了三危，要登主峰。半个月后找到他，他已经死了。迷路，断水，干渴而死。在西北沙漠，死于缺水是很常见的事，比如比较著名的事件就是探险家余纯顺死于罗布泊。年轻时我是行者余纯顺的粉丝，他的自寻其死是悲壮的，也是很让人悲催的。他完全可以不死，因为他已经穿过了罗布泊，是他自己跟自己较劲，再次穿越，他就魂归了罗布泊的洼地"大耳朵"。

十年前吧，我曾有机会走进罗布泊，我莫名其妙地拒绝了。

一年前吧，受探险家敏子之邀再去罗布泊，我莫名其妙地再次拒绝了。

要是寻找理由的话，估计是对余纯顺悲壮的死亡还心有余悸，还不能释怀，还不能忘却。后来从很多穿过罗布泊的人的照片里得知，余纯顺得到了很好的安顿，有墓碑。而且所有祭奠他的礼物就是敬献一瓶矿泉水。我看见还有纯净水的大桶。估计是那人想老余太干渴了，需要狂饮。这就是西北地区用水对亡灵予以祭奠的典型事例。

因为记忆深刻，所以我拒绝亲眼再见。

我怕自己无力承担那种悲壮，也怕最神圣的记忆被打扰。

有些别样的仪式，我一直心存敬畏。

于道长说了那个死于三危大山的四川人之后，我的喉咙就一阵阵发紧，好像那沙漠里的干渴已经紧紧锁住了我的喉咙和气管。即便与此，三危的主峰我还是要去的，这不是挑战，这个海拔对我不算啥。我要去的目的只是对三危的朝拜，对道的一种高度认知和身体力行。面对老子所处的大山，可以调皮，但敬畏必须在心。

我没有选择从沟底而上的那条很多人走过的路，我选择了由山脊攀援而去。

三危山千沟万壑，千峰耸峙，但只要找准了脉相，峰峰相连，最终都会通达最高点。这样的行走和攀援，也许艰难一些，但不至于迷路于深涧，方位不会迷乱。于是，顶着垂直的太阳光，我穿行在群峰之间，也穿行在群峰之上。三危山以不同的面相出现在我的视野，我也以不同的面相出现在三危山的视野。我们彼此回应，又彼此辉映。斯时斯刻，我成了三危大山的一部分，三危也成了我的一部分。

我与三危同在。

三危与我同生。

于是，眼前出现这么一幅壮阔的景象：三危群峰的山脊上，一个孤小的人影，奋力攀向大山的顶峰；他的头顶是烈日，他的四野是苍茫。这样的景象完成了生命的很多象征：

——是生命的宏阔与孤独

——是天地的博大与孤小

——是不屈不挠的攀登与征服

——是生命的敬畏

——是人生的挑战

总之，人生每一种境况都能在这样的景象里找到喻体。我将自己的生命变成了喻体。有时候，我很在意自己这样脱离肉身的状态，我将自己从皮囊之中抽离出来，跳离开真身的自己，在凡尘的具象中，我就看见自己的疲惫，也看见自己的茫然无知，还看见自己的坚守，一意孤行的执着。我为那个被抽调了魂魄的呆滞的家伙感到悲悯，我为他伤心，哭泣。在很具体的存在中，你是多么的无能为力，你就是多余的那一朵浮尘，你这个经常发呆，试图站在思想之上的浮尘，你自以为是，但你又一无是处。你沾沾自喜，其实你悲哀之极。你以为你存在是天理，其实你的存在与否于世无足轻重。因为，万物皆浮尘。

我，只是万物之一物。

最终，万物都是空无一物。

我又陷入这种形而上的论道了，我得打住。实事求是地说，我双脚不停走了两小时十八分钟，最后成功登上了三危的主峰。三危的主峰上居然是一座三层楼的"王母殿"，并不是"道"。看来三危确实大度包容，本来以"道"为核心，却宽容相待，让佛弹开五指，莲花盛开。我喘着老牛般的粗气，但我笑了。

站在三危主峰之上，环顾四野，能看见群峰在脚下如同湖水里的睡莲，它们失去了高度，它们的高度变成我眼睛里的一个平面。还有那莲花盛开的莫高窟的崖壁，辉映着那一弯绿色，也退守在仅有的一条线上，虽然依旧浓绿，但很边缘。还有那黄沙奔腾的鸣沙山，也成了不起眼的一条凝固的黄纱巾。我看不见月牙泉，那弯泉，被黄沙深藏。壮阔的是大漠绿洲敦煌，像一面镜子，被摊开在巨大的戈壁中。它的边缘像被镶嵌了一道朦胧的玉带，倒也增添了这片绿洲模糊的美。

敦煌，退掉所有的华彩，本真的袒露在我的眼下。

这是一百次一千次幻想的敦煌，也是一千次一万次比喻的敦煌。

我站在三危的最高点，打量着这个被人类称之为远方的敦煌、高处的敦煌、柔软的敦煌、文化的敦煌、文明的敦煌、梦幻的敦煌，乃至大敦煌，我居然静若止水。我的思绪没有咆哮，我的血液没有奔腾，我的情感没有跌宕起伏。我平静地打量着她，她也平静地面对着我，像在微信两端做过无数次交流的情人，见面了，平静替换了惊雷般的呐喊，心若止水。

也许，这是我使用最不恰切的词语。

应该是波涛潜底，叫静水深流。

但不管怎么说，我在三危之巅这个独特的角度，深深地打量着敦煌，彼此交换着信息，将平日里飞越的想法做出最快捷的切换，秒以亿次。当然还有那些从西汉以来、穿过唐宋的最牛逼的诗词，也闪电一般穿插而去。我不想再筛选出什么华丽的物体，揣在今后的日子里反刍，我只想将所有的一切掏出来，如同敦煌退去所有的华彩一样，毫无遮蔽地袒露，彼此互换坦诚。坦诚，在人类进化过程中被发现抛光，又被冷漠抛弃的名词，现在被我从沙漠里提溜出来，抖尽沙尘，横亘在两个名词之间——非我与敦煌。

这是人类最真诚的情人。

拥抱。眼泪。鲜花。玫瑰。这些统统都是多余的抒情。

因为爱得深沉，所以我别无想法。

我把三危还给三危。

我把敦煌退给敦煌。

把人民还给人民，

把人类还给人类。

巨大的轰鸣声从远处紧张地压迫着空气惊天动地而来。大山震动。一架波音飞机巨大的阴影，闪电般从我眼前的山峰，跌跌撞撞滑翔而过。声音远去，三危陷入沉寂。万物复寂，万物归元。

三危，重新回归于道。

一条地球中纬度人类文明的大道，从西方延展而来；一条缀满锦绣铺展瓷器的东方文明大道，从东方逶迤而去。敦煌，以"道"的情怀荟萃了这地球东西方的能量。这种巨大的能量，凝结于三危，将老子两千多年前所诠释的"道"与"德"，高高托举在天。它就是天地之间开蒙的思路和方法。这种方法是东方智慧，他既是道的，也是器的。他是唯一的。

但，我分明又看见天空里那只黑色翅影的巨鸟，又飞驰而来。

它的黑色，会短暂覆盖我的视线。

我做好了准备。

——下山。

在 2018 年 7 月 7 日的那天，我再次上山。

这次，是我面对三危最后的预谋。我是向三危来告别的。

上次，我记得于道长说，那位 178 岁的王祖师爷，最后辗转埋葬于三危后山。既然为三危命名"道貌岸然"，我得为这个王祖师爷道长燃香三炷。他是除开老子之外三危山最为道的魂魄。因此我的寻根问底变得理所当然。

越野车惯常地穿行在三危大山的深处。

车轮压溅起尖利的石子飞刺的声音，回旋在山涧深谷。

路边，艰难地生长的胡杨。近二十年了，那些胡杨依然像发育不健全的小侏儒。它们还没有来得及成长，就已经年老色衰。但它们还是在极力地释放生命的色彩，绿。看着窗外那些树，内心是凄惶的，也是感同身受的，但有时真是无可奈何。是的，我不能老是沦陷于抒情，这样很不好。我得放过那些风景，那些生命。我感受到自己心脏紧迫地喘息。

越野车闪过那些佛的宫殿，那些高高在上的影像。

穿过狭陡的刚刚开辟出来不久的山路，绕过几十道拐，车屁股后牵出一条黄色的灰龙，在颠簸起伏的瞬间，我看见三危的群山被我甩在了身后。一条河床横亘在眼前。河里没有水，只有水曾经的痕迹。满河床的卵石发着呆，他们是找不到娘的一堆孩子。那些孩子望着天，也望着车轮疾驰的我的到来。我从卵石的背后，看见了历史的车辙印痕，混乱的，错乱的，铺满寻找的目光。

远处，有一丛丛蓬勃的新绿。

那是扎在河床中间的一片芦苇，一片红柳，还有一片胡杨树。

穿过它们就看见河床中间被粗大的钢索扎断了去路。有一张告示牌，警告是"莫高窟保护区",并"严禁入内"。我明白我到了莫高窟的母亲河宕泉河的上游。这超出了我多少次站在莫高窟外对这条河上游的遐想。我以为它的上游尽可能具有生机和活力。我曾在很多莫高窟人的文字里读到过其上游的模样,那里有鸟兽,有虫鱼,有开垦的土地。但眼前的事实告诉我,那个被开垦出的上游时代早已经远去,连背影都已经模糊。

说真的,我有一点短暂的神经错乱。

我怀疑自己的阅读和遐想,也怀疑这是否是宕泉河的上游。

我力争用这样的怀疑,来安抚我的错愕和无奈。

我在干涸的被阻拦了的宕泉河的上游河床,来来回回。用我的目光,用我的思绪,还用我的双脚,来来回回。我得向莫高窟母亲河的上游告别。我也不能太儿女情长,但我深深地知道,在夏季,在祁连山发情的季节,宕泉河依然会浩浩汤汤席卷过莫高窟的门前,奔向戈壁的远方。

我抬头看见了远方的祁连山。这是一个好天气,远方的祁连山不算很远,祁连山的容颜直奔我的眼帘。她的山顶,是祥云飞度,是白的雪。我也深深地知道,那洁白就是敦煌这片大戈壁的生命之源。没有祁连这座天山,敦煌绿洲将不复存在。对于敦煌水路的解读,将是另一个篇章的主题,我在此打住。

我没有找到王道长的坟墓。我知道我已经远离了三危山的余脉。打车回向,快速回转,我期待那个灵魂一定在三危某处静候着我,一起完成一个邂逅。

是的,那只能是一个邂逅。

但我分明看见一个身穿青灰色道袍,行走在北方荒野上的道长,荒野的风撩起道袍的下摆和长袂,像两块迎风猎猎的旗帜,带着天地之间的混响,回应在敦煌大道的深处……

这是一片土地的象征。

也是一片土地的隐喻。

我的寻找,也是一个隐喻。

肆 敦煌之水路：回头即是岸

从水路出发，走向敦煌
沿着两千多年的历史长河之岸
一路上看见三苗人、月氏、乌孙、匈奴、突厥还有吐蕃人的倒影
顺着河流出发，抵达敦煌的彼岸
舟楫扬波，白帆点点
经疏勒河、党河流域，小河淙淙，大河汤汤
是谁，在大河的岸边忧思
蓦然回首，一个民族苦旅的背影
回头是否有岸

18
逆流而上：问水祁连

从今天的敦煌岸边出发，我们丢失了对船的印象。

虽然船是人类走出丛林最早使用的交通工具，但它需要借助水。水能载舟亦能覆舟，没有水，船就只是一堆木头结构的几何图案。

作为丝绸之路的河西走廊，在想象和认知中，它都是一条尘土飞扬的陆上大道。特别是当西北只有"干旱"这么一个代名词后，似乎水已经彻底告别了这片高大陆。当然眼下的事实不容辩驳，也正是如此。水，是西北的一个梦，也是河西走廊的一个梦。多少个朝代的人们都在这个梦里挣扎，辗转，难以安眠。

水，也足以让很多个朝代失魂落魄。

很久以前，全球气候还没有转暖，大气洋流还在按照应有的规律行事。那时候，这片西部高大陆，高山上还有雪峰，山脚下还有沼泽，大河还在流淌，小溪还在滋润万物，生灵们也还在按照规则生长，鲜花在盛开，果实在成熟。但变化总是在不经意间，似乎人类还没来得及警惕，有些东西说变就变了。

最令人讶异的是，一个传说中盛产美女的古国楼兰说不见就不见了。紧随之，那西域三十六国之间的水系出现了巨大的断裂。随着水系的断裂，那些以游牧为魂、筑墙围城的众多城邦国家，都因逐水而战斗，你死我活，最终城池坍塌，伴随着干涸的河床，一个个灰飞烟灭，成为一个又一个远古的传说。

当然，城邦的灭亡是多种多样的，但"水"确实要了很多国家的命。

水做的命，因水而生，也因水而灭。

当我一次又一次抵达敦煌阳关、玉门关和河仓古城的时候，我的眼睛里总是闪烁着一个波光粼粼的水质敦煌的面孔。一百年前这里还有水，疏勒河还没有断流。五百年前这里还能泛舟，白帆点点。而千年之前，这里发于祁连山水系的疏勒河和党河，还能双流交织在玉门关外，大船浩荡，扁舟争流，波光深处交通繁忙，丝绸、茶叶和瓷器，香料、毛皮和玉石，都在阳关和玉门关两座城关处泊岸，接受一个国家的安检，东来的东来，西去的西去。水能载舟的比喻，在西域的古渡口相当安详。

关于河仓古城，这是值得说道的地方。

河仓城，俗称大方盘城，建于西汉，位于敦煌西北60公里处的戈壁滩中，西距玉门关（小方盘城）15公里。

河仓城位于东西走向的疏勒河古道旁的凹地上。

西面约50米处，是一个大湖泊，水平如镜，蔚蓝透明，岸边长满芦苇、红柳、甘草，东面是深不可测的沼泽地。

河仓城建在高出湖滩3米许的土台地上。

因临疏勒河，故称河仓城。

南北有高出城堡数丈的大戈壁怀抱，使河仓城极为隐蔽。

不来到跟前，是很难发现这座城的。由此可见，古人选择这块地方修军需仓库，确实费了一番苦心，是经过周密勘察和设计的。

戈壁滩还建有好几座守卫仓城的烽燧，被称之为城堡的眼目，在那里警惕地瞭望。

根据英国人斯坦因和我国考古学家阎文儒先生在河仓古城挖掘的汉简及西晋碣石所记载的文字来考证，河仓城自汉代到魏晋一直是长城边防储备粮秣的重要军需仓库。把守玉门关、阳关、长城、烽燧以及西进东归的官兵将士，全部从此库中领取粮食、衣物、草料等供给，确证就是军需仓库。

这是很明确地对河仓城的定位。还有就是河仓城傍疏勒河水岸，水运价格便宜，解决了陆上运输的短板。当然在水网健全的时候，千里河西大走廊的水路上还有很多这样的水码头。这不用怀疑，也不足为奇。

河仓城是古代中国西北长城边防至今存留下来最古老的、规模较大的军需仓库。目前河仓城的现状是：

河仓城由南向北，夯土板筑，呈长方形。

东西长约132米，南北宽约17米，残垣最高处6.7米。城内有南北方向的两堵墙，将其隔为相等并排的三座仓库，每库向南开一门。四壁多已颓塌，只有北壁较为完整。墙壁上下置三角形小洞，上三下五，间隔距离交错相等，可能是通风设施。

外围的东、西、北三面加筑有两重围墙。

第一重有断墙，四角有土墩痕迹。

第二重仅存北面土墩痕迹。

河仓城，是敦煌水系昌盛的铁证。

当然，眼下的疏勒河已经成为地图上的一条虚线。当疏勒河上游修筑的水库拦腰斩断这条水系之后，疏勒河只剩下一条河床。据考，疏勒河彻底断流是近几十年的事。之前，它是以季节河的面貌出现的。当西北雨水旺盛的年份，祁连山顶雪峰依旧的时候，上游的补给相对稳定，那么这条河就以河的样子出现在河西走廊上。

最终，这条河扛过了天灾，却死于人手。

改造天，改造地，改造宇宙。人们忘记了老祖宗说过的"天人合一"，人与自然的和谐相处。这很要命。首先要了一条河的命。当然，放眼更广阔的土地，死于非命的何止一条河，一座山，或者一片森林啊。大自然会无声地回报人类的，作用力和反作用力之间会守恒一个定律。

不能坐在疏勒河的岸边看笑话。老祖宗埋下的笑话，后代会来还账。谁欠下了账谁就得还，父债子还爷债孙还，都得要还。还债的时候一定要清醒过来，承认错误不会要命，要命的是犯下错误还死乞白赖。我们的民族犯过很多错，依然能五千年文明依旧，原因在于他在不停地修正自己。舐着自己的鲜血，再奋勇前行。

我经常在河西走廊的黄尘里幻想着还债的报应。我所在的这个时代，只是成了被报应的一个小小环节。这个环节是死结，不好解开。唯一的方式就是认命并承受。还有一个方式就是跪于天地之间，检讨并报请苍天诸神原谅。想抹擦掉自己的罪孽并装作没事人似的继续苟命于当下，那是最短视的。

当敦煌西湖自然保护区的王玉明书记，站在整面墙大的遥感地图前，激动地梳理这片土地的水系的时候，我既为这个专家型的书记如此丰富的专业知识感到温暖，但也为祁连山下这片水域的前世今生感到灼痛。

王书记说：敦煌年平均降雨量只有30毫米左右，而蒸发量却在2500毫米左右。

王书记说：水是万物之根，万物之魂，没有水，万物将废，万物将逝。

王书记说：敦煌的水，有两个来源，一是发于祁连山昌马河谷的疏勒河，一条是发于当金山的党河。目前，疏勒河已经断流，只有党河成了敦煌唯一的生命之源，是最后的母亲河。

王书记说：这两条水系，都来自祁连山脉，祁连山是河西走廊、是敦煌的地理屏障，也是河西走廊和敦煌的生命之源。疏勒河不仅哺育了敦煌文化，也出两关，联通了楼兰古国。虽然今天楼兰已逝，但她曾经作为生命的脐带，涵养了北方广袤的原野。

王书记说：楼兰的消失是水的预警，但也是综合性的原因，只不过水是最重要的原因。相对于疏勒河、孔雀河流域的灌溉，当今绝对是历史以来最大面积的，也就是绿洲面积在当今是最大的。

王书记说：今天建立的西湖自然保护区，这是拱卫敦煌的最后的一道绿色屏障，要是这道屏障再出问题，敦煌真将出现大患。

王书记说：西湖自然保护区不仅仅保护敦煌的地理，她更是保护着敦煌文化。

王书记说：欢迎你深入到保护区去看看。

我说：我会去的。

在满堵墙面大的遥感地图前，我的目光跟心态一样仓皇。

说实话，那仅有的一点代表绿色的红斑，在广阔的流沙状的地图上是那么弱小，那么不堪目睹。我为那么一点点绿色胆战心惊。好在以王书记为代表的敦煌绿色保护者们心态是乐观的，他们不但心中有数，似乎还信心百倍。乐见他们充满信心，虽然我是一个悲观主义者，但从不绝望。

祁连山从黄河之岸逶迤千里，在敦煌之远一百多公里一个叫阿克塞县的后枕上，再与西去一千多公里的阿尔金山握手言欢，言欢处叫当金山。我的文字里经常出现这个地理名词。当金山就是祁连山和阿尔金山的一个垭口，左边是祁连山，右边是阿尔金山。当金山就是两山的过渡地带，这也是中国唯一的不分彼此的两条巨大山系。

站在这个伟大的地理垭口，被海拔3500多米的高原的劲风吹拂，回望敦煌，就可以明显地发现，敦煌被祁连山和新疆天山山脉的余脉北山所环抱，东边是漫长的沙漠、戈壁和绿洲的河西大走廊，西去就被库姆塔格沙漠、罗布泊洼地和塔克拉玛干沙漠所围堵。军事位置非常重要，但生态位置更是四两拨千斤。

当阳关、玉门关成了历史遗迹,当两关成为被唐诗宋词装饰的景点,生态的敦煌已经比唐诗宋词重过千钧。两千年的敦煌文化依在,来源于她地域偏安,因偏而获得保全。假若敦煌被沙暴湮灭,那么罪不在斯坦因,也不在王圆箓,而是我们这批寄生于敦煌的人类。

远望祁连,逆流而上,追逐一条走廊的水梦而去。

越野车在这个夏天再次穿梭于祁连山下。我相信山水相连,山水相依,山高水长。望山而行,目的只为水。这也是我自己对敦煌关于水的解读,因为我宁愿相信敦煌生于大水的岸边,那水天一色的敦煌更符合一个干渴地理名字的前世。没有水,敦煌不可能为世界几大文明而存在。没有水,敦煌的华彩注定失色。

我更喜欢从当今去回望历史。看见了历史的貌相,是在为未来的面相定妆。

19

悬泉置:一杯水的驿站

从敦煌出来,往东。这个方向与阳关、玉门关背道而驰。丝绸之路上最著名的一处水,叫"悬泉置"。

顾名而思义,就是有一口泉悬挂在那里。这是相当具有诱惑力的一个关于水的名词。这个名词就被历史搁置在敦煌和瓜州的中间地段，已经有两千年的历史。

在敦煌去兰州的高速路口，我理智地选择了走国道。

最终还是误入歧途。因为决定仓促，说走就走，所以歧途难免。朋友打了好几个电话，得到的信息也是云里雾里，说要通过高架，进入高速路旁边的便道。敦煌到瓜洲之间有三四座横跨高速的高架。我见了第一道高架就将车头横了过去，心中小有不祥之感。

果然有一道峡谷将三危山豁开了一条道路。路是有的，但少有车辙。路在三危山体中蜿蜒，宛如愁肠百结。我不想回头，决意向前。心想，山重水复疑无路，也许柳暗花明会又一村。看着里程表，跑进去2.5公里，见一块石碑：

旱峡沟南墩烽遗址，位于敦煌市莫高镇八户村三危山旱峡沟沟内2.5公里西侧的山顶，用不规则的石块和红柳、芦苇垒筑而成，从上向下有收分，截面呈梯形……，烽燧建筑形制对研究敦煌地区三国至南北朝时期军事防御、邮驿有一定的参考价值。

原来，误入了旱峡沟。

从碑文上可见，这里只有八户人家，但一户人家也没看见。

既来之则安之，决定继续沿着峡沟深入一探究竟。跌跌撞撞，再进去5公里，山退天开，远处是云雾深处的祁连山。从方位上感知，我们到了宕泉河上游的上游。再远处，就是河西走廊的万淙之源，泉水始发于祁连山。

回撤。上路。再东去几十公里，车头一拐，向着三危山杀进。

不到山跟前，就见到了房子。烈日炎炎，敲开虚掩的房门，一中年男人疑虑地拉开了门。进去，不大的空间，四壁都是关于悬泉置的图片和文字介绍。像是一个简易的资料馆，因为没有物，不能叫博物馆。一对夫妻在此看护悬泉置遗址。按图片上介绍，该遗址将投资4亿元进行打造，届时将是非常壮观的一处旅游地。

男人姓石。他老伴正在厨房里揉捏面团。

石师傅得知我们来意，说上头有要求，不允许任何人进去，目前还没对外开放。

我心不在焉，在外间屋子里浏览着墙上的图片介绍。他老伴做了拨疙瘩，很客气地让食。这是中国人的礼数，让一让，只是客气而已，也有不会客气的。25年前，我跟阿炯去铁木里克拍摄，在维吾尔族村落，不懂一句汉话。他们对食物从不客气。他们不客气，我们也只有不客气，瞅准他们吃什么我们就要什么吃。不然，我们再客气就会要命。人类对食物的客气就是最高的文明。听朋友在里边跟夫妻俩没话找话，家长里短。便得知夫妻俩在这里每个月能领上四五千块钱，但长年回不了家。家里倒也没有人，女儿在外读研究生。

心底里暗喜，有戏。果不其然，等吃完饭，石师傅答应带路进去。

看着我不以为然的表情，朋友说，亲临现场看一眼也许会不一样。

最靠谱的说法是，"悬泉置"是汉武帝时期设立的一个官方接待站。

汉武帝时期开始使用，初称"悬泉亭"；昭帝时期改称"悬泉置"。东汉后期又改称"悬泉邮"。魏晋时废弃，时间长达400年之久。从长安到敦煌在丝绸之路沿线设有80多个这样的驿站。这是考古发现有关资料最为完整的一处。

> 《元和郡县图志》：悬泉水，在县东130里，出龙勒山腹，汉将李广利伐大宛还，众士渴乏，引刀刺山，飞泉涌出，即此地。水有灵，车马大至即出多，小至即出少。

大宛，古代中亚国名，在今费尔干纳盆地。置，即驿站。该名在唐代仍在沿用，宋以后渐废，无人知其名。清代至今多称为"吊吊水""贰师泉"。贰师，指李广利，别称贰师将军。《汉书》卷六十一《张骞李广利列传·李广利》有记载：

太初元年，以广利期至贰师城取善马，故号"贰师将军"。

西过盐水，当道小国各坚城守，不肯给食，攻之不下。下者得食，不下者数日则去。比至郁成，士财有数千，皆饥罢。攻郁成城，郁成拒之，所杀伤甚众。贰师将军与左右计："至郁成尚不能举，况至其王都乎"，引而还。

往来二岁，至敦煌，士不过十一二。使上书言："道远，多乏食，且士卒不患战而患饥。人少，不足以拔宛。愿且罢兵，益发而复往。"

天子闻之，大怒，使使遮玉门关，曰："军有敢入，斩之。"贰师恐，因留屯敦煌。

这段史料之记载，有几个重要信息：
一是贰师将军的来由及出处可考。
二是贰师将军路过悬泉引刀出水虽然夸张，但也沾边。
三是天子爱马，贰师将军取马不得，惹天子生气。

可以补证，在敦煌现有一处水草丰美之处叫"渥洼池"，传说就是一个名叫暴利长的小官员给独爱奇骏的汉武大帝套获天马的故事。据敦煌遗书《寿昌县地境》记载：

寿昌海出县南十里，方圆一里，深浅不测，即渥洼水也，利长得天马之所。

《汉书·武帝记》也载云：

（元鼎四年）六月，得宝鼎后土祠傍，秋，马生渥洼水，作宝鼎、天马之歌。

马就是速度，马就是江山。

可以理解一个农耕民族的皇帝与西域铁蹄作战，"马踏飞燕"是多么浪漫而又刻骨的奢望。所以，随后的两千年西征，马都是第一重要军事物资。前边所说霍去病拿下焉支山后，马上就圈闭了祁连山下万亩草场作为皇家牧场。这是非凡的军事眼光。后来，战马依然是代表速度、代表生命、代表江山的军事物资，直到中国有了自己的步兵战车，有了自己的导弹之后，战马才走下军事神坛。

悬泉置是多么灵性的山水啊，人多马多，多出来一点，够用；车少人少，少出点，不浪费。可以说，这是最有智慧的山水，最环保节制的山水。一路上，我在怀疑我们只去三人，是否只出一碗水呢。

悬泉置遗址已经是全国重点文物保护单位，2014年被联合国教科文组织列入了世界文化遗产名录，即：长安——天山廊道世界文化遗产。2015年，国家发布了《推动共建丝绸之路经济带和21世纪海上丝绸之路的愿景与行动》，这个涵盖26个国家和地区、44亿人口的经济倡议，将建成世界上最长的经济走廊。

万里丝绸之路在千年之后再放异彩，这是一个民族目光西顾的理由。

悬泉遗址因此具有重要的历史价值。

遗址位于安敦公路甜水井附近的戈壁荒漠中，南依三危余脉火焰山，北临西沙窝，为汉唐年间瓜州与敦煌之间往来人员和邮件的接待站。现在有研究表明，悬泉置曾接待过于阗王。这位王的随从居然达1060人，规模如此宏大的官方接待，在当时是个奇迹，仅用坏的杯子就达300多个。此外，这个驿站还接待过康居国王、乌孙国公主等达官贵人。唯独不见接待商旅的记录。

想起香港电影《新龙门客栈》，估计就是以它为蓝本。

酒泉地区文物普查队于1987年首次发现了该遗址。

甘肃省文物考古研究所于1990年至1992年，分两个阶段进行了全面挖掘，发掘出15000余枚汉简和17650件各类实物。

悬泉置遗址是一座方形小城堡，门朝东，四周为高大的院墙，边长50米，西南角设突出坞体的角楼。坞墙系用长、宽、厚约 40 厘米、20 厘米、11 厘米的土坯垒砌而成。坞内依西壁、北壁建有不同时期的土坯墙体平房 3 组 12 间（内含一个套间），为住宿区；东、北侧为办公区房舍；西南角、北部有马厩 3 间；坞外西南部建有一组长约 50 米，呈南北向的马厩 3 间。

据说，悬泉遗址发掘的文物非常完整。记载：

> 悬泉置遗址现已发掘出土的各类遗物达 17650 多件，其中内涵丰富的简牍即达 15000 余枚，其他遗物如以质地计，有铜、铁、漆、木、陶、麻、皮毛、丝绸、纸张、粮食、兽骨等门类，如以用途计，则有货币、兵器、家具、工具、猎具、文具、服饰以及日用杂品等。
>
> 具体物件有诸如钢箭镞、五铢钱、带钩、陶罐、陶碗、漆木耳杯、石砚、画板、草席、苇席、竹席、皮鞋、麻鞋、玩具以及大麦、小麦、青稞、谷子、糜子、豌豆、扁豆、黑豆、大蒜、杏核、苜蓿、桃核，马骨和大量毛色鲜艳保存完整的马头、马腿等。

遗迹结构之完整，出土遗物之丰富，遗址保存之完好，文化内涵之广泛，实属考古学界的重大收获。其中，有明确书写墨迹的麻质字纸出土，对东汉蔡伦造纸说时间进行了前移。

专家还发现有一块墙皮保存较为完整，上面诏书一封，题为《使者和中所督察诏书四时月令五十条》。经研究考证这是世界上最早的一部"环境保护法"。诏书是西汉平帝时，太皇太后发布的一项诏文，由安汉公王莽奏请和逐级下达给群众的文书。文书的主体部分是月令五十条，主要围绕保护生态环境规定了四季的不同禁忌和须注意的事项，如春季禁止伐木、禁止猎杀幼小的动物、禁止捕射鸟类、禁止大兴土木等，夏季则禁止焚烧山林等，秋季规定禁止开采金石银矿等，冬季禁止掘地三尺做土活等。

丛林法则，是人性深处的一道铁链。

虽然老祖宗从丛林走出不久，但他们已经非常尊重自然、尊重客观规律、尊重生命和大道。说实话，锦衣玉食的当代人类，往往兽性昭然，甚至根深蒂固。

文学，是人由兽而神的空中索道。这句话是哲学家说的。

我想说的是：文学的回望是对现实的宏阔引领。

我用自己的文字，还之文学以道。

一圈铁丝网。一道铁门。一把锁。

石师傅打开锁，再打开铁门。

我小心翼翼地将车开进两千多年前但至今仍有历史回声的土地。

在右手处一百米开外，肉眼能看见遗址被发掘出来的模样，一些残墙，和一些凹地。我没有提议过去看一看，猜想这个遗址守护者也不会应许。我是一个自觉的人，从不开口让别人为难。车轮循着一条近乎碎石的路挺进，发动机护板咔呲呲作响，每一声响都撕心。

碎石路成了劈开三危的利剑。好在这把利剑只是浅浅地抵达在山口，并不像之前抵达旱峡沟的那一条路。那一条路将整座三危山纵着劈开了，长达10公里。那是彻底纵贯三危的一条峡沟，假若战火驰援，由南而北，兵马从峡沟破三危而出，在那个以车轮、马蹄为速度的年代，可谓一沟贯南北，一剑通天堑。

这是大山给自己留下的气孔。山没有气孔，山也就憋死了。事实证明，那条旱峡沟也是曾经的兵马过道，至今依存的烽燧就是最好的见证。烽燧在长城以北的原野上，是重要的军事符号。

远远地就看见一抹深绿从黑魆的山体跳了出来，定是悬泉无疑。

到了跟前，绿并不稠密，也不浓厚，但在满目的黑黄色调里，它又是那么生动、那么刺眼、那么传神。很清楚地听见鸟的叫声，估计有五六种。但只听得见鸣叫，却看不见鸟。它们都躲藏在绿色深处，绿色里主要的植物是胡杨，还有红柳、沙棘、芦苇、罗布麻、梭梭、麻黄、骆驼刺等七八种，还有外号叫胖胖娘杆子、羊奶弯弯的物种。俨然是一个完整的生态圈。发现有大型动物的粪便，出去时果然得到印证，一只黄羊飞奔而去，像一道惊恐的闪电。

流水嘀嗒如歌。

山高水长，在半山腰，果然有泉水流出，落差有三五米。泉自上而下，形成悬挂的落差，命以"悬泉"名副其实。朋友说要不要上去，看看泉水的更深处，我马上否决了。据我猜想，水的源头就是高处的一条山沟，而最终的源头就是这座三危大山的深处，朋友连连点头。我说，探得究竟那就没意思了，为了保存"悬泉"的美好传说，绝不探源。不然，这水会大打折扣。我愿意把这处水的美好留给贰师将军，留住他抽刀引水的传说，事关文学的美丽。

捧起一口水，我想对接两千年前的贰师将军。

但我的舌头捕捉到这貌似山泉水的味道，它并不纯正和甘甜，而是微微苦涩。

我说：苦的，是咸水。

石师傅不以为然道：是的，是苦水。

我说：你饮用的是这里的水吗？

石师傅说：是的，隔几天上来拉一趟。

我说：这能食用吗？

石师傅说：忍忍，也能。

我的心莫名其妙一阵跳跃。

我知道在这北方被长城圈闭的地域里，水堪比金子般珍贵。水是命运，是生命，也是战争。这条勒住人脖子的水的绳索，至今在北方大地都无解。曾在前几年写过一个关于北方水的中篇小说，名字叫《最后的村庄》，那是我对北方关于水的寓言式的文学解读。也就是说，生活在北方，生活在戈壁沙漠里，怎么都无法对水熟视无睹。可以说，水，是北方民族命运的绞索。

关于对敦煌以水的解读，虽别出心裁，但我愿意说这是我的使命。

水岸敦煌，那是我用文学归还敦煌的另一种面相。

水岸敦煌，长河汤汤，那是历史的回光返照。

而今天，这口悬泉的苦水，是链接敦煌生命本质最核心的基因。

也就是说，一种文明的基因，源自一种水的味道，那么一个民族，一个民族的命运，就都是苦涩的本质。即便有灿若桃花般的美丽和丝绸般的富饶华美，都只是表象，或者只是人为赋予的深重意义罢了。即便如此，透过一滴水我已经看到了太阳的尽头，但我依然会以车为舟，荡漾在疏勒河和党河的千年古河床上，试看敦煌水的模样。

走出悬泉遗址，太阳在头顶暴晒。

我驾车返回甜水井处，突然问朋友：甜水井，字面意思本是甜啊。

朋友说：那是人们对现实苦难的美好期盼。

我说：哦，以苦为甜。

朋友说：给一个甜的幻觉也是美好的。

甜水井以前是一个道班所在地，现在道路已经改为高速，传统的养护道班已经不复存在，但瓜州去敦煌的火车在此还设置了一个拳头大的货运站，名字叫"甜水井火车站"。这是不加思量的传统套用法。

我说：这地名该改了，应该叫悬泉站。

20
安西：古河床里掩藏的水道

在悬泉那还没有成形的资料馆里，我看见了一张影印的照片。

那张照片中人物的眼神，令人心碎。虽然那只是一张照片，也确信来自现当代的样貌复原，但那种凄凉，能渗进骨头。那就是"细君公主"。又名《细君公主歌》或《黄鹄歌》的《悲愁歌》，也令人肝肠寸断。

> 吾家嫁我兮天一方，
> 远托异国兮乌孙王。
> 穹庐为室兮旃为墙，
> 以肉为食兮酪为浆。
> 居常土思兮心内伤，
> 愿为黄鹄兮归故乡。

公主愿变成一只鸟儿飞回故乡。

可是，这个愿望是不可能实现的。

她给汉庭派送出去的信件没有得到回应，而两年之后，她魂断西北大漠。

我不知道脚下这片土地是否是细君公主落脚的地方，也许是，也情愿是。从很多资料考证，当时的乌孙是游牧部落，曾以游牧小国的方式在以敦煌为核心的河西走廊，和阳关、玉门关外的天山脚下，建立过部落式国家。按理说，这样的弹丸之国没有资格进入大汉的眼皮，但他因为地域的重要性在大汉的眼里享尽特殊。这个女人，她在被张骞凿通西域后成为大汉的一颗棋子，而且变成了一颗相当重要的棋子。

其实，这颗棋子并没有发挥出预估的历史作用。

相反，那个叫细君的公主却随着那首悲切的挽歌，进入了司马迁的《史记》。

《史记·大宛列传第六十三》：

> 臣(张骞)居匈奴中，闻乌孙王号昆莫，昆莫之父，匈奴西边小国也。

《汉书·张骞李广利传》：

> 天子数问骞大夏之属。骞既失侯，因曰臣居匈奴中，闻乌孙王号昆莫。
>
> 昆莫父难兜靡本与大月氏俱在祁连、敦煌间，小国也。

由此可以证实，当时的敦煌地盘上，曾有乌孙建国。

其实，春秋战国以前，乌孙曾在现今宁夏固原一带游牧，其后他们才逐渐迁徙到河西走廊地区，是典型的逐水草而居。哪里有水有草，哪里就是他们的家园。也即是说，水，是游牧民族的命根子。游牧民族的最高理想，就是对水的追逐。

在敦煌这片土地，乌孙们以流浪的方式建过国。

后来，他们发现了更加美好的水草，进入了天山南北。

还因为，另外一支游牧部落的兴盛，逼迫着让他们退出了传统的草场。那个部落就是跟黄河流域的汉民族缠斗了好几百年的匈奴。匈奴的强大让汉帝国吃尽苦头，弱小的乌孙部落更不在话下，只好卷起行李走人。所以，当张骞出使西域将这些情报汇报给汉朝的时候，汉朝的皇帝便笑了。敌人的敌人就是朋友。于是告知敌人的敌人，咱们一起对付匈奴。但乌孙王说我们链接姻亲吧，姻亲关系更牢固，咱们一致对外理由就更充分。

于是，皇帝的目光瞄准了江都王刘建的女儿。为什么千挑万选瞄准了这厮的女儿呢？因为这家伙有反心，畜生一般的荒淫，不拿他家女儿献贡简直是天理不容。于是，皇帝授其女为公主称号，一声令下，其女含泪西去大漠深处，当了乌孙王的小老婆。

推算起来，刘细君的曾祖父是汉景帝刘启，祖父是汉武帝刘彻之兄刘非，正牌的西汉宗室，但她的命运是由父亲刘建一手书写的。其父江都王刘建，是个荒淫无道的诸侯王，在元狩二年（前121年）企图谋反未成后自杀，刘细君的母亲以同谋罪被斩首。当时，刘细君因年幼而幸免于难。

看见汉庭给了老迈的乌孙王一个小女子拉拢关系，匈奴也同样给乌孙王送去一个小女子。乌孙王左右为难，但也左右通吃。可惜肉身老迈，好日子不长，早早地挂了。按照乌孙的风俗，继承者不仅要继承老王的江山社稷，还要继承老王的妻妾。而继位的又是老乌孙王的孙子，也就是说，这跨度实在有点大。细君公主毕竟深受汉文化熏陶，飞信三千里报告汉武帝，要回到汉室。汉武帝想想，得了吧，江山社稷为重啊。于是，细君远远地听见了皇帝那一声叹息。度日如年。细君写下了悲歌，幻想变成一只鸟也要飞回汉室。

但她不可能变成一只鸟。因为生产调理不周，加之气血攻心，郁郁寡欢，最后命丧大漠。

对这事，后世的诗人们不忍心，以诗为祭。白居易为之咏叹：

> 乌孙公主归秦地，白马将军入潞州。
> 画角三声刁斗晓，清商一部管弦秋。

黄庭坚也为之感伤：

> 公主坎坷路，天涯凄凉人。
> 秋风瑟瑟秋悲凉，愁云荡荡愁断肠。
> 路远迢迢路望尽，山高重重山凄凉。

在这悲凉的句子面前，我无语凝噎。一个以王权为重的朝代，人权轻如鸿毛。幸好有诗人，他们的文字是一个民族悲情历史最妥帖的安魂药和创可贴。我突然觉得书写《再敦煌》的心路历程中，我的身心都贴满了这种创可贴。

安西，现在叫瓜州。一个以瓜闻名的地方。

安西之名，始于康熙年间。康熙帝在安西布隆吉大败噶尔丹部属 3000 余人，始称"安西"，取意为"安定西域"。安西地名一直沿用到 2006 年才更为古老的名字"瓜州"。改名自有改名的用意，有人说为了打旅游牌，卖瓜；也有人说安西谐音"安息"，听着不舒服。

瓜州地处古丝绸之路的黄金地段，西域门户，也是敦煌艺术的中心地带，还相传是《西游记》人物原型地。传说《西游记》里的"孙悟空"的原形乃瓜州人，胡人。因为胡人满身毛发，状若猴，小说里便以"美猴王"形象出现。吴承恩老先生写的是小说，不是史记，但当地人更愿意忠于"原形地"这样的说法。

这里还是草圣张芝的故乡。稍通文墨的人都知道中国书法里张芝的重要。为了打旅游这张牌，当地还斥资建造了张芝书法园，设立了"张芝奖"全国书法大展。张芝的书法具有里程碑意义，后来的怀素等人都是向他学习的。

张芝，生年不详，约卒于汉献帝初平三年（约 192 年），字伯英。出身官宦家庭，大司农张奂之子。与钟繇、王羲之和王献之并称"书中四贤"。

张芝擅长草书中的章草，将当时字字区别、笔画分离的草法书写形式改为上下牵连富于变化的新写法，富有独创性，影响很大，有"草圣"之称。北京大学教授、引碑入草开创者的李志敏这样评价：

张芝创造了草书问世以来的第一座高峰，精熟神妙，兼善章今。

告别张芝，我在瓜州逐水而去。
安西境内有两条源于祁连山的河流。
一条是疏勒河，在安西境内流程 242 公里，流域面积 1.28 万平方公里。
另一条是榆林河，流程 118 公里，流域面积 5494 平方公里。
种瓜得瓜。种瓜要水。所幸疏勒河和榆林河为瓜州这片广阔的戈壁和荒漠混生的土地提供了生命的琼浆玉液。

这两条河都发源于祁连山。前边已经说过，祁连山既是丝绸之路甘肃河西道与丝绸之路青海吐蕃道的地理屏障,也是千里河西大走廊和河湟谷地的生命源泉。发源于雪山的径流,聚溪成河,最终汇聚成河西走廊几条著名的大水系,比如黑河,比如疏勒河,还有党河,它们是古丝绸之路的奶汁。面对广袤的大漠,这些水显得紧张和稀缺。正因为这种紧张关系,丝绸之路上的河流才格外著名。要是在南方,这些水可能微不足道。

泛舟古疏勒河的河床,我幻想着巨大的滔天流水。

我首先想到了疏勒河养大的孩子——河西走廊上著名的作家王新军先生,他有散文《疏勒河》:

> 对一条河的爱,永远没有终点。
>
> 我对疏勒河的这份感情就是这样,无论何时何地,只要想起这三个字,一种莫名的亲近油然升起,心神也仿佛忍不住要扑向那片丰饶的土地。
>
> 这条河也是王新军的生命之河。
>
> 我对疏勒河的重新认识,是从来到一个名叫七墩的地方开始改变的。
>
> 七墩地处瓜州县的东北角,也就是玉门的西北角,七墩北面就是那条从我家门前一路西来的古老河流。自从改道以后,疏勒河的名字就一直出现在历代官修的史地典籍里。当然,有时候还有别样的叫法,比如苏来河。其实它一直在沿着疏勒河冲积扇的边缘行走,这里沉积的深厚沙土,涵养了高山雪水,使河流在枯水的季节得以重生。
>
> 是这厚厚的黄土一次次给了河流新的生命。

在这篇字数不长的文章里,他也谈到了锁阳城。锁阳城是疏勒河岸绕也绕不开的高光点。疏勒河之水哺育出的这处戈壁里的奇迹,王新军这样说:

河流是大地的血脉，疏勒河在唐代的时候，奔出昌马峡口不久便折头向西了。

在瓜州锁阳城遗址周边，灌溉设施齐备的古代农田至今清晰可见，其规范程度与规模，见证了当年锁阳城作为唐王朝边疆大邑和西域门户繁盛数百年的奇迹。据专家考证，当年锁阳城及周边，人口当在三十万以上。疏勒河的一次改道，改变了这座古城的命运，使它彻底沦为孤城，最终不得已地走向废弃。

我决意以"水岸敦煌"进行书写时，才发现与锁阳城擦肩而过。

虽然，从桥湾而下，去过好几次那个珍藏着"人皮鼓"的桥湾博物馆，也顺道到双塔水库吃了好几次鱼，虽然那鱼的味道并不怎么样。好几次，我眼望荒野，其实就在那荒野的深处，就有沦落为废墟的锁阳城。

据《大唐西域记》记载，高僧玄奘赴印度取经路过瓜州，在此讲经说法半月有余。有专家认为，锁阳城是"古代沙漠化演进过程创举沧桑变化的典型标本，是中国西部古文化遗存和独特自然景观结合最为完美的旅游景点。"

从网络搜索词条上得知：

锁阳城原名苦峪城，在甘肃省瓜州县城东南约70公里的戈壁滩上，始建于汉，兴于唐，其他各代都不同程度地重修和利用过。其形制保存了典型的唐代古城风格。

当然还有神奇的传说。

传说唐代名将薛仁贵奉命西征，打到苦峪城中了埋伏，被哈密国元帅苏宝同围困在城中。唐军虽然多次出击，但仍然破不了重围。城中粮草断绝，危急之时，老将程咬金杀开一条血路去长安搬兵，薛仁贵便与将士一起节衣缩食，以待援兵。这期间，薛仁贵发现城周围田地里生长的一种植物，像红萝卜一样，可食，便命将士挖来充饥，此乃壮阳之物锁阳也。

后为纪念锁阳解救全军性命一事，把苦峪城改为锁阳城。

这是合情合理的传说。锁阳，西北大漠特产，似阳具，有壮阳功效，与肉苁蓉一样被中药列为阳举圣物。这种东西状貌奇特，令人不堪目睹。雪天里，四处厚积白雪，就锁阳生长之处不见积雪，可见阳性之足。我曾在沙漠里挖掘过，也曾大快朵颐，至于能否助阳倒是另论，不过拿来充饥救命完全没有半点夸张。

百度词条里这样渲染：

> 锁阳分布于中国多省区，中亚、伊朗、蒙古也有分布。生于荒漠草原，草原化荒漠与荒漠地带的河边、湖边、池边等。锁阳能补肾、益精、润燥，主治阳痿遗精、腰膝酸软、肠燥便秘，对瘫痪和改善性机能衰弱有一定的作用。

《本草纲目》里李时珍也这样说：

> 锁阳出肃州。生鞑靼田地。野马或与蛟龙遗精入地，久之发起如笋，上丰下俭，鳞次栉比，筋脉联系，绝类男阳，即肉苁蓉之类。

其实锁阳城，还是唐王朝最为重要的边隘。

它的兴盛，代表了一个朝代对西域大地的管控力。

以史为据，唐朝对西域大地开疆拓土的气概，胜过于汉武大帝。从唐朝设置的安西都护府管辖的地域来看，汉王朝的西部疆域已经拓展到了极限。唐王朝设置的安西都护府，从唐太宗贞观十四年（640年）起，到唐宪宗元和三年（808年）止，共存约170年。管辖范围包括今新疆、哈萨克斯坦东部和东南部、吉尔吉斯斯坦全部、塔吉克斯坦东部、阿富汗大部、伊朗东北部、土库曼斯坦东半部、乌兹别克斯坦大部等地。

这是唐朝承袭汉武大帝开疆拓土很雄壮的一次地图边界。

从安西都护府的疆界我们不得不承认，唐朝是最有气度的朝代，不仅仅它开放包容，长安城是当时世界上最大的城市，还因为它有文化。唐诗所营造的纸上盛世，也堪称完美。一寸江山一寸血，没有哪寸土地是用舌头谈判得来的。

箭镞坠落之地，就是大唐的边界。

至今的葱岭、帕米尔高原这样的地理名词，都能唤醒血液狂奔。我也给自己制定了书写的边界，当《再敦煌》落笔，我的目光将毅然决然走出古阳关和玉门关的河床，穿过大海道，投向这片高地。对祖宗领地的巡视，匹配汉唐子孙的称谓。

当下，我得将目光再次沉落在安西这片古疏勒河的河床。

在一泻千里的古河床，似乎有话要说。

疏勒河在瓜州的古河床也并不明确，至于河岸河道，那只是一个概念。没有谁能看得见疏勒河的古河床，即便借助遥感卫星也难以分辨。当水只留下一个过往的概念，当千里大地只是一床卵石，谁能将一条河清晰地指认？

指认，只能是情感的。

河会改道，因此最不可靠。水的形状也是人为的，它自己无形无状，自由自在，无拘无束。这种旷达的不受拘束的豪放状态，没有任何一种物质可比。所以说，对水的认知，讴歌也罢，伤怀也罢，都不要轻易上当。人的情绪在它面前，都不值一提。它已经超越了具象，呈现的是万象。

万象之象，就是道。

也就是老子之所谓的道。

所以，在《老子》里，老子有对水的客观认知。这种认知，千年之后的我们依然只是懵懂难懂。因我们的双眼早就蒙蔽了尘灰。这种世俗的尘灰，让人类变得越来越急不可耐，越来越利欲熏心，越来越兽性昭然。因为我身边的人类大抵没有道，没有宗教，他们是一群被上帝散放的羊。

我宁愿再次在水岸敦煌的叙述里，找到水的道。这也是《再敦煌》的道。

此刻，站在疏勒河边，看见了老子对水的诠释：

> 上善若水，水善利万物而不争，处众人之所恶，故几于道。

老子的意思是指，至高的品性像水一样，泽被万物而不争名利。不与世人一般见识、不与世人争一时之长短，做到至柔却能容天下。

在道家学说里，水为至善至柔；水性绵密，微则无声，巨则汹涌；与人无争却又容纳万物。水有滋养万物的德行，它使万物得到它的利益，而不与万物发生矛盾、冲突。

人生之道，莫过于此。

拿我的解释就是：上善若水，水的善来自滋润万物而又不与万物争光辉。水不争光辉，而它自身已经满是光辉。

孔子也说：水有九德，是故君子逢水必观。《孔子家语·三恕》：

> 孔子观于东流之水，子贡问曰：君子所见大水必观焉，何也？
>
> 孔子对曰：其不息，且遍与诸生而不为也。夫水似乎德，其流也则卑下，倨邑必循其理，此似义；浩浩乎无屈尽之期，此似道；流行赴百仞之嵠而不惧，此似勇；至量必平之，此似法；盛而不求概，此似正；绰约微达，此似察；发源必东，此似志；以出以入，万物就以化洁，此似善化也。水之德有若此，是故君子见，必观焉。

孔子将水更加人格化，更加具体化。孔子说水有九种品德：为。义。道。勇。法。正。察。志。善。

所以，子在川上曰：

逝者如斯夫，不舍昼夜。

意思就是，天地之化，往者过，来者续，无一息之停，乃道体之本然也。

孔子站在大河岸边，一声叹息，接天德。接天德者才可以称之为王道。

这是2018年7月的夏天，烈日当空。当我站在安西疏勒河古河道上时，我看不见水，也看不见自己，我两眼昏花和迷茫。我感觉到自己的渺小，又感觉到天地万物之间的虚无。斯时我口干舌燥，苍黄的戈壁上砂砾被晒得暴跳，一条四脚蛇躲在一丛枯萎的骆驼刺里，它装死的模样形同一节枯枝。我使劲吞咽了一下喉咙，只觉得喉咙里火烧火燎。那只四脚蛇赶紧窜逃，它似乎听到了我喉咙里的焦渴声。

我环顾四野，没有一滴水。

水在这片土地已经仓皇逃遁。我孤零零地躺在干涸的河床之上，幻想着水岸波光，我知道这是自欺欺人。我不做毫无意义的反抗，我投降于水。

这时，一头毛驴姗姗而来。它走得十分缓慢，缓慢的时间似乎都已经熔化了。当它走到我身边，我连看它的力气都没有了。但我还是瞟了它一眼，那一眼，就激活了我生命的水系。因为，毛驴车上满满一车西瓜，还有一个瓜农，他满脸阳光，惊讶地看着我。

我说：水。

他一动不动。

我说：水啊。

他还是一动不动。

我还想说"水"，但我已经没有力气说出口了。等我醒来的时候，太阳已经西垂，我的身体依旧瘫痪在疏勒河的古河床上。那丛枯死的骆驼刺不见踪影，那条四脚蛇也不见了踪影。那头毛驴呢，还有那个老汉？我一个激灵坐起来，依然能清醒地回忆起我跟老农的对话。

他说：你来这里干什么？

我说：我来找水，找源，找根。

他说：水本来就无源无根，你到何处找？

我说：大河之上。

他摇摇头。

我说：祁连之巅。

他还是摇摇头。

我说：天地之间。

他不摇头了，但也不说话。

我说：你为什么不说话？

良久，他说：天地在，道已无。

这话好熟悉，我莫名惊诧，以为是老子。

等我醒过来，我发现自己干干地坐在疏勒河的河床之上。四野茫茫，一个影子也没有。我有些遗憾，也万分惊恐。这时候一个声音传过来：你终于醒来了啊？

那是朋友。

21
榆林窟：疏勒水域的精神粮仓

榆林窟位于在祁连之水榆林河畔。

榆林河是疏勒河水系一大支流。发源于祁连山脉的野马南山，流经榆林窟，最后汇聚在疏勒河水域。疏勒河水滋养了敦煌文化石窟群，它们像星辰一般闪烁在大水之岸。

榆林窟又名万佛峡，位于瓜州城南70公里处。洞窟开凿在榆林河峡谷两岸的峭壁上，因河岸榆树成林而得名，是全国重点文物保护单位。

因为有了敦煌莫高窟，所以榆林窟总是被盖过光华。真还有点"既生亮何生瑜"的感慨。其实，在绘画人眼里，或者在修行者看来，榆林窟是一处难得的清净之所。在那里，既有佛的霞光万丈，也有难得的清静。

榆林窟是我国著名的石窟之一。从洞窟形式、表现内容和艺术风格看，与莫高窟十分相似，是莫高窟艺术系统的一个分支。始建年代虽无文字可考，但从洞窟形式和有关题记推断，应开创于隋唐以前。从现存壁画风格和游人题记看，唐、五代、宋、西夏、元、明、清各代均有开凿和绘塑，或者进行过大规模修缮。

壁画上最晚的题记者，估计是张大千先生。

张先生临摹了莫高窟壁画之后，又到了榆林窟。他当然不会放弃榆林窟。他在榆林窟使用的手段也跟在莫高窟同出一辙，临摹，粘贴，甚至兴趣所致，干脆在一些壁画上画个美女，并写上何年何月张某人题记。有点像在长城上、古树上用刀子刻的"XXX到此一游"的格调。估计除我之外，很多人都喜欢来那么一个记号。

在三危山老君庙的墙体上，我看得心惊肉跳。几乎每一块砖上，都有或明或暗的刀痕。那些刀痕所写基本一致，就是写上自己的名字，还有人备注上年月日。我发现有清朝的，有民国的，也有当下的。每一块砖都有一个名字。只是三危山寒风太凛冽，很多名字都经不起风霜，刀痕被岁月慢慢抹去，要很费眼力才看得清。我佩服人类的存在感。

但张大千就是张大千，他的随性涂鸦，现在看来都是大师级的线条。估计再过数百年，那也是珍贵的文物。其一，张大千是现当代的大师。其二，时间会推送艺术的增值，即便是小画工的涂鸦之作，千年之后也是难得的遗迹。

张大千在疏勒河岸取得了真经。他走进莫高窟是大家,走出去就成了大师。

可以公正地说,在现当代,莫高窟也包括榆林窟哺育了唯一的一个大师,那就是张大千。

艺术这东西,有偏见。有的吃进去的是草,挤出来的是奶;而有的吃进去的是奶,挤出来的是草。老天从不会偏心眼,艺术有偏见,它只垂幸那些天才。

榆林河谷,还会记录到高山先生,还有杜永卫先生。

他们都是莫高窟里的"叛逆者"。叛逆的原因是,因为对艺术的爱和执着。

从艺术来说,榆林窟壁画的内容和风格与敦煌莫高窟有着不可分割的联系,被称为敦煌莫高窟的姊妹窟,是敦煌石窟艺术体系的重要组成部分。

榆林窟现存壁画的洞窟有3个,其中东崖32窟,西崖11窟。保存着彩塑272身、壁画5650余平方米。第6窟高约25米的弥勒佛,全身金箔敷就,灿然如新,金碧辉煌,显得极其庄严雄伟。第11窟的十八罗汉,神态各异,形象逼真。尤其是塑在南壁西端的哑罗汉,神情活灵活现,堪称榆林窟彩塑的代表。

讲解员是个刚毕业的大学生。他说选择榆林窟作为实习之地是人生最成功的选择。

他学的是考古专业,在榆林窟实习的这半年里,他自我比喻是一条小鱼游进了大海。年轻人妙语连珠,专业知识相当娴熟,且加上自己对榆林窟艺术的开悟和理解,让原本的背书式和资料介绍式讲解变得生动有趣。

他说,榆林窟保存至今的彩塑共有272身,壁画5600余平方米,约占莫高窟壁画总面积的九分之一。如果说莫高窟的壁画在数量上和质量上都居于全国石窟之冠,那么,榆林窟就是仅次于莫高窟的壁画艺术宝库。

他说,壁画多为唐代至元代800多年间的作品。初唐壁画只存残迹,其余大多保存尚好,有中唐、五代、北宋、回鹘、西夏、元六个时期。内容十分丰富,有场面宏大的巨幅经变画、形象生动的单幅佛像画、装饰图案和种类繁多的奇花异草、飞禽走兽等。其中第25窟的唐代壁画,更是罕见的珍品。

榆林窟第25窟，艺术价值最高，在整个敦煌石窟中也属于珍品。

前室正壁门两侧分别绘毗琉璃天王像和毗沙门天王像。主室窟顶可见千佛残迹。

正壁中部绘卢舍那佛像和虚空藏、弥勒、地藏、文殊等八大菩萨像，北侧绘释迦行像。南侧已毁。南、北两侧壁分别绘观无量寿经变、弥勒经变。前壁门两侧绘文殊变、普贤变。

全窟壁画构图严谨、造型逼真，色彩绚丽。威武有力的天王、力士，庄严慈祥的菩萨，栩栩如生的昆仑奴及狮子、白象，神态生动，线条潇洒流畅，充分体现了唐代风格和精湛技艺。尤其是"弥勒经变"中的农作、扫街、宴会、探亲、写经、剃度等描绘社会生活的画面，充满了浓郁的生活气息。

此窟细密精致而秀丽的壁画艺术，是敦煌石窟中唐壁画的典范。

也就是说，即使在少数民族政权统治敦煌和瓜州乃至河西走廊时期，他们也没有任着性子胡作非为毁坏石窟艺术，而是跟着前人的步伐，传承前人的智慧，宛如疏勒河流水一般源远流长。这一点在敦煌莫高窟的编年史上看，也是一致的。当然，按照我的理解，并不是所有统治者都对开凿洞窟感兴趣，他们感兴趣的是宗教，是宗教的力量让他们虔诚于心灵，这才在偏僻的大漠深处为人类保存了文明的光辉。

位于榆林窟东窟编号第6窟内有一尊大佛，高达25米，系敦煌石窟第三大佛，开凿于唐开元天宝年间，属于珍宝级大佛。据记载，道光年间榆林河发大水，水之大令人罕见，有史料记载敦煌县城都受到大洪水的影响，洪水没城。榆林河的洪水进了洞窟，将大佛基座淹泡，大佛主体受到一些影响。洪水退去，当时政府专门拨款进行了修缮，镶金镀银，富丽堂皇。

一直到前两年，大佛脸部突然出现毁容式坍塌。

看佛就是看脸，脸部坍塌肯定是大事件。

脸部坍塌后，还将下边四五米高的一尊罗汉像压毁。莫高窟赶紧拨款对大佛进行"整容"。

这样的事倒也并不突兀，千百年来，这些石窟塑像都是木架结构，承载肯定有期。随着时间的推移，坍塌自在情理之中。多少文物古迹，都是一朝一代进行修复更新延续下来的。但也有另外的说法，老百姓很喜欢产生联想，特别是佛教徒们，他们的想象就会更加具体，暗示成了明示。

他们喜欢从风水的角度展开非凡之联想，听来确实令人悚然。但我固执地认为，那仅仅是联想，一种行业思维过度飞扬而已。有些事，呵呵一笑就足矣。天要下雨，谁能补天？

（2018年7月19日我在兰州阳光大酒店2015房间书写这个故事时，我隐约感觉到空气里盘亘的不祥之感。窗外斯时正是雷电交加，暴雨如注，大街泛舟。）

通过解读壁画，得到一种有趣的发现，就是供养人画像数量较多。

大抵可以分为三种：

一是曹氏归义军政权的统治者及其眷属、大小官吏的画像；

二是与曹氏联姻的少数民族地方政权统治者画像，如于阗国王和王后，吐谷浑慕容归盈出行图等；

三是还出现了曹氏画院"都勾当画院使""知画手""都画匠作""画匠"等的画像。

我们都知道，莫高窟千百个洞窟里为之绘画的画匠可谓成千上万，但没有一个人留其名。而在榆林窟的壁画里，居然发现了画匠们的画像和名字。推演之，画匠们敢给自己干点私活的原因是，供养人对自己的形象宣传已经乐此不疲。这一点，在莫高窟虽有，但不多。当然最著名的也就是张议潮和曹氏。对，这两个人理应为他们留下笔墨。

特别是张议潮，他深深地打动了我。为他这样的铁血男儿而歌，是我的荣幸。

我也给写剧本的自智说，你怎么不写张议潮呢，他是敦煌历史上最应该书写的人物。自智很惊讶地看着我。

我却惊讶地看着历史深处的那道巨影。

张议潮，是改写敦煌历史的人。

最早感动我的是《又见敦煌》。不经意间，我走进现在商演意味非常浓烈的实景剧场。原本，我是抗拒的。但很多朋友都说，值得一看。更有人夸张地对我说，她从头哭到尾。特别是最后敦煌光复给朝廷送信那一幕，九死一生。就那一幕，让所有人泪奔。奔着这样的渲染，我忐忑地走进地下剧场，又见到了一次敦煌。

说实话，最后那一幕，我也以袖拭泪，只恨袖短。

这一幕，写的就是张议潮。

从历史资料得知：

> 张议潮（799—872年），汉族，沙州敦煌（今属甘肃）人。唐朝节度使。张氏世为州将，父张谦逸官至工部尚书。张议潮率领沙州各族人民起义，驱逐了盘踞河西地区上百年的吐蕃，以大唐节帅之名克复瓜、沙等十一州。

少数民族政权对敦煌的统治历史不短。

在张骞凿空西域之前，河西走廊这片土地本来就是少数民族的地盘。先后就有吐火罗人、匈奴人、回鹘人、吐蕃人、党项人、蒙古人、哈萨克人建立过政权。就是现在也有十多个民族混居于此，如汉族、回族、蒙古族、哈萨克族、藏族、裕固族、满族、维吾尔族、东乡族等。让张议潮名满唐朝，誉满今朝的，就是反抗吐蕃对敦煌的统治，让敦煌、瓜州等河西重镇重新回到大唐的怀抱。

追溯历史，河西走廊沦陷吐蕃之手，主要原因是"安史之乱"使唐朝国势渐衰，边防力量减弱，吐蕃乘隙攻掠河西。沙州与唐朝的联系中断，但城中军民却顽强抗击。沙州刺史周鼎一边婴城固守，一边向回鹘求救，但救兵经年不至。周鼎召集诸将商议，欲焚毁城郭，率众东奔。部众不同意，勒死了周鼎，自领州事，继续抗击吐蕃军。

沙州被围，内无粮草，外无救兵，处境十分困难，直到粮草断绝。为了保护城内兵民，阎朝与蕃将绮心儿相约，在许诺不将沙州人民外迁的前提下，出城投降。至此，沙州城抗敌已经11年之久，其抗战之艰苦卓绝可想而知。而陷落之后，百姓惨遭生灵涂炭。

水深火热之中的河西人民日夜思归唐朝。

开成年间，唐使者赴西域，途中见甘、凉、瓜、沙等州城邑如故，陷蕃之人见唐使者旌节，夹道迎呼，嚎啕大哭：当今皇帝还记得我们吗？看见这些沦陷区的人民，虽然口音稍有变化，但还依然穿着汉族的服饰。也就是说即使几十年过去了，当地人民仍念念不忘唐朝。人心还在，这就是光复的根基。

之后，吐蕃灾荒连年，达到人吃人、尸摞尸的地步，再加之内部争权夺利，相互厮杀，一时大乱，吐蕃力衰。公元847年至859年，唐皇朝乘机收复了陷于吐蕃的三州（原州、乐州、秦州）和七关（石门、驿藏、木峡、特胜、六盘、石峡和萧关），这极大地鼓舞了河西各族人民反抗吐蕃统治的斗争。

天时，地利，人和，将张议潮推上了历史的前台。

公元848年，张议潮率众组成归义军，历经十几年时间，先后收复了沙州（敦煌）、瓜州（安西）、伊州（哈密）、西州（吐鲁番）、河州（临夏）、甘州（张掖）、肃州（酒泉）、兰州、鄯州（乐都）、廓州（化隆）、岷州（岷县）等十一州，最后收复凉州，也就是今天的武威。为了将光复河西的喜讯送到长安，他派出了十支队伍。其中九支送信小分队都被一路截杀，不得而终。只有敦煌高僧悟真这支向东北方向进发的队伍，绕过了茫茫大漠，历经千辛万苦到达了天德军（今天的内蒙古乌拉特前旗），在天德军防御使李丕的协助下抵达了长安。

这时，离张议潮沙洲起义已经整整过去了两年。

从地图上看，从沙洲（今天的敦煌）到天德军（今天的内蒙古乌拉特前旗）的直线距离大约为1400公里，这段路程中，80%以上的路途是沙漠，包括巴丹吉林大沙漠、腾格里大沙漠和库布齐大沙漠。可想而知，路途艰难。从天德军到长安的直线距离还有800公里。当这支来自沙洲的信使到达长安的时候，整个长安城轰动了。

唐宣宗听到这一喜讯后，欣然赞叹道：关西出将，岂虚也哉。

河西沦丧百年之后，再次回到唐王朝的怀中。唐宣宗特下诏令，大力褒奖张议潮等人的忠勇和功勋，诏令：

> 抗忠臣之丹心，折昆夷之长角。窦融河西之故事，见于盛时；李陵教射之奇兵，无非义旅。

敦煌，理所当然该为张议潮树立丰碑，永载史册。

现在，在莫高窟和榆林窟的洞窟里，都能看见张议潮出征的飒爽英姿，也能看见他作为供养人富态而雍容的画像。他的光辉入窟永驻，是历史给予他的最好礼赠。

之后，张议潮外孙婿曹议金家族接续统治瓜、沙等州百余年之久。

曹氏家族偏安河西一隅，大兴石窟，彩绘壁画，粉饰太平。

这一时期开凿的洞窟较多，占榆林窟全部洞窟的一半。曹氏家族捎带了私活，在修建的洞窟甬道上大都绘着他们的巨幅供养肖像。如榆林窟第16窟曹议金夫妇供养像，曹氏夫人像的榜题上写"北方大回鹘国圣天公主李氏一心供养"，显示出这位回鹘公主的显赫身份。

当时中原正处军阀称雄的乱局，瓜、沙二州东有回鹘，西有于阗，在六蕃包围之中，曹氏审时度势，只有采取和亲政策，先后同回鹘、于阗联姻；

交结世家豪族，巩固内部统治；发展农牧业生产，使百姓安居乐业；提倡佛教，大造寺窟，安抚人心。

他当政时期出现了刀兵罢散、四海通达的繁荣景象。

从史料上说，榆林窟的供养人画像不仅具有高度的艺术价值，也具有史料价值。

历史，以洞窟和壁画的形式保存下来，直到我们的眼前。不能不说，这是超视距的人类智慧。面对老祖宗的思谋，我们现在的人类反而相形见绌，丑陋不堪。

历史，就是留给后人反思的。

时间到了当下，这已经是21世纪的第18个年头。

在长河之岸，面对祁连山冰雪融水汇聚的奔流中，我看见了自己在大河中的倒影，也看清了自己模糊的面相。正在疑惑之间，突然，我看见了有个人影行走在长河之岸。

那背影，是高山。

为了方便叙述，我得把时间往前推移。

好吧，那时是20世纪80年代末的某个时间节点。

在那时，满身仙气的高山沉醉在寻仙问道的浪漫主义情怀之中。

关于高山，我在《在敦煌》里做过声情并茂的书写，在这里，我只能点到为止。因为这次书写我将更多地穿行在历史的纵深处。刚好在榆林窟的崖壁上，在长河之岸，我看见了他飞仙一般的身影，不然，我将礼貌地回避《在敦煌》里所有照面过的熟人。所以，在这里，高山先生也将以简笔白描的形式走进《再敦煌》。

我知道，在榆林窟那段时间，高山是出家人，这里成了他修仙的道场。

1988年12月底，敦煌已经北风凛冽，衰草四飞。

高山跟莫高窟美术所的同事马喜武，志同道合，心发道念，要去榆林窟工作，报告打到院长段文杰处。段院长是个开通人，没有过多追问，欣然同意。于是，两人一起前往近两百公里外的榆林窟。当时的榆林窟十分偏僻，进出的除莫高窟的工作者之外，就是几只乌鸦。

见有两个年轻人主动到来，早已寂寞难耐的守窟人胡开儒，喜出望外，收拾行李就回了敦煌莫高窟。在莫高窟，没有人愿意主动请缨上榆林。大家都知道，那里就是个艺术监狱，然而，高山和马喜武"自投罗网"。

但，这正是高山所祈求的。艺术，从来不是热闹的事业。

榆林窟，还有一个工人，叫小孔。现在还在，但也不小了，应该是半百之人了。

在榆林窟，这个被时间遗忘的艺术死角里，高山的思想发生了深刻的变化。在那寂静如同月亮的荒原上，他学习了打坐，学会了禅思，学会了与天地对话。他与天地万物建立了对接关系。这种关系就是宗教的皈依。

一年后，他毅然决然地离开了榆林窟。

高山的灵魂里住进了一个仙，道仙。

不知道高山对道的亲密是否来自小时候，但榆林窟一年的清静无为让他的根魂与道产生了深刻依恋。他走出榆林窟的唯一目的，就是寻仙问道。他既要用道的方法解决自己的思想归宿，也想将自己的肉身还给道。他的父母亲表示了默认，这源自知识分子的大度和宽容。于是，他启动了自己的双脚，准备踏遍名山大川，访道问仙。

这个过于复杂的过程我曾在《在敦煌》做了细致的叙述，在此不表。

简单点说，他离开榆林窟，第一站前往兰州白云观，拜全真教龙门派道士沈宗元为师，冠巾出家，法名高诚林。之后，前往陕西楼观台常住，其间外出云游参访北方各处山林道观。同年九月重返榆林窟，与马兄共同研习道家内丹修炼之法。1992年夏，因施工队进驻榆林窟实施加固工程，为避干扰，他搬往窟区北端深处的尼姑庵居住。

那时候的高山已经是长发飘然，仙风道骨。

在他前期的很多油画作品中，可以看见他那时候青色长袍迎风猎猎的身影。

1992年春，受段文杰院长之劝返回莫高窟，参与复制特级洞窟工作。

1992年夏天，他回兰州白云观见师父沈宗元，请求还俗，获准。

高山说，经过三年的学习参访和实践，更认定道家内丹修炼体系可信可行。身体还俗，心在道，还俗之后他也不忘初心，繁忙的工作和绘画之余仍念念不忘修道之事。他自己也说，那几年的游离和修道实践，对自己的世界观和艺术创作产生了深远的影响。仙风道骨，既是他的外在形象，也是他绘画上追求的一种内核。在他的油画里，总能找到他独特的道家气息。

那种气息或者气象，不可复制和模仿。

他说，最关键的是让自己远离了对魔界怪诞、恐怖艺术的欣赏与追求。

在年轻的时候，人生需要一次远行。高山在疏勒河畔，在榆林河岸，将生命进行了彻底洗礼，将宗教情怀做了一次激情而又理性的朝拜。

榆林河岸的沐浴，他至今受益。

22
石包城：祁连水岸的军事坐标

从疏勒河的支流榆林河岸出发，目标直指祁连山脉。

我所追溯的水，在那高高的祁连山上，在那大山的深处，在那径流错乱如花的山脚，也在那只剩下激流飞渡过的河床。回溯历史长河，清洗敦煌的水岸，不仅仅是对一个概念的贩卖，或者强行赋予沙漠敦煌一个水淋淋的形象,而是要探究关于一座山、一条河赋予敦煌灵动的魂魄。我必须找到她的根源。

告别榆林河,继续往南。

可以确认的是,视野里是良田,是沃野,是向日葵花开放的田园,是红枸杞映红眼帘的富饶。曾经,上推一千年,两千年,这些土地就被一个国家灌输以意识形态进行有计划的耕种。在耕种之外,还埋藏了一个国家的心思。这种有计划的屯田和戍边,被很多王朝驾轻就熟。比如近到现代,眼前的小宛农场,就是天津知青扎营的地方。后来,他们走了,也有一部分人就此扎下根来,随这片土地休养生息,将姓氏和坟墓都埋葬在这片土地,成为这片土地的一部分。

就河西走廊来说,从武威到山丹,从山丹到张掖,从张掖到酒泉,从酒泉到瓜州、敦煌,这些撒落成珠的绿洲上,既是一部民族史,也是一部战争史,还是一部移民史。归结到底,他们都是中华民族的一部分历史。书写这些历史的人们,多是芸芸众生,像草芥一般朴实,像尘埃一般轻浮,而张议潮、曹议金他们,只是担当重任,幸垂于史。那些普通的生灵们,他们以活着为最高理想,以生儿育女传宗接代为天降大任,耕种、浇灌、收获、仓储,将自己和儿孙们养育,最后死去,生生死死,休养生息。于大地,散于山河,最终消遁于天地之间。他们成为一种能量的光束,在宇宙间流浪、碰撞,构成另外一种永恒。

用文字来记忆他们,是对一片土地的尊重和敬畏。而我也将跟他们一样,最终殊途同归。是的,当越野车穿行在这片西北的高地之上,你即便惯常冷漠和寂寞,但也不会缺失抒情。抒情,是在荒原上最恰切的表达,谁也不能拒绝这种表达。

很有必要对河西走廊的屯田进行梳理。

因为屯田,是对水资源的综合开发利用。

也是对一个民族根脉的拓展性浇灌。

河西走廊的屯田，最早来自那些马背上的民族。

他们逐水草而居。水流淌在哪里，牧草就长在哪里。牧草长在哪里，他们马背上的家园和政权就建立在哪里。与其说屯田，不如说他们在屯草。

先对这个"屯"进行说文解字。

"屯"字的本义是"包起来""卷起来""围起来"等。

例如"军屯""屯垦"之屯，就是建有一圈防御性围墙的寨子，以后演变为村落。

这样就很容易理解了。

游牧民族把水草丰美的地方都圈起来，而且不断放牧探寻的马蹄，一直到种植庄稼的田亩跟前。他们觉得，种粮食还不如牧马放羊，于是就滋生了将良田变成牧场的想法，矛盾因此产生。游牧文化和农耕文化面对土地最早产生了理念上的不一致。这种矛盾无法坐下来谈判，最直接的方式就是你死我活。

水火不容。不共戴天。

对一条河、一座山、一片草原或者一座城池的打打杀杀，曾经都没有改变主题。至于宗教与宗教之间的战争，文明与文明之间的战争，种族与种族之间的战争，说到底，就是对生存权的争夺。当然，也有人更直接地说，自古以来的战争无外乎抢地盘、坐江山、分财产、睡女人。虽然简单直接，但也不无道理。

回过头来说屯田的事。

屯田，就是把土地圈起来，扎上篱笆，挂上牌子。

但自古以来，屯的后边多是国家意志，或者是一个种群的集体行为。看过欧洲白人对美洲占领的电影，有人至今还美其名曰是文明对野蛮的征服。其实，就是对一块土地、一片草原、一座山及一条河的占领。要反抗，那就枪炮伺候。于是，欧洲白人对整个美洲都进行了"屯"。

说屯，不外乎三种形式：军屯、民屯、犯屯。

军屯，就是以军事为目的，河西走廊最早的屯就是军屯。最近的军屯就是新疆的农垦师，平时是民，战时是兵。民屯呢，主要是对自然资源的选择性利用，河西走廊多是民屯，为水资源而来。犯屯呢，就是将所谓犯了思想错误的人，屯在某一片土地进行思想教育。这样的犯屯，在河西走廊，在柴达木盆地，都有。

广阔的西部戈壁就是大监狱，即便天上的老鹰都不监视你，你也跑不出去。

三者对比，军屯是国家气概，民屯是心安理得，而犯屯是绝不后悔。

纵观历史，屯，为这条大走廊带来了繁荣。

可以说，河西走廊历史上一直是民族迁徙、征战、交流和融合的大舞台。先后在这个舞台担纲主演的政权有鬼方、猃狁、羌、月氏、乌孙、匈奴、吐蕃、党项、蒙古等等。西汉张骞出使西域，打通丝绸之路后，有突厥、回纥、波斯、鲜卑、吐谷浑等，他们都或长或短在这块古老的土地上留下了不同文明印记。都为河西走廊引进了宝贵的人文资源，对形成河西独特的文化结构产生了深远影响。

军屯，是一个国家的战略。

无事则耕，有事则战。军屯在河西走廊有两千多年的历史。

张骞开凿西域之后，汉武大帝对这片土地的经营颇费思量。为保障丝绸之路畅通，加强经营西域的战略格局，他设置河西四郡，军屯官兵达18万人。这只是一个阶段的可靠数字。这也是一个国家最早对一片土地的周密想法。

将铁剑和长矛插入大地，让它生根发芽并长出花朵。

左宗棠西征时，也大力推进军屯，每到一地即安营设卡，或组织部队利用战争空隙开荒生产，或令非战斗序列的军人专事屯垦。"夹道杨柳三千里""湖湘子弟满山川"是当年河西的写照。今天，河西走廊上比腰还粗的左公柳，还有那些湘籍军屯人的后代，都使人联想起这里曾经的军屯往事。

民屯，更多的是一种国家策略。

汉代以来的移民开发,成就了河西走廊"宴然富殖""仓库有蓄,民庶殷实"。

魏晋南北朝时期,中原战乱频频,大批内地士族纷纷迁居河西逃避战乱,以致"中州避难者,日月相继",河西走廊不仅吸引着平民百姓,一些宗室皇亲也把这里当成安身立命之地。自发性移民在魏晋南北朝时期掀起高潮,河西走廊民屯由此进入蓬勃时期。

河西屯田开发的成效,取决于人口的数量。河西每一次衰落总致人口剧减,而每一次振兴,首要的是从内地大量组织移民。比如雍正年间,清王朝恢复敦煌县置,迁甘肃内地56州县贫民2405户9600人到敦煌屯田。当前敦煌居民中十有八九皆系清朝民屯的后裔。持续2000多年的民屯,对河西走廊的经济和社会发展起着举足轻重的作用。

犯屯,是一个国家机器的改良手段。

往河西流放内地刑徒戍边屯田(也称罪屯),是历代王朝的惩治手段。霍去病横扫河西的大军里,号称集结了上万长安恶少年,其中不少是罪犯或准罪犯。隋炀帝时"谪天下罪人配为戍卒,打开屯田,发四方诸郡运粮以后之。"将罪犯编进戍边军队参加军屯,既补充了兵员,又能解决土地开发的劳动力,还可以解除内地的安全隐患。

河西的"发放亭""安置亭"等古老地名,正是犯屯历史的产物。

明代,朝廷下令赦免死囚,命令他们戴罪徙边屯田。朝廷赦免的这些罪犯囚徒,可以携家人迁徙到包括河西在内的边地参加屯田开发。服刑犯人以这种方式走向新生,已是不幸中的大幸,也体现了一个开明朝代的人文关怀。犯屯,也是河西开发的先驱者之一。

三种屯,构成了两千多年来中华民族对河西走廊的深情眷顾。

也似乎再没有更好的办法让一片土地归位。

只有人,才是土地的唯一主宰。没有人,土地和疆域都毫无意义。

由此想到草原帝国的成吉思汗,他的大军横扫欧亚大陆,在黑海里洗过脚,在伏尔加河饮过马,但是他们每到一处最直接的方式就是屠城屠村,只留下很少一部分还有生育能力的妇女和即将可生育的女人。留下她们的目的就是育种。因为他们没有人去军屯，也没有人去民屯，至于犯屯也没有，因为戴罪的犯人统统都被蒙古弯刀收割了脑袋。他们只能靠自己努力延续后代，并以此保证对一片土地、一片山河的基因霸守。

屯，无论是游牧还是农耕，都离不开一个字：水。

水系和水脉，是一片土地是否具有价值最根本的根魂。

于是，眼前出现了那一汪一汪的宛如宝石一般的蓝。

疏勒河奔流出昌马峡谷后，本来可以按照自由的个性，按照海拔的落差和习惯性的流淌方向，择路向西，驰骋千里，在河西走廊上翻着跟头，打着滚儿，一路欢歌一路笑语，以厚德载物的方式滋养这片硕大的土地，直到通过地下暗河的方式汇集到罗布泊洼地，与孔雀河暗地握手，将上百万平方公里的土地滋润。但，人为的"结扎"手术让疏勒河彻底断流。

首先看见的是戈壁里两座大型水库：昌马水库、双塔水库。

  昌马水库：位于疏勒河上游，是疏勒河农业灌溉暨移民安置综合开发项目的水利枢纽工程，主要以农业灌溉为主，与下游双塔水库和跨流域的赤金峡水库联合运用，保证原有65万亩农田灌溉的基础上，新增灌溉面积82万亩。水库2003年11月主体工程全部竣工，设计水位总库容达到2亿立方米。

  双塔水库：位于疏勒河中游，安西县城以东48公里处的乱山子峡口。是1949年后甘肃兴建的第一座以灌溉、防洪等综合利用为目的的大型水库。1960年2月建成蓄水，主要拦蓄疏勒河尾水及汛期洪水，总库容2.4亿立方米。水库还淹没了隋唐时的玉门关，水下还有关城残迹。

这两座水库直接魂断疏勒。

疏勒河水，被强意志结扎。

这直接造成瓜州以下包括敦煌在内的广大疏勒河流域地表断流。

地表断流之后，地下暗河是否依旧？这是一个问题，但目前给不出答案。能给出的答案是，2018年7月21日上午12时，我乘坐了一趟晚点4个小时的绿皮火车，路过瓜州之下的疏勒河流域，让我惊讶的是，疏勒河河床里清晰地裸露着巨浪过后的水的痕迹。大水冲刷的沟壑和巨浪淘卷过后的堆积物，历历在目，仿佛大水刚刚过去。

但分明很多年了，这条河的地表早已没有了水的影踪。

一条河，一条流淌了几千年几万年的大河，猛然消失于我们的眼帘。

当然，我们还会找出很多理由来粉饰我们的脸红心跳，比如利用自然改造自然，比如防洪灌溉，比如提升了多少平方公里的植被。对，这都是业绩，是成长的阶梯，无可厚非。但是，一条大河，一条哺育了敦煌文化的大河，就消失在我们强词夺理中，我们再坚硬的逻辑和语言，都软弱无力；假若，我们知道自己的罪孽的话。

一个悔罪的人，从不板犟，从不开脱，从不振振有词。

他，只因为羞耻而垂下脑袋。

当然，从史料上也得知疏勒河流域几度繁荣、几度凋敝、几番改道、几次断流。它的每一次改道都让繁华的城市变成废墟，每一次断流都让绿洲变成荒漠。没有水，没有这条大河的流淌，文明的链条终将会断裂，大河淤堵，绿洲就会消失，沙漠会重获自由。水库，是人自以为是地对大河生命的"结扎"。大自然在防守的时候,也在酝酿它的暴脾气。她也不喜欢这种脑梗和淤堵。她要么与人类一决高下，你死我活，要么她就以死亡为抗争，让人类束手无策，自食其果。

有些孽作，人类是可以避免的。

我对疏勒河那一颗颗宝石一般的蓝，一见钟情。

我依然看见伟岸的头戴白冠的祁连山，宛如西域美男子一般屹立在西北的蓝天白云之下。我想，三百年前、五百年前、一千年前、两千年前，都是这番模样吧。他耳濡目染的东西太多了，至于我这辆银色的越野车，在他跟前颠颠簸簸，完全可以视而不见的。

是的，历史在他面前，无法删减也无法浓缩。

一

突然看见那座废墟的城堡，在草原深处格外醒目，虽然疲惫但也顽强。

这座城堡叫石包城。它位于肃北蒙古族自治县石包城乡境内，为唐宋时期的雍归镇，是草原上一座历史悠久的古城堡。她周边的草原柔美，冰川挺拔，宛如世外桃源。石包城就在祁连山的群峰簇拥之中，具有很高的历史价值和审美价值。

在北方的战争史上，以石头为堡的城池很多。最著名的在青海省湟源县日月乡也有一座石堡城。湟源县是湟水河流域与青海湖地区之间的战略要地，唐朝与吐蕃曾在此有过拉锯战。因为谁把守了这一关隘，谁就拥有了通衢湟水河谷的主动权。甚至，站在这座石头山上，还可以窥视河西走廊，乃至整个黄河流域。

唐朝开疆拓土壮心不已。开元年间，唐军为夺取军事重镇湟水流域的石堡城进行了远距离奔袭。之前，吐蕃据守石堡城。唐玄宗命令李祎与河西、陇右的将领攻取石堡城。李祎不辱使命，统帅兵众，限期攻占。唐玄宗改石堡城为振武军。从此河、陇等地的唐军游弈，开拓疆域一千多里。

开疆容易守土难。在李祎攻占石堡城11年之后，盖嘉运担任节度使，没能守住石堡城，吐蕃攻占石堡城。此后，唐军曾数次向该城发起进攻，终因山道险远，易守难攻，而没能攻占。石堡城失守，唐王朝后背发凉。

天宝年间，王忠嗣被任命为河西、陇右节度使，兼知朔方、河东节度使。此后，唐军与吐蕃军多次交战，都取得了大胜，又攻打吐谷浑，将吐谷浑全部俘虏。在这种情况下，唐玄宗再次想到失守的石堡城。

然后，唐玄宗命令新任陇右节度使哥舒翰统领陇右、河西、朔方等部兵马及突厥阿布思部共6.3万人，再攻石堡城。此战生擒吐蕃大将铁刃悉诺罗等400人，而唐军也死伤数万。你守我攻，你死我活，寸寸江山寸寸血，可见战事之惨烈。然而，一寸土一寸钉，湟水流域的河湟谷地，一直就是农耕文明与游牧文明的死穴，谁也解不开。

唐朝与吐蕃的战斗持续了很长时间。最终，吐蕃翻过祁连山，吞并了河西走廊，将整个祁连南山开辟成牧场。吐蕃统领瓜州、敦煌期间，残忍而血腥。游牧民族的方式很直接，弯刀收割脑袋。但江山不是这样来建设的，他们没有考虑江山永固。仇恨的火焰在河西走廊的大地上熊熊燃烧，最先扛起反旗的就是敦煌人张议潮。他怀着强烈的还我河山的愿望，一路破竹，收复了千里河西大走廊。

但是，历史的长河里，谁也不能做最后的嘲笑者。

唐朝"安史之乱"之后，唐王朝瓦解，少数民族政权林立，敦煌等河西一域再次被回鹘等霸占为巢。山还是那座山，河还是那条河，村还是那个村，人还是那个人，他们永远没有变，变的只是统领它们的政权而已。江山永固，王旗替换。一座山，一条河，见证了太多的风霜雨雪，它们无语，它们是被争夺的主体。它们看够了人类的你死我活，它们不屑参与，也不想发表意见。

山河，以客观的姿态，静默无语。

我常常在想，人类的表演在山河面前，是多么的急功近利，多么的短促和无力。没有谁能战胜一座山，也没有谁能战胜一条河。正如这疏勒河的断流，她只是告知人类，你们对一条大河的"结扎"是多么的无知。好吧，回到石包城来。

午后，明亮的太阳让近处的祁连大山闪闪发亮，也让眼下的草原泛起诗样的神韵。

停歇在一个很小的镇子，有农耕的种子，也有游牧的气息。那些农耕的人们正在大地上收割晚熟的油菜、青稞和土豆，它们都在土地上闪闪发亮。那么游牧的人呢，他们将羊和牛还有骆驼赶进了草原深处，然后就头枕着一匹马的阴影，将身体放平，跷着二郎腿，看深邃如海的天空和天空里变幻莫测的白云。

那些农耕的人，那些游牧的人，都不读史。

历史，在这片祥和秀美的土地上变得可有可无，甚至毫无意义。

我深深地知道，历史，只跟我这个驾长车的男人有关，跟我紧蹙的双眉有关。

我在小镇上走过，踩过石子，小草，一些塑料袋，还有动物们的白骨。小镇小得像眼前一匹黑马刚刚拉下的粪便。拉下粪便的是一匹公马，它的阳具硕挺，像奔跑的消防队员臂弯里夹着的发硬的水龙头。它在寻找着火点，它在期待喷薄而出。但是，眼前只有两只爱答不理的藏狗，还有几只毫无兴趣的懒猫，它找不到对手。它的嚣张气焰只能垂败，弯下腰，低下头，最后竟然魔术一般无踪无影。像一场梦幻，不战而败。

我看着那匹马，那匹马不好意思地掉过头去。

原本想在小镇上吃顿热食，比如一碗面片，即便有一股羊膻味也可以忍受。但没有，从镇头到镇尾，从镇尾再到镇头，都没有。我有些失望和挫败，像那匹找不到对手的公马。

我向喉咙里灌进一瓶矿泉水，咕咚咕咚，上车，昂头而去。

石包城北距榆林窟28公里，东北距锁阳城53公里，西北距敦煌120公里，北距瓜州县80公里，西南距肃北蒙古族自治县146公里。在这样的位置中，石包城相当重要。

冷兵器时代，城堡是防御，也是进攻。

攻城略地，是自古以来战争的直接方式。

所以历代军事家都十分重视地理因素对战争的影响，善于巧妙运用山川、河流等地形地貌，并按照战争的需要，加以改造，建关设塞，修城筑堡，构筑军事防御工事。石包城就是借助了古城堡高悬绝崖峭壁，扼守咽喉的优势，真乃一夫当关，万夫莫开。

石包城由此就成了瓜沙地区通青海、去西域、进河西的"南大门"，是边塞要冲。

石包城向北不远处有祁连山西段北麓支脉鹰咀山与鄂博山之间的隘口水峡口通道，向南约25公里为祁连主脉大雪山与野马山之间的龚岔口，由该口向南越龚岔达坂可通青海高原。

石包城就关照着这处战略要地，盯着吐蕃。

无论谁夺取了石包城，并以石包城为圆心，用快马画一条直径，最远的肃北县城、敦煌和瓜州，都在一日之内探手可取。至于箭镞所向榆林窟、锁阳城，那只是一声长啸的工夫。石包城所直面的，就是祁连山，物理距离决定了它的重要性。

直到今天，当我站在石包城的废墟上，依然能感觉到从祁连山后弥漫过来的一阵阵肃杀的冷气，在石包城上空盘结。要是回到晚唐，回到宋朝，我就是石包城上一个守关的将士，不用号令，我都能将自己警戒成一把利剑，时刻等待利剑出鞘。

和平时期，人们除了集体痛恨贪官之外，似乎都是散放的羊群。但是，只要处于亡国灭种的关键时刻，不需要振臂呐喊，人们血液里的使命感和责任感就会呼之欲出。是的，国难方知忠臣，危难方晓良将。一个族群，一个民族，他们有先天的密码。家破国乱之际，一些顶天立地者总会挺身而出。民族历经千难而不灭，就在于血液里永远驻守着这样的承大任者。

站在石包城之上，我就看见了那个人格被神化的樊梨花美女战神。

石包城，古称寒江关，修建在悬崖峭壁之上，据说是唐代樊梨花的城堡。

当年，唐朝大将薛丁山路经寒江关时，被樊梨花率大军三次围困，逼迫成亲。薛丁山表面应许，继而又三次休婚。后来薛丁山在白虎关（安西县白墩子）被哈密国将军杨凡阻截，无法前进。只得三步一下跪，五步一叩首，三请樊梨花相助解围。于是二人结为夫妻。最后，樊梨花率军出寒江关，与薛丁山的唐军汇合，夫妻一同进军西域。

这是比较正儿八经的记载。还有诗云：

旌旗猎猎战威悬，困陷金光铁阵艰。
一道灵符传天下，满腔热血救丁山。
良缘玉就千年话，大义流传万古贤。
烽火情缘经患难，英姿飒飒感瀛寰。

史记樊梨花是唐太宗贞观年间人，其父樊洪为西突厥寒江关关主，后投唐（樊父原系隋将，归依突厥）。樊梨花智勇双全，美貌绝伦，自嫁薛丁山为妻，协助薛丁山登坛挂帅、南征北战、所向披靡，是中国古代四大巾帼英雄之一。她与花木兰、穆桂英、梁红玉相比，身上的神话色彩更浓厚。很多说唱、演义、小说，乃至当今的影视剧，多以她为原型。

也就是说，她的形象很上镜，她的故事更走心。

明清时期，石包城依然具有重要的军事和交通方面的意义。

《肃州新志》记载："石包城路青海，高峻险厄，比于铁峡金墉；登临极望，洵足雄视边徼。"清雍正五年（1727年），工部侍郎马尔泰奉命巡视边关，督建安西、敦煌各城堡工务。第二年秋工程竣工，他巡视石包城，只见地据险隘，高踞绝壁，制奇扼要，殆非人力所致，于是即景作诗。诗云：

翠壁崚嶒接玉霄，岩城竖起自何朝？

五丁运力开神域，四郡连烽警夜刀。

衰草当年遗战垒，秋风此日静天骄。

周行已遂登临志，不惮经年万里遥。

1937年，中国工农红军西路军浴血奋战河西走廊，经祁连山腹地艰苦行军，跨过野马河谷，翻越龚岔达坂，来到了石包城。热情的牧民给他们提供了牛羊、食盐。短暂休整之后，在当地牧民向导的帮助下，继续向安西县榆林窟一带进发。石包城在中国革命史上也写下了难忘的一页。

当我到达石包城的时候，时间已经是2018年的初秋。

距离樊梨花时代已经过去一千多年，距离西汉已经两千多年。作为两千多年历史长河里一个微不足道的点，我踩着夕阳的余晖登上这座残堡，既感受到天地之凛然正气，又顿觉无尽之空寂苍茫。天地之悠悠，苍天不老，人为几何，我为谁泣。战火女神樊梨花仅仅成了一个传说，音容不在，历史当存。我步履沉沉，登上残堡的最高峰，环顾四野，凉风拂面，唯有"孤独"二字紧锁。我感觉周身的骨头都被"孤独"绞缠得生疼。

再回望祁连冰冷的雪峰，我的眼泪忍不住长流。

正好，有一支民工队伍在对残堡施工，加固墙体，重砌台阶，让游客能够登高望远。夕阳伴随着冷风投射在我的脸上，双眼滚落的泪珠更加明亮。他们呆呆地看着我，不说话，只以为我是一个疯子，或者是一个找寻故国家园的游子，面对老祖宗的城堡难以克制情绪，掬两行热泪。其实，不是。等我流够了泪水，回过神，看见他们的表情，我自嘲地笑笑。扭头而去，说：兄弟们，再见了啊。

在壮阔的历史长河面前，我们什么都不是。

石包城见证了丝绸之路的变迁，见证了河西走廊的血雨腥风，也看惯了冷暖人间长短泪。当硝烟散尽，当战歌远去，石包城从战火里走出来，安静下来，落寞，孤寂，但又不乏几分文艺气质。那是忧伤的文艺。

我向它告别。夕阳金色的余晖在越野车后闪闪发亮，夕阳追赶着我，一路狂飙向前。

我的前方，是穿越祁连南山的河谷，指向敦煌的母亲河——党河。

那一条水，以25年的时间蜷缩在我的血液里。我得向它致敬。

23
夜走南山：党河水的梦幻穿越

在祁连山脉的纵深里，我的目光随着一条弯曲的道路蜿蜒，并一路向前。

我担心的是时间。是的，时间幻化成夕阳，死死咬住我的车屁股。那层染的金色光芒，一寸一寸黯淡下去。原来草原上那飘絮的狗尾草，诗句一般的景致令人陶醉，可刚刚被相机逮着正着，刚一回头，狗尾草的花絮就黯然下去了。因为，那夕阳金色的光，代表着时间在向我们宣布，黑暗即将来临。我的心莫名其妙地紧张起来。

虽然，大方向不会错。直行，就是指向肃北，指向党河流域。但在祁连山脉里，大山做了现代信息的屏蔽，手机没有信号，微信无法连接。恍然觉得被现代社会抛弃了，深陷在大山深处。我原本不在乎这种屏蔽，总以为不被世事缠绕，心绪祥和，身心平安，乃大境界也。其实不然，我已经被现代社会成功地改造成忠于世俗的家伙。人间烟火，似乎一时难以忘记。或者说，人间烟火，也有其独特的魅力。

正如前面讲述过，今生跟开轩的信息对接，也许就是一个暗示。对这个暗示的解读就是，也许见开轩的那一天，就是对自己凡俗生活长久辟谷的开始。开轩，一直是对我精神的暗示，也是我对自己凡俗生活的警戒。

但斯时，祁连山给我警戒。

关于祁连山，认知是有限的。虽然，二十多年来在河西走廊上穿行，无数次目睹它的容颜，但我还是缺少对它的深切体验。这也许源自我有南方山川的基因。年少时对南方郁郁葱葱的大山和对长江绿色波涛的信息对接，固化了我对山水的概念，或者叫亲情。而对于北方祁连，我总是固执地认为，它是异域的。确切地说，我还是认为祁连是有匈奴基因的，与汉民族存在差异。这种情感认知，建立在我对河西走廊这片土地上历史的清理。

当然，祁连本身它就是一座大山而已。别的情感，都是人类赋予的，这一点我坚信不疑。但也非常怪异，就是因为这种人类强行赋予的意义，或者个体的情感附加，就总认为山不是那座山，水也不是那条水了。其实，山依然是那座山，水也依然是那条水。

带着这些复杂的情绪，祁连遮蔽了我眼前的自然光。天黑暗下来，我打开车大灯。

在车大灯的视距里，祁连山变得更加遥远，我只能亲切地接触灯光给我的指示。其实，我现在行走已经半年多，依然能体会到夜走祁连南山的感觉。当车轮甩掉紧缀在车后的夕阳余晖的时候，心里就有些发紧。不知道前路还有多远，也不知道路况如何，更不知道还会遭遇别的什么。因为对前路的无知和迷茫，更加剧了夜走祁连的深刻感触，就好比偷情，紧张、刺激，惊心动魄，又欲罢不能。

祁连在我的左车窗外，愈发模糊并深不可测。

能看见很零星的黑牦牛帐篷，和一群晚归的羊。牧羊人骑行在马背上，羊群散乱无序，漫不经心。牧羊犬有些干着急，左蹿右跳。帐房已经升起炊烟，腰身弯曲的女人，站在帐房门口，望着暮归的男人，还有羊群。

我与他们擦肩而过。甚至，我也偶发奇想，干脆将车泊在帐房门口，今夜与他们共眠祁连，但只是这么想想即可。我还是专一地眼望前方，并脚底加油。车在祁连的山脚下，在南山的沟壑里，伴随一条河的模样，一路向前。很明确，公路就缠绕在山脚下的河岸，一路弯曲向前。河里曾经是有水的，而且是大水。我有好几次都被大水截断的断头路拦了回来，然后调头，进了河床，碾压着一川斗大的石头，一路歪歪斜斜，颠颠簸簸，向前。

我甚至担心，祁连会下一场暴雨，那是极有可能的呢。那么，我的汽车将像一只皮球一样被山洪推送，被石头、泥浆、草皮和枯枝败叶挟裹着，一路向前，我连呼天抢地求救的机会都没有。幸好，河床没有阻塞我。当我从河床里再次找到岸边公路的时候，我才觉得什么叫起死回生。可是，没有多久，又是断头。心又提到了嗓子眼，回头，再下河床，等再找到公路，就又像找到一个救生圈。

说来就来，豆大的雨点敲砸在车玻璃上，摔得粉碎。

我惊叫了一声。河床里，几株古胡杨树，斗士一般昂扬着身子。它们不诧风雨的表情，让我安静下来。噼里啪啦，几十个玻璃珠子似的雨滴摔碎在车窗之上后，居然再无下文。我心想，祁连不绝我。或者，我已经甩开了那团不怀好意的乌云。但我还是感谢大山的庇护，不然，夜走祁连南山这条水线，将是我的穷途末路。

我感谢祁连这座大山，大山不会埋汰热爱它的子民。

不得不承认，这一百五十多公里的夜走祁连，是我今生最难以忘怀的壮行。是的，壮行。那种似乎有预谋难以揣测的东西，给了我巨大的压力。黑夜无边无际，车灯光有限的视距更加剧了我对未知前途的恐惧。越是恐怖，越得向前。越是向前，越是恐怖。一路上极少有同类，漫长的行程里只遭遇了两辆拉煤的卡车。估计他们都在嘀咕这小子深更半夜在大山里穿行个什么啊。我看见路边有野鸡,那是被我吓醒的。还有横穿公路的夜老鼠,迟迟疑疑,犹犹豫豫。还有将肥硕的身子耸立在路边的旱獭。它们有"我的地盘我做主"的架势。除了他们,我就是这个夜晚孤独的穿行者。

其实,我想到了别的穿行,如时间长廊。

五个小时后,大山后撤,我看见了肃北县城的灯火。

我喘了一口长气。

现在我记述那段经历的时候,我才对着地图理清了那条线路。

大而化之地说,我穿行的是祁连南山。准确点说,我穿行的是疏勒南山和党河流域的一条山川。虽然在地图上也很难细致地将这些概念区分开来,因为地图上也没有做出确切的地理分界,都只是一个模糊概念,这不重要。重要的是,我穿越的那条河床,那条河岸,那条深沟,就是祁连的一条水线。那条水线,哺育了祁连山下的戈壁和养育了千秋万代的良田。那些源于大山的水,汇溪成河,在地表上径流,或者隐于地下潜流,他们最终的走向,都是由高而低汇聚到敦煌盆地,联通从瓜州过来的疏勒河,通过阳关、玉门关,通过西湖湿地,最后或明或暗,跟罗布泊洼地握手言欢,形成古丝绸之路的生命脐带。

我无意深陷的,是敦煌的一张水网。

舞动在河西走廊上的丝绸之路,不仅仅是一条道路,更是一条西北干旱地区的生命带。它串联起了古西域广大的地域,那片土地现在叫新疆,相当于中国六分之一的版图。它还扼守了地球的第三极——青藏高原,它既是缓冲区,也是战略要冲。对于这条自然的走廊,长一千多公里的祁连山脉,用众多的冰川,做了它们的雨水补给源。

也就是说,祁连山是伸进西北干旱区的一座湿岛。祁连山脉共有冰川3306条,面积约2062平方公里。没有祁连山,内蒙古的沙漠就会和柴达木盆地的荒漠连成一片,沙漠也许会向兰州方向推进。正是有了祁连山上的冰川和山区降雨才发育了一条条河流，才养育了河西走廊，才有了丝绸之路。

祁连山东端至黄河谷地，与秦岭、六盘山相连。自北而南，著名的大山有大雪山、托来山、托来南山、野马南山、疏勒南山、党河南山、土尔根达坂山、柴达木山和宗务隆山。山峰耸峙，海拔多在4000—5000米之间。祁连山最高峰是在疏勒南山的团结峰，海拔5808米。海拔4000米以上的山峰终年积雪，它们是西北内陆的固体水库。

走出大山包围圈的时候，我突然发觉汽车油箱报警。这真是要命，在石包城乡的时候，我本打算补油，找遍拳头大小的乡镇就是不见加油站。那时候我不能返回榆林窟和瓜州，我只能硬着头皮前行。按照正常的里程计算，跑到肃北县没有问题，可惜途中三番五次地折返断头路，并且在河床里行走，深一脚浅一脚，油耗早已超标。那时候没有想别的，只想早早脱身卵石林立的河床，所以给车的油门格外足，这就加速了油箱见底。

我不能再动弹。这是凌晨的祁连南山，没有人烟，也没有路过的车辆，我必须等待天明。天亮了，总会有生机。于是，我把车安置在路边的戈壁滩上，斜缓的坡形，不怕深夜来雨。我将随车的帐篷扎在车后，面对遥远的人间灯火。车上常备了足够的水和零食。我等待的是一辆带着福气的汽车路过。除此之外，没有神灵来拯救我。

也许是过于疲惫，躺进睡袋，便晕晕乎乎就酣睡过去。

是的，这里毕竟是海拔3500多米的戈壁，是祁连南山的水线之上。

有一只夜鸟从亮着灯火的帐篷顶上飞过。

我能听见那翅羽煽动而过的气流，几乎将薄如蝉翼的帐篷带飞起来……

我行走在戈壁之中，顺着党河流域的一条水线。

水岸之上，长满红柳、芦苇和芨芨草，还开满细碎的小花。有几只燕子，从我头顶飞过。

感觉不会欺骗我，这是我熟悉的水岸，这就是党河之岸。很多年前，单位组织春游活动，我们曾在这个水岸扎营，烧烤，杀鱼、宰羊、歌唱春天。是的，那已经是二十几年前的事了。那时候我对着悬崖边的一窝燕子突发奇想，我也在这水岸之上掘一口窑洞，安置凡身肉体，娶一个女子，生一窝儿女，养几只羊、几只鸡，辟一块园子，炊烟袅袅。转眼间那伟大的浪漫主义就被现实主义击碎。

我从青春年少的理想主义的岸边走过，大头皮鞋沾满粗糙的泥沙。

我朝那河岸看了看，河水依旧在流淌，似乎未曾改变。但我改变了，苍老了，在高寒缺氧的北方，心脏超负荷运行，左心室已经肥大；肺部已经结节，那是三十多年烟龄的结果；血压忽高忽低；尿液里，已经满是甜蜜。特别是那一头过肩的浓密长发，如今早已稀疏、花白、谢顶，更多的时候，以一颗光头面世。在昼夜不舍流水的党河之岸，我已经完成了生命的淬火，人在中年的生命高地，几分顾盼东去的流水，几分前行的去意徘徊。

我不能在这样的河岸徘徊，我得赶紧离开。

顺着敦煌的母亲河边缘行走，前方就是鸣沙山。

我经常对鸣沙山产生遐想，那就是我总想看看鸣沙山后边是什么。

我对很多人都这样说过。现在，我居然抵达了鸣沙山的后山。后山也是被流沙覆盖的流沙。其实，按照地质结构，流沙之下应该是砂岩的山体，是石头山，只不过千万年来这座山一直抵抗着从罗布泊过来的流沙，层层累积，最终砂岩的山体被深深掩埋，成为眼前的流沙的模样。我的双脚深陷流沙之中，但我知道这座山的内核，是坚硬的石头。

我到达了鸣沙山之顶。那泓温润如玉的月牙泉就在我的脚下。

我曾翻阅了大量的河西走廊和西域的地理资料。从那些史料中得知，发源于祁连山的水系，有的以地表径流的形式存在，就是明河，比如还没有断流之前的疏勒河，在它的河岸之上绿洲成串，生态演绎着文明；也有的在地下潜流，就是暗河，在海拔低的时候才冒出头来，形成湖泊和明河，比如党河。地表断流之后，这些水在地下一直以暗河的方式在流淌，交割成地下水网，从未断绝。比如疏勒河和党河在敦煌盆地的交割汇聚，并不动声色地继续一路西行，穿过库姆塔格沙漠，在罗布泊的岸边露出头来，滋养了繁盛千年的楼兰古国。

这就是大河的生命形态，明河与暗河两张面孔。

其实，月牙泉，这个被沙漠拥抱，被人类神话的泉水，它就是党河地下河的一次抛头露面。露面在沙漠里的命运并不幸运，想反悔已经来不及了，因为随时有被流沙覆盖的危险。但鸣沙山奇特的山体结构在风蚀的作用下，它反而获得了长生。我站在鸣沙山之顶，更能宏阔地看见这个大河的露面，像一条生命的管道，是生命的一个气孔，它交割出明与暗，历史与未来。

我正在突发奇想时，我看见从月牙泉这个气孔里走出来一队人马。

我赶紧近看，确实是一队人马。那些人马很自然地从泉水中走出，像从自家院子的一扇大门里走出来一样。唯一奇怪的是，他们都无声无息，像是夜行军。

先是一支铁骑，从泉里走出。

这支铁骑高头大马，铁制的铠甲，闪烁着古铜色的光晕。战马精神抖擞，战士们手中的利剑寒光闪闪。仔细一看，他们居然是古罗马的战士。我突然想起那支消失在河西走廊被传说在甘肃永昌的那支罗马军队。他们怎么从这里出来了呢。我惊讶，并莫名其妙，这支军队我曾书写过，他们居然复活在眼前。

罗马大军走完，出来的是一群古楼兰模样的美女。

她们的服饰跟很多书上的图片一样。我看过的资料上她们只是图案，是照片，但现在居然是鲜活的状态。她们的长裙镶嵌着美丽的花边，眼窝深邃，眼珠仿佛蓝宝石一般，顾盼处，暗香浮动。我很想跟她们打招呼，并问问她们怎么会从月牙泉里走出来。是他们来到了我的时代，还是我到了他们的时代？

正犹豫时，我看见了那个令科学界至今未能寻找到的身影。

我也曾无数次看过关于他失踪的报道。他的离奇蒸发，至今都是不解之谜。他就是20世纪80年代消失于罗布泊的彭加木。他显得很疲惫，困倦。他对我视而不见，我真想叫他停下脚步。我想告诉他，很多人在找他，几十年来从未放弃。我想问他怎么回事，可是，我张不开口。我只能呆呆看着他执意远去，步履沉沉。

继彭加木的身后，从月牙泉里居然出现了他的身影。

那是我所熟悉的身影。他就是那个徒步全中国的独行侠，最后倒在罗布泊被称之为探险家的余纯顺。是的，他倒在了罗布泊那只"大耳朵"的地方，他的倒下成为一次事故，也成为理想主义者的一个故事。我曾为他流过眼泪，为理想主义潸然泪下。他依然背着那个大背包，拄着拐杖，步步为营，走过我的眼前，我的眼睛再次湿润。

一个满身挂着珠宝的西域小女子走了出来。

似乎有些面熟，眉眼传神，但我一时想不起来。她的头上，是西域公主的桂冠。她的脖子上，是珍宝的珠链。她的手腕上，是晶莹的美玉，一直挂到了肩膀。她的高筒靴上，缀满了珠宝，简直就是西域路上的一个珠宝商。摘取她身上的任何一件宝物，都将价值连城。我没有见过将珠宝"仓库"携带在自己身上的珠宝商，她不怕抢劫吗？

她也不说话。但当她路过我面前时，不同于之前的走过者，她居然回眸对我笑了一下。

我以为是梦，想再细看她的笑容，她居然又笑了一下。那笑似乎在跟我打招呼。这就奇怪了，从远古走出的人，谁又认识我呢。脑子里闪念飞动，筛选着成千上万条记忆。突然，我将这个珠宝商的西域小女子与现实里的她对接起来。

天啊！我一声大叫：怎么可能是你！

这一惊吓让我梦回当代。

我迷迷糊糊从睡袋里爬出来，天地一片漆黑，没有任何信息让我分辨出我在何处。刚刚那一幕还历历在目，那些战士、那些美女、那失踪的科学家，那倒毙在沙漠的探险家，他们为什么都从月牙泉里走出来了啊。我狠劲甩了甩头，几乎能听见脑袋里叮叮咚咚的响声。待一阵混响过后，我彻底醒了过来。

我看见了自己的帐篷。

我也看见了天边的孤月。

我想起那个珠宝商女子，忍不住笑出声来。

我对自己说，下次见了她，一定将这个魔幻所见告诉她。估计，她也会大笑的。

我突然明白过来，他们，一直在另一个通道里穿行……

24
西湖：敦煌水岸最后的护卫者

西湖自然保护区，是敦煌之水最后的见证，也是敦煌最后的水岸。

塔克拉玛干沙漠巨大的沙暴穿过罗布泊洼地，沿着库姆塔格沙漠和巴丹吉林沙漠的边沿切割而来，被天山和祁连山抵挡住猖狂的步伐，在河西走廊敦煌的西北部，形成沙漠和戈壁的混生地带。这是水死亡的面相，也是水曾经的岸边。

好在，在天山山脉的余脉北山和祁连山与阿尔金山交割的当金山之间，纵横一两百公里的戈壁和沙漠混生的地带里，有一个水淋淋的名字，那就是敦煌西湖自然保护区。简单而又确切地说，保护区就是保护了敦煌最后的一点水的痕迹。在这水的痕迹里，自然生态依旧健全。我觉得，它既是一个水的标本，也是一个水的博物馆，还是当代敦煌的一个生态屏障。

在这里，可以看见水岸敦煌。

从这片湿地来看，它横贯了祁连山和天山，截断了库姆塔格沙漠到塔克拉玛干沙漠东来的步伐。敦煌，在西湖自然保护区的庇护下，谨慎地活着。要是允许假设的话，假设没有西湖保护区的屏障作用，西域几大沙漠将会迅速握手言欢，敦煌乃至河西走廊都将被黄沙覆盖。是的，大自然有大自然的真理，它们在河西走廊的尽头安置了敦煌，也在敦煌的四周安插了保护神。

祁连山是她的保护神，西湖湿地也是她的保护神。

站在阳关、玉门关曾经的水岸，我打量着眼前依然还生长着植物和动物的湿地，总是感情复杂而又情绪激动。我一再地说，这是敦煌最后的水岸。人类，对它们再也不能犯罪。

否则，罪将及己，并无路可逃。

在2018年这个夏天，当我穿越祁连南山之后，我在西湖湿地里邂逅了来自深圳的朱韶青老师，以及她的铁杆朋友大林教授。她们都是农林专业科班出身，对植被生态有着天然的责任感和使命感。

关于朱韶青，可以多言几句。

夏天里，宁夏作家郭文斌先生来到敦煌。敦煌诗人方建荣在敦煌图书馆要给他搞一个关于他的文学分享会。郭先生于当下选择安详，他的文学安详论更适合给孩子们启蒙。孩子是一张白纸，你给他注入什么他们就会呈现什么。不像我等历经沧海难以桑田的烟火人生早已油盐不进。我应约去参加发布会，在那里邂逅了一张南国的新面孔。

她就是朱韶青。

说起来，这张善谈的南国知性面孔来到敦煌，多少也跟我有点关联。据她自己说，她是被我的《在敦煌》引诱来到敦煌的。她照着《在敦煌》里的人物影像，一个一个敲门试问。最先叩开的就是在图书馆供职的方建荣，因为《在敦煌》这本书，就是以方建荣为序引穿插的。她找到了源头，两人一见如故，一拍即合。等我出现，他们俨然已成莫逆之交。

我惊诧这种人世间的偶然和必然。

朱韶青毕业于南京农林大学，学的是植物专业，对花花草草能上升到专业。但她并没有干本行，曾干过图书馆管理员、记者，之后还去了香港。她口口声声说是因为按图索骥《在敦煌》而来到敦煌，令我莫大荣幸。我笑称，作为一个理想主义的也没有市场号召力的传统型作家，有这样的读者就是最高的荣誉勋章，堪比诺贝尔老头给的奖。但当她听说我正在书写《再敦煌》，其中要写到西湖湿地，她一再坚持要跟我前往。在对植物、动物等领域，她绝对是专家。可以说，这是上天给我送来的宝物，我何以拒绝？

在敦煌西去阳关、玉门关的大道上，越野车在限制的速度范围内飞驰。

我先把她带去几年前书写《在敦煌》的地方。那地方在靠近阳关的龙勒古城的旧址上，在20世纪六七十年代，被奋战在柴达木盆地里的青海石油人开辟成种瓜得瓜种豆得豆的良田。二十年前农场的粮食供给功能被废除，那些色彩斑驳的红砖四合院还在。我就在农场入口的第一间房舍里，完成了一本书和一本电视剧的编写。在那个至今各种能量错乱的地方，我偶得灵感。

我想让她看看《在敦煌》的孕育处。

她看了一圈，说，比想象中要好。

然后，穿过阳关。有朋友来，我都要带着他们穿过阳关，特别要到阳关对面的赭红色山峦上，瞭望那西天最后的地平线。我觉得那是感受阳关的最佳观景点。当然，大多数朋友能感受到，少部分感受不到。我不能将自我的意志强加给别人，我尽到我的传播责任就足够了。在这座赭红色的山峦上，每次我都能看到尽头,地理的尽头,生命的尽头以及还有哲学意义的尽头。

临近午时,我们赶到阳关镇,找了一家面馆。

阳关镇很小很寂寞,一年四季都是那副打不起精神的模样。人都进了城,乡镇已经落寞,难有人气。在这里吃饭,总有感觉是最后的晚餐的仪式感。一盘拉面,再来一盘卤肘子,喝一碗浆水,启程。再西去,就出了阳关,就是千里大漠。我们得折回头,去玉门关,去一个叫西湖自然保护区的地方。

其实,很多人包括生活在敦煌地盘的人,都很少有人说得清这个保护区。更有甚者,很多人是不知道这个保护区名字的。是的,行业之间总有屏障。包括我,要不是对敦煌的地理山川进行彻底清理,我也不知道这个保护区的真实面貌。

我得用身体还有激情小心翼翼地深入它。

这是2018年6月8日。我得记住这个日子。

我同时记住的还有同行的朱韶青老师、摄影师侠女。当然还有陪同我们进入保护区的管理人员张强。张强在玉门关保护区工作,十七八岁模样,人很腼腆。不问不语,问了才答。他很认真也很负责地指引我们进入保护区,穿越过野骆驼、野马和盐池湾、胡杨林等保护区。

敦煌西湖自然保护区是一个极为典型的内陆湿地、荒漠生态系统和野生动植物类型自然保护区。

> 位于敦煌城西120公里处,西接库姆塔格大沙漠,南与阿克塞相邻,北与新疆接壤。保护区位于敦煌市境内。主要地理范围有湾腰墩、大马迷兔、小马迷兔、土豁落、天桥墩、后坑子和火烧湖等。总面积663400公顷,占敦煌地域面积(312万公顷)的20%,其中核心区面积19.8万公顷,缓冲区面积14.575万公顷,实验区面积为31.625万公顷。

最主要的是，我们近距离看清了野骆驼和野马。

野骆驼在西北已经极为罕见，因为生存环境的恶化，它们种群延续艰难，自然生长的淘汰率很高，而人为干预的能力又极为有限。表面上看与家骆驼相似度很高，其实它们属于同一物的两个种，基因有别，染色体条数不一致，并不能进行配种改善基因。

目前，铁丝网圈闭的保护区里有9峰。它们不怕人，看见车，还直奔过来。张强叫我们赶快撤离，说，它们很调皮，会喷沫子，很臭的。我们赶紧上车，远离。张强说，目前在整个西湖自然保护区已经发现了七八十峰野骆驼。但由于它们的迁徙路线很长，很难定位在一个区块。总之，它们是西湖自然保护区大型野生动物的典型代表。

野骆驼属于国家一级重点保护野生动物。全世界的野骆驼只剩下不到一千头，比大熊猫的数量还少。其中中国大约有七八百只，其余二三百只在蒙古国。中国主要分布在中国阿尔金山北麓（包括新疆和甘肃阿克塞安南坝）、塔克拉玛干沙漠东部、罗布泊北部嘎顺戈壁地区及中蒙边境外阿尔泰戈壁4个区域。此外，甘肃马鬃山一带也发现有百峰左右。野骆驼遵循优胜劣汰的自然法则，能够适应严酷的生存环境存活下来，寿命一般在30岁左右。

野骆驼体躯高大，和家养双峰驼十分相似。它胸部较宽，背具双驼峰，下圆上尖，呈锥形直立驼峰，坚实硬挺，不倒垂，尾较短。其性情温顺，机警顽强，反应灵敏，奔跑速度较快且有持久性，能耐饥渴及冷热，故有"沙漠之舟"的称号。主要采食红柳、骆驼刺、芨芨草、白刺等等很粗干的野草和灌木枝叶为食，喝又苦又涩的咸水。野骆驼有季节性迁移及昼夜游移现象。

野马再次进入我的视野。

在西湖自然保护区马圈湾湿地，目前已有五十多匹普氏野马。

普氏野马被认为是地球上现存的唯一野生马，其学名为"普热瓦尔斯基马",简称普氏野马。这种马原产于准噶尔盆地和蒙古国干旱荒漠草原地带。2010年以来,中国林业局选择在甘肃敦煌西湖自然保护区开展野马放归试验,先后放归了两批共28匹,其中母马11匹。野马放归成功的标志就是是否延续了后代,事实证明两次放归获得了成功。

当远远地看见野马的时候,我本能地以为那是大个儿的驴。

当我们小心翼翼地靠近时,两匹野马倒是比我们镇定得多。它们昂着头,稍有几分警惕地直视着我们,尾巴不停地甩动,抽打着蚊虫。我们不敢下车,侠女也隔着车窗拍摄。因为在前边的湿地里,一片开满红色花朵的罗布麻吸引了我们。张强也没有有效地警戒,我们下车对这种药用植物充满好奇,等上车时,发现满身都是一种顽固的近乎让人心情崩溃的寄生物。最要命的是它喜欢钻进肉里不出来,并寄生在你的肌体内繁衍生息。

当我拍打掉裤腿上的几十只后,感觉大腿有异样,连忙卷起裤管一看,已经有两三只偷渡进去,准备对我发起致命攻击。我大叫起来。张强赶紧抓过去,捏不死,找了块石头一阵猛砸,才解决了这种寄生物。有了前车之鉴,我们再也不敢下车。透过车窗也可以看见,野马就是野马,而不是驴。野马的体型不同于奔驰的骏马,但它的神态还是马,这一点要肯定。

马就是有精气神,马和驴,乃云泥之别。

这是地球上被保护下来的最后的神骏之物,我的心里莫名的悲凉。很多过错都是人类自己犯下的。保护,是最后的措施。

在保护区,还有黑鹳、丹顶鹤等国家重点保护野生动物34种,尤其是国家一级重点保护的野生鸟类黑鹳、白鹳;国家二级重点保护的野生鸟类白琵鹭、灰鹤、大天鹅等,在迁徙飞越干旱荒漠、草原的过程中,保护区是它们获得丰富食物和水源的唯一栖息地。

保护区内分布有大面积原始天然植被。有裸果木、胡杨等国家重点保护的植物4种,有罗布麻、锁阳、麻木黄等多种药用经济植物。主要植被类型有黑柴、红砂、珍珠、膜果麻黄、木霸王、裸果木、泡泡刺、齿叶白刺、梭梭荒漠等,广泛分布于西湖自然保护区内。

  裸果木：属于石竹科。国家二级保护稀有种。主要分布于新疆天山地区、甘肃河西走廊、青海、内蒙古的荒漠地带。落叶小灌木,多分枝。

  胡杨：属于杨柳科,国家三级保护渐危种。分布于新疆、青海、内蒙古、甘肃、宁夏,亚洲中西部、北非和欧洲南端也有分布。落叶乔木。常生于干旱荒漠地区,耐极端热寒气温。

2018年6月28日,朱韶青的挚友大林教授来到敦煌。

可能出自对生态多样的兴趣,朱韶青执着地带着大林要跟西湖保护区的专家们面对面交流。朱老师甚至坚持说,你来不来,我们都去。这有点绑架意味,当然是善意的。我不得不去啊。大林态度和蔼,慈祥可亲。朱老师一再强调,这是专门为《再敦煌》而设置的采访环节。

方建荣提前做了联系。他妻子小刘正好在保护区机关办公室工作。

那天下午在很长的政治学习之后,保护区领导王玉明书记还有两位副局长,在办公室很认真地接待了我们。一席交谈下来,我为当初我的不以为然而抱愧。这位做过敦煌某镇镇长和某局局长的王书记,激情地站在一面墙体大的遥感地图前,用严谨的学术的又很风趣幽默的语言,对我们一行做了长达一个多小时的带有文艺范的讲述。因他,我对"书记"这样身份的官员另眼相看。他的滔滔不绝,展示了他学术的专业,还有对保护区执着的爱。

在对敦煌进行地理和历史探究的结尾,这位书记给我做了最后的注解。他说:

在罗布泊已经干涸,塔克拉玛干、库姆塔格两大沙漠即将合拢的今天,敦煌西湖国家级自然保护区内大面积荒漠森林与湿地植被,是敦煌绿洲赖以生存和发展的绿色屏障。它的存亡关系到敦煌的生态安全,对保护敦煌乃至中国西部生态平衡，改善区域生态气候，保障敦煌工农业的生产和旅游业的持续健康发展，特别是对保护世界文化遗产莫高窟将起到非常重要的作用。

他还说：

保护不好这片湿地，那是我们这一代人对历史的犯罪，对人类文明的犯罪！

我的心漠然一热。

敦煌这个深陷在几大沙漠里的绿洲孤岛，艰难地承载着世界的也是人类的几大文明。

保护她，不仅仅是熟知的常书鸿、段文杰、樊锦诗他们。

保护她，还有值守敦煌的无数届地方官员和各级政府。

保护她，还有吴三雄、王玉明这样的专业型的生态守护者。

保护她，还有生长于敦煌的敦煌人或生活于敦煌的寄居者。

保护她，还有三危山的道和莫高窟的佛。

千年来，敦煌生生不息，万物生光辉。她因为对人类厚重的历史担当，历经万劫而不毁，遭受天灾而不灭，顺应天时地利人和，成长为人类的精神高光点，聚焦了艺术和文明的追光，可以说有人为，还有天命。

听过外号叫"响马"的油田鸟类生态摄影师的摄影分享课。他的镜头下鸟类千姿百态，你会直接怀疑这是西部的、敦煌的鸟类。但他说，我们的很多鸟名都是来自外国人的命名。听了那句话，我转身离开了分享现场。

我有一种莫名的焦虑。

这是我的坏毛病。对很多东西，我都持有极度的焦虑感。

但我觉得，当我们这个族群吃饱喝足且普遍三高之后，真还得要主动为人类、为地球家园做点什么。看看现代文明，我们这个族群已经沦为客体。我曾对儿子说，你睁开眼看见的，你衣食住行所使用的，难有百分之一是我们这个民族提供的智慧。那么，我们的骄傲感来自哪里？我们的优越感又来自哪里？我们的存在感又将来自哪里？

我回答不出来。我相信很多人都回答不出来。

我但愿我的儿孙们今后能回答出来。

从水岸敦煌回过身，我看见我的面相。

我的面相正靠近佛，这是我的精神指向。

我的面相正靠近道，这是我的人文情怀。

独自走在历史的河岸，看着长河深处的倒影，四顾茫茫。

在敦煌的水岸，我祈愿——万物安康并吉祥。

回归：敦煌在上

从敦煌出发，再回到敦煌
以敦煌为核心的西域大地高隆似穹，一个圆的形状
将诸神汇聚，将四海归纳，金碧辉煌且光芒万丈
一千年，一千个王朝的背影和一千个王朝的白骨
都深埋在黄沙之下，凝于砂砾之中
肯定比一粒黄沙要脆弱，也肯定比一粒石子更胆小
记忆保持着她应有的硬度、体温和表情
人类，每一声喘息都收纳于耳又都置若罔闻
以穿越的姿态，挟风沙裹流云，以澎湃的诗情画意拜谒心中的圣地
这是关于思想的神示，也是精神归仓

我得接着开篇的故事讲下去。

开篇的故事,讲的是一个真实的爱情。

现实生活中,肉体的苟且很多,而爱越来越稀少。所以,当爱成为稀缺物的时代,以人类爱的名义来收尾,是恰切的。

那个女孩不是人;虽然此时她就在我的眼前。

她描着彩妆。彩妆不是一般人能驾驭的,但她敢。她邀请我吃素斋,我的身体也习惯性地对大鱼大肉、大油大盐保持警惕状态,素,成了我的主义。我是谁呢,我是敦煌的一个过客,我在为敦煌画像。我的画像不在石头里,也不在山崖上,我的画像在纸上。也就是说,我是个玩文字的人。也就是开篇里提到的那个叫"非我"的男人。是的,我在纸上开凿石窟。我既画山水,也画佛像,还画人间。人们满不满意那不是我所关心的,我也不为某个至高无上的要求去塑神,我只为自己内在的心性去画像。

当然,我还为眼前的这位女孩画爱情。

实话说,眼前的女孩并非人类;她已经超越了人类。我一点也不怀疑她在人类世界里的寂寞。正如古人所言:自古圣贤多寂寞。

不用过度打捞她的前身,说出来倒是有些传奇。

她的爷爷是清朝最后一个皇帝的贴身侍卫,功夫了得,皇帝赏赐了黄马褂。她的出身也是奇谈，据说她来到人世的照片至今在青岛某家医院的陈列墙上做展示，因为那是一个圆溜溜的肉球，大夫壮起胆子用手术刀刺开肉球，显出原形，她居然对大夫一笑。

据说，有史可考以这样的混沌形态来到世间的，之前只有两例，一个是神话人物哪吒。哪吒出世时是一个圆球，他父亲托塔李天王大怒，抽剑劈了，一朵莲花盛开，花蕊里坐着的就是哪吒。还有一个，是半神半人，那就是虚云老和尚。虚云来到人世间也是混沌的肉球形状，后来他由人成为神，成了半人半神，半神半人。

然后，就是我眼前的这个女孩。人类几千年，就她独特，所以寂寞。

表面上看，她跟人类并无二异，但那只是表面。她有很多江湖传奇，但这些传奇都不是我拿来做《再敦煌》收尾工作的。对，我确认，她将是阳关、玉门关之外的西域大地上，我将细致描绘的一朵奇葩。

女孩来敦煌，开篇已经说过，她是为一个梦。敦煌本身就是一个大梦，在敦煌，不以梦为敦煌的人，都跟敦煌无缘。或者说，他们都是假敦煌。在敦煌你能产生梦的幻境，或者以敦煌为梦，那就对了，证明你深入了敦煌的本质和核心。其余说辞，都是扯淡。

这个女孩就是逐梦敦煌的。敦煌撕开了某个时间的切口，她插身而进。

她以敦煌为梦，敦煌以她为梦。这就相得益彰。

前边说过，在别人的梦里，她死在了莫高窟外，两只眼睛上盖着两块绿宝石。她确认自己跟敦煌有神缘，经常背着古琴，或者揣着尺八，一身素衣，破风前行在戈壁，或在阳关外火红色的山峦上，盘坐而琴，或没日没夜吹奏神曲。没有人听，她吹给天地，吹给西风，吹给古西域，吹给三十六国的神灵，吹给细君公主的眼泪，吹给敦煌天空里那些飘荡的魂灵。

是的，古琴和尺八，都是呼唤神灵的法器。这种法器传递出的音韵，只有神能听见。人也能听见，但总会缺少那么一点点感觉。有人说，这不是一个聆听古琴和尺八的年代。这话不错。但不是这个年代的错，而是一个年代有一个年代的气质和韵律。这个年代,适合重金属。

只有重金属,才能敲醒迷途的灵魂。

一个阴云密布的夏日的傍晚,女孩在阳关对岸火红色的山峦上抚琴。

那是《阳关三叠》。层层叠叠的渲染和推进,忧伤惆怅的音韵像稠密的水波一样在宽阔的西域天空下弥漫开来。我泪眼酸涩。我似乎看见了长安城外渭水岸边绿树环绕处的一家小酒馆里,有人正在话别离,举起酒樽,抬袖拭泪。诗人王维举杯一饮而尽,忍不住离别之殇,干脆引喉唱了起来。这时,小酒馆里的歌姬弹起了古琴。

我仿佛听到了现代版本的朋友别离:

  朋友你今天就要远走,干了这杯酒,忘掉那天涯孤旅的愁,一醉到天尽头,也许你从今开始的漂流,再没有停下的时候,让我们一起举起这杯酒,干杯啊朋友。

  天空是蔚蓝的自由,你渴望着拥有,但愿那无拘无束的日子,将不再是一种奢求,让我们再次举起这杯酒,干杯啊朋友。

其实,应该是这样的句子。

  清和节当春
  渭城朝雨浥轻尘
  客舍青青柳色新
  劝君更尽一杯酒
  西出阳关无故人
  霜夜与霜晨
  遄行

湍行

长途越渡关津

惆怅役此身

历苦辛

历苦辛

历历苦辛宜自珍

宜自珍

渭城朝雨浥轻尘

客舍青青柳色新

劝君更尽一杯酒

西出阳关无故人

依依顾恋不忍离

泪滴沾巾

无复相辅仁

感怀

感怀

思君十二时辰

商参各一垠

谁相因

谁相因

谁可相因

日驰神

日驰神

渭城朝雨浥轻尘

客舍青青柳色新

劝君更尽一杯酒

西出阳关无故人

芳草遍如茵

旨酒

旨酒

未饮心先已醇

载驰

载驰

何日言旋辚

能酌几多巡

千巡有尽

寸衷难泯

无穷的伤悲

楚天湘水隔远滨

期早托鸿鳞

尺素申

尺素申

尺素频申如相亲

如相亲

噫

从今一别两地

相思入梦频

闻雁来宾

按照教科书的唐诗，就是四句"渭城朝雨浥轻尘，客舍青青柳色新，劝君更尽一杯酒，西出阳关无故人"，这已经足够慰藉断肠天涯人了，假若再用古琴演奏，并且在古阳关的烽燧之下，历史的苍茫一下子就坠落在眼前。那种气息是冰凉的，也是黏稠的。那是流淌了一千年的泪水，到现在都没阴干。一唱三咏叹，足以将生离死别化作长虹，纵贯千年河岸。

我在河的此岸，还有抚琴的女孩。

王维和元二在河的彼岸，他们都化作了千古绝唱。

抚琴的女孩当然不是弹给元二的，也不是献给王维的，她献给她的内心的秘密。那是她的断肠曲，也是她的伤心泪。我向脚下的黄尘和亿万年的戈壁放眼望去，我看见了生命的无限悲凉和历史的苍茫，还有人间爱的凄楚和空蒙。

幸好有这一首诗歌，让阳关生满浓郁的情绪，活在当代。但在这样的情绪里总让人觉得时光会返照，在今天的河床里，会跟长河深处的谁不期而遇。

在鸣沙山下的"风非沙"园子里，我用两块面饼和一碗南瓜汤喂养了自己。

女孩给我讲述她的故事，她的爱情。当然，她的回忆相当克制，有的点到为止，有的欲言又止，有的细节又相当漫长。我不去打扰她，我喝着南瓜汤，偶尔瞟一眼眉毛上炭黑的睫毛膏。我想，它会不会撒落下来。她沉浸在自己的回忆里，恰切地机敏地遣词造句。对这样的讲述，我有些隔，心想要是来一杯酒多好。红酒不温不火，干脆来一碗烧酒，这种液体是火焰，它才够格燃烧灵魂。但，没有，只是这么想想。

女孩讲述着，似乎心不在焉。

一只蚊子腿也休想从我眼前偷溜而过，我的感觉灵敏超过大多数雷达。

突然，她向天空抬起头。

我也抬起头。此时天上出现了月晕。像突然出现的，没有预约。

月亮四周弹开了一圈硕大的风暴眼。

女孩突然脸色大变，似有惊诧之感。她朝我深情一别，转身下了楼阁。

我有些诧异，再看看天，天上的月晕越来越奇异，好像盛开的一朵硕大的向日葵，边缘呈现火焰呼啸的状态，燃烧的状态。而以月亮为中心的涡旋越来越深邃，像望不到底的时光隧道。我突然感觉，这似乎在对应一种东西。

这时，院子里两只狗拼命狂吠，似乎要咬住什么。

我在楼阁上唤狗，狗沉醉在自己狂吠的世界。

我呼唤女孩，她似乎从院子蒸发了一样。

我慌忙下楼，逼陡的楼梯差点放翻了我。

当我冲出院子，只见敦煌大地一片雾霭状。我以为是雾，用手拨拉去，手探空了，什么都没有。那些白杨树、柳树、枣树和民宿客栈门前种植的大丽花、鸡冠花，若远若近，若近若远，像舞台帷幕里的镜像。再看看那些房舍，那些山庄，那些花花绿绿艳俗的霓虹招牌，都突然统统不见了。我闻到一股气息，那是动物身体发出的浓重的气味，经验告诉我，那是骆驼圈里的味道。我走过去，但什么都没有。

我觉得奇怪，敦煌真以梦为我。

幸好，天上的月晕依然还在。那月晕依旧是疯狂的状态，它还在快速地扩展它的圆周，好像已经能够装进整个敦煌。圆周边缘的火焰，还在燃烧，在旋转，甩出流淌的火花。圆圈中心那巨大深邃的洞穴，像凿开了天空的胸腔，裹挟着月亮往那深邃里急速坠落。

我只觉得脑袋一阵眩晕……

月牙泉突然出现在我的眼前。

从视角判断，我到了鸣沙山顶端，因为是俯视。在我俯视的视角里，月牙泉幽蓝的湖水突然消失，像被巨大的喉咙一口吸干。瞬间，那千万年不干不涸的泉口变成了一座古城堡的大门。我惊诧莫名，这到底怎么了。抬头看看天，月晕依然还在疯狂地扩展它的圆圈，边缘的那些火焰还在呼啸燃烧。我管不了这奇异的天象，我倒是对月牙泉的突然消失产生了极大兴趣。难道，这月牙泉本来就是古城堡的城门吗？

我赶紧下了山，走到古城堡的城门口。

我看见了城门里边，是古西域的另外一个世界。

我犹豫了一下，但还是走了进去。城门处并没有警卫，也没有保安，甚至一条护门犬都没有。人们自由进出，有刀客和游侠，有贩夫和走卒，有马匹和骆驼，也有毛驴和山羊。我突然发觉这是唐朝，就我穿着蓝色JEEP大T恤，一条枣红色大短裤，一双夹趾拖鞋。但人们并没有心情看我，只是我自己觉得是另类。这是一座鲜活的大唐城池，车水马龙，人声鼎沸。我不认识他们，他们也不认识我。我们是两个重叠的陌生世界。

穿过大街小巷，来到市中心。市中心人山人海，像在过一个华丽的节。正在犹豫时，我突然看见一个熟悉的身影。虽然人影绰绰，但我坚信我对她的身影不会陌生。我想，好啊，你一声不吭就消失了，原来到了这里。不过，她已经不是前面的打扮，而是西域女子的打扮，穿长裙，戴头巾，还穿着一双绣花的鞋。怪我对西域认识不够，我也不知道她的服饰是来自楼兰，还是龟兹，或者精绝。反正，那不是新中国的，也不是民国的，更不是明清的。那只是西域的精美和绝伦。她一晃而过，我赶紧追逐过去。

影影绰绰。她休想甩掉我。

突然，我发现她正在兜售什么。哦，我终于看清了，她周身都挂满了珠宝，手腕上串满了手镯、玉环，手指上戴满了龙珠、戒指，脖子上套满了玉佩和项链，走起路来环佩叮当，像把一个珠宝店开在了身上。我突然记起，她曾说过她是西域的珠宝商，这次得到了印证。她在向别人兜售，也在别人处购买，忙得不亦乐乎。我想，还是不要打扰她吧，也许这正是她的黄金时段。至于她为什么穿越到了西域，我总会有机会逮住她问个明白的。

前边一面杏黄的旗幌，上有四字：西域酒楼。

近来酒力实在欠佳，两碗散酒下肚，就飘飘然了。

我用力朝小二举起空碗，小二一声"好呢"，单手抓起酒坛大步流星朝我走来。还没有走到跟前，我举起的空碗就啪叽一声沉沉地坠在桌子上，吓得小二一跳脚。我的脑袋也像那个酒碗一样，"嘭"的一声扣在桌子上，小二又被吓得跳了一下。等我醒来，也不知道是什么时辰，她坐在我对面。看我醒来，一丝嘲笑滑过嘴角，她挑逗地朝我举起酒碗，摇摇头，自己一饮而尽。

她将一串珠子拍在我面前，说：从来没有两串一模一样的珠子。

我捡起珠子，眼睛花涩，但还看得清那是一串彩色的兽骨，兽骨中间又夹杂着一些没有细致打磨的珠宝，似乎是玉石翡翠之类的，似乎又不是，上面裹满包浆。整体看上去有些原始和粗粝，不修边幅的样子，但确实比精致打磨的要耐看。我把珠子扔给她。

我说：也从来没有一模一样的两个人。

她把珠子又推给我，说：也从来没有一模一样的两次相遇。

我捡起珠子，再细看了一下，居然发现串珠的宝石里，各自都藏了一只眼睛，那是佛眼。估计价值不菲，我连忙把串珠又推了回去。

我说：有些相见从头开始，到中间结束，有些相见从中间开始，到最后结束。而有些相逢就是再见，或者从来就不会相见。

她顿了一下，又固执地把那串珠推给我，我实在看不出奇迹了。我说：我要回了，天色不早，你回不回呢，可以搭我便车的。

她笑了一下，说：这串珠子足够你在西域地界混十年没问题，既可以典当一处院子，也可以娶来一个西域美女，足够了。

我说：不，我得回去，我可不能在西域瞎混，在敦煌那边有我的家。

她呵呵一笑，说：家是什么呢？

我说：房子。

她说：房子就是砖头瓦块，它不是谁的，它是大自然的。

我说：家里有老婆孩子呢。

她说：老婆，跟你有关系吗？孩子，跟你有关系吗？他们就是他们自己。

你完成了在人间的使命。使命之后，你是你，他们也是他们。

我说：哦，我还有爹娘。

她说：爹娘，他们除了生育了你，他们也就是他们自己。

我说：我还有兄弟姐妹，我跟她们流着同一种血液。

她说：兄弟姐妹，他们也是他们，他们跟你，最后也毫无关系。

我说：那，我还有朋友。

她大笑起来，说：朋友？朋友跟你产生了生命的关联吗？

我迟疑了一下，觉得她所有的否定似乎都在理，似乎都无法反驳。

她说：我知道你有一样放不下。

我警觉地问道：是什么？

她说：我跟你一样，所以，这是我来西域的原因。

我说：情人？

她说：你难道不是？

我嘿嘿一笑，问道：什么是爱？

她说：爱就是自己与另一个自己的相遇。

我说：精准，在理。

她说：在敦煌那边，他苦苦追我，哪怕每次开车追火车，也在所不辞。

我说：哦，那个我知道，整个敦煌城都知道。在这边是不是你们调了个方向呢，是你追他了吧。可是这边没有火车了，只有马车。

突然，她的耳朵一闪，猛地起身，说，他来了。说完，抽身疾走。我赶紧喊，你的珠子还在。她说，你要是不回去，就按我说的，去典当个院子和娶个女人吧，我会去找你。我大声说，不！

我追到门口，只见一辆四轮的四匹马拉的车从楼下飞驰而过。那是一辆豪华的马车，确切地说像一座移动的小型皇宫，金碧辉煌，光芒四射。甚至那四匹马，都是没有一根杂毛的金黄如纯金的汗血宝马，神采飞扬，气宇轩昂。马的全身都是镶金戴银，甚至马蹄上都佩戴着黄金的脚环。马蹄哒哒，鬃毛飞扬,搅起一股旋风,从酒楼下穿过。四散的人们发出惊艳的呼喊声,特别是那些西域的少女们,好像是另一个世界里的歌迷。不过,从呼喊声里得知,那是楼兰王子移动的城堡。

我恍然大悟。

我看见马车后边追着一片云。

那是她。她奋力地追逐在马车后边,像一片不着边际的云。我真担心那片云会摔倒在地。其实一片云是摔不疼的,我倒真是有些多虑,甚至好笑。回过头,酒楼的小二直愣愣地谦卑地眼巴巴地看着我。吓我一愣。

我明白,我还没有结账。

我掏掏大短裤的口袋,一个钢镚儿都没有。我面露难色。小二却双手伸向我,缓缓摊开,像在打开一只装满珍宝的盒子。确实,他的手窝里卧着的就是那串珠子。我嘿嘿一笑,说,拿去吧,就当这顿酒钱了。小二的脸色大惊,像被谁掐住了脖子,连忙摇头,摇头,再摇头,似乎要把脖子摇断的架势。我赶紧上前一步稳住他,说,没事的,这东西嘛,给你,你们这里值钱,给我,我拿回去就一文不值。他惊诧地睁大困惑的眼睛。我也不好再解释什么,但似乎不解释清楚又很难脱身。我就说,好吧,那你收好吧,你这家酒馆就算我买下了,你就是老板,你好好给我经营,等我什么时候过来了,你再还给我。小二似乎听明白了,使劲点头,满脸花开。

我赶紧抽身,跑出酒楼。

我也像追马车那片云一样,疯也似的朝城堡的大门一路狂奔。

城门闭合得只剩下一条细缝了。我赶紧将自己的身子刀片一般插了出去。由于用力过猛,哐当一声,我摔倒在城堡之外。就在这时,身后的大门轰然一声关闭。

回头再看,哪里还有城堡的影子。

月光之下,戈壁旷野里白茫茫一片好干净,好像从来没有过过去,也不会有未来。而眼前就是苍茫,没有时间的分割,也不会有空间的条块。混沌如氩。

我突然想起了什么,抬头看天,天上的月晕也蓦然消遁,满天是密匝匝的星星。一条银河横亘在天空,银河里满是星星的眼睛。那些星星像青海湖里要奔到布哈河产卵的湟鱼,拥挤着,簇拥着,急急促促地吐满一河的鱼泡泡。

我回神一看,自己瘫坐在莫高窟外的沙滩上,眼前是一片舍利塔。

透过舍利塔,我分明看见月光之下,淙淙流水的宕泉河岸崖之上,那安放了佛的一千个洞窟都打开了窟门:一千个佛,一万个佛,十万个佛,百万个佛,都祥云一般飞出了洞窟,飞上了敦煌的天空,鲜花朵朵,吉祥呈瑞,好一派生动的佛国盛景,真是万佛祥集,众神回归。敦煌,被这一派灿烂景象高高托举在上。

我想,这就是敦煌本来的天空吗?

突然,一个声音破空而来:

一直都是!

我追寻声音的发源地,确信它来自身后的三危山。

我差点叫出声来:老子!

辞敦煌书（后记）

在敦煌，我不是路过。

当《在敦煌》翻作记忆，《再敦煌》即将出版之际，我确认我在敦煌留下了痕迹。

为什么叫《再敦煌》而不叫《在敦煌2》呢。用《在敦煌2》感觉形式上克隆了，而《再敦煌》之"再"更具有拓展性。而且，不启用"之2"也就没有"之3"，我担心这样的无限繁殖会遭受冷枪狙击。是该告别的时候了。我决意要做一个了断。假若《再敦煌》是纸上石窟，那么我就是这个石窟的开凿者，也是供养人。

我把我交给未来，因为只有未来有资格审视今天的我。

我将虚心地接受历史的大审判。

沿着大唐僧人玄奘西行的大道，出阳关和玉门，向葱岭和帕米尔高原行进，这是我的新的精神向度，西风挡不住。站在帕米尔高原之上，回望胭脂长安，垂视古西域三十六国的座座城池，随一路驼铃踏过那一路丝绸的锦绣，透过历史的铁蹄与剑影，住歇在酒肆幻听胡歌，再享受被丝绸包裹的良宵，想想都快哉。而且我确认，敦煌只是丝绸之路汉文化长鞭末梢的高光点，而葱岭、帕米尔高原才是丝绸之路魅惑的高胸。

那里储藏的何止气象万千。我向往高胸。

辞别敦煌，我授命向西。

以纸为碑，我得记录下一些名字以为念。

《在敦煌》出版后，受到了高山、张保国先生的情援，十分感谢。高山先生人淡如菊，道而仙。保国先生收残藏旧，智而慷。高德祥先生以敦煌音乐为魂，慧而寿。敦煌山庄的庄主杜亚东先生将随山庄一起吉祥。还有自己购书以礼相赠朋友圈的朋友：张云龙、刘国升、李欣、马海燕、靳玉莲、侯国云、李庆霞、王国栋、邵建国、樊文宏、赵鹤翔等，他们渲染的满是温馨。方建荣，厚谢从简。因之还有敦煌宣传部的贺部长，他的儒雅改变了官场面相。北京的香玉姑娘站在最高的新闻口岸调动全国资源，宣传报道的有：新华网、国际在线、中国作家网、搜狐网、华声在线、今日头条、央视网等。特别向《在敦煌》发布会义务输血的邵建国、陈凯两位商界朋友致谢，不谢有愧，他俩将会随《在敦煌》存世而不朽。

还有没说到的，你们都在我的谢意范畴。

万佛祥集，众神回归。

预谋《再敦煌》的创作，我首先避让之前的沉疴，我逃出对现实人物的画像和臧否。我以"丝路""陆路""水路"的方式走向新维度的敦煌。祁连山、阿尔金山、昆仑山、天山，众山簇拥；黄河、长江、黑河、疏勒河、党河，众水环抱。敦煌，颐养在山水之间。敦煌，徜徉在历史的长河。敦煌，还归物象和神性的音容。我踩着历史的小径走向纵深，向汉武大帝和唐王朝，向霍去病和班超，向张议潮和曹议金，向地理山川、向大山大河讨要关于敦煌的前世今生。

人间那点颇烦事远去，世界果然清净玄妙。

我在自己意志的江河里畅游，新生，莲花开。

老子在上，他在三危之上音容宛在并道法普照。

还有开轩，这个神一样的世外人一直在给我做精神所向的暗示。

致谢侠女驾车陪我多次问道三危、问水西湖。感谢深圳记者朱韶青，她是《在敦煌》最忠实的读者，而且还热心地"绑架"我跟西湖的专家们谈山论水，让水岸敦煌更加波涛拍岸。感谢著名诗人马非，他以青海人民出版社总编辑的眼光捕捉了在《瀚海潮》上连载的《在敦煌》后，就交代编辑王伟跟我建立斩不断的关联，这也加速了《再敦煌》的快速分娩，呱呱坠地。

生育的时间里，满是快感。

我把最重的感谢献给自己。

近年来身体一直在加速没落，身心糟糕。想想这世界没有不散的宴席，到头来都是猢狲散，白茫茫一片好干净，只不过早走晚走罢了，便也释然。文学是我精神的光焰，在身心漆黑一团的时候，我依然能看见魂灵之上的那朵祥云。我确认，唯有写作是绑架我今生的唯一绳索。透析掉人间世事所有假象乱影，我把最重的谢意留给自己。我又将今生最重的部分留给写作。写作是一个人的战斗。在那个疆域里，我是将军也是战士，我是媚娘也是奴仆，想战斗就拿起刀枪，想调情就找一张温床。在自己的思想里射精，也在自己的产道里受精，那些用文字孵化出的思想之卵，将会长留在人间。

那些思想的卵即便精瘦，也比一肚子油腻要高级一万倍。

这是人类最后的高级，也是人类最高级的自信。

虽然，我确信我必将永垂并且速朽，但这已经足够。

告别敦煌的岸边，我将再一路向西。

去探访另一条水系，另一座大山，和另一个不同面相的大西域。

车已鸣笛，舟已扬帆。不出意外，我将以《出敦煌》回馈身后那片东土和眼前这片西天。

以为后记。

作　者

2019 年 6 月于敦煌